유능한 홍보맨

휴지통에서 진주를 건지다

 유능한 홍보맨

휴지통에서 진주를 건지다

기자들이 뽑은 '올해의 홍보맨'
12년 관선기자의 실전 노하우

함대진 지음

이지출판

책을 내면서

　시시각각 쏟아져 나오는 정보의 홍수 속에서 살아가는 현대사회. 나를 알리고 이미지를 좋게 하여 우호적인 관계를 형성하지 않으면 모든 존재가치는 금방 사라져 버린다. 즉 홍보를 해야 살아남을 수 있다. 홍보를 해야 돈을 벌 수 있다. 개인은 물론 지방자치단체나 중앙정부, 구멍가게나 기업, 대한민국이나 미국, 작든 크든 단체나 국가 모두 홍보를 해야 살아남을 수 있다. 홍보는 소통의 첩경이요, 존립의 근간이다.

　1998년 11월, 멋모르고 언론 홍보 업무에 첫발을 내디뎠다. 그렇게 얼떨결에 시작한 것이 올해로 12년째다. 그동안 수많은 언론인들을 만났고, 덕분에 새로운 세상을 보았다. 그리고 다양한 유형의 보도자료와 칼럼 등을 무수히 써댔다. 희열도 느꼈지만 비판기사로 두들겨 맞기도 하는 등 희비가 교차했다. 이러한 담금질을 통해 어렴풋하던 홍보의 실체를 알게 되었고, 이젠 외부 강의 요청을 받을 정도가 되었다.

　지칠 줄 모르고 열정을 다해 내달려 온 홍보의 길 12년. 사실 한 업무를 갖고 행정공무원이 한 자리에서 공직의 절반을 보냈다는 건 쉽지 않은 일이다. 본업을 제쳐두고 외도를 한 셈이다. 특히 이 기간 동안 언론 홍보를 통해 한 지역의 이미지를 바꾸고 자산 브랜드 가치를 높인 일 등은 돈을 들여도 하기 힘든 일로 매우 큰 보람이었다.

그래서 마음먹었다. 그동안의 경험을 토대로 홍보에 관한 책을 내야 겠다고. 하지만 전문지식이 없는 실전 경험만으로 책을 낸다는 것이 두 려웠다. 그래도 주변에서 장인匠人이 걸어온 경험과 노하우를 있는 그대 로 전해 주는 것도 홍보를 처음 접하는 사람들에게 더욱 의미가 있다며 용기를 주었다.

'시작이 반'이라고, 책을 내기로 마음먹고 2년여 동안 틈틈이 원고를 정리하여 세상에 내놓게 되었다. 내가 처음 공보 업무를 시작했을 때도 그랬고, 지금도 시중에 나와 있는 홍보 관련 서적이 대학교수 등 전문 가나 기자의 입장에서 쓴 것뿐이고, 정작 현장 실무자 입장에서 기술한 것이 없어 늘 아쉬웠다. 과거 내가 그랬던 것처럼 처음 홍보 일을 접하 는 사람이 쉽게 접근할 수 있도록 풀어 쓴 홍보 실무서가 절실하다는 생각에서 이 책을 쓰게 되었다.

이 책에는 홍보를 해야 하는 이유, 홍보맨의 자세, 보도자료 작성법, 대 언론 홍보 기법, 비하인드 스토리 등 나의 생생한 실전 노하우를 각 꼭지에 담아냄으로써 홍보맨이 알아야 할 필수요건을 일목요연하게 제시했다. 처음 홍보 업무를 대하는 사람에게 홍보 마인드 형성은 물론 실전 감각을 익히는 데 큰 도움이 될 것으로 기대한다.

특히 내가 현장에서 만난 베테랑 언론인의 인터뷰를 책 말미에 실었다. 여기엔 현직 기자와 기자였다가 홍보맨으로 역할이 바뀐 사람 등 세 전문가들이 들려주는 홍보 체크 포인트가 담겨 있어 바쁜 분들은 이 부분만 읽어 봐도 홍보에 크게 도움이 될 것이다. 덕분에 이 책이 읽을거리가 풍성해졌으며 짜임새가 더해졌다. 바쁜 가운데 흔쾌히 인터뷰에 응해 주신 SBS 유희준 차장, 서울신문 최용규 부장, 국민권익위원회 김덕만 홍보 담당관님께 진심으로 감사드린다.

아울러 부족한 나에게 항상 따뜻한 지도와 아낌없는 격려를 해 주신 그동안 만난 1천여 명의 언론인에게 감사 인사를 드린다. 특히 이 책이 세상에 나오도록 용기를 북돋아 주고 격려해 주신 민선4기 이노근 노원구청장님과 기꺼이 출간을 허락해 주신 이지출판사 서용순 대표에게 고개 숙여 감사를 올린다. 또 나와 동고동락하며 이 책이 나오기까지 조언과 탈고를 도와준 노원구청 오세길 과장, 한주석 팀장, 장주현, 김수연, 김정재, 김가영을 비롯 김재원, 성은경, 김보민, 김유신 등 선후배에게 고마움을 전한다.

끝으로 오늘의 내가 존재할 수 있도록 늘 버팀목이 되어 준 아내 유영은에게 감사와 고마움을 전하며, 사랑하는 아들 현준과 원준에게 바르고 건강하게 성장하길 바라는 아빠의 마음을 전한다.

2010년 가을
함 대 진

차 례

제1장

홍보, 왜 해야 하나

알려야 살아남는다

홍보는 공중에게 널리 알리는 행위다.
다수의 사람들에게 좋은 이미지를 갖게 하여 의도한 바를 성취하려는 일련의 과정이자
부가가치를 창출하기 위한 수단으로 기업과 정부 모두에게 반드시 필요하다.
홍보는 상호 커뮤니케이션이요, 소통의 수단이다.

'홍보弘報를 왜 하느냐?' 고 묻는다면 '그것도 질문이라고 하느냐' 할 것이다. 홍보를 하는 이유에 대해 답변하지 못할 사람은 한 명도 없을 테니까. 타인에게 이미지를 좋게 하기 위한 자기 PR, 기업이 돈을 벌기 위해 하는 일 등 답은 매우 다양할 것이다.

다 맞는 말이다. 한 마디로 홍보는 나를, 기업을, 기관을, 집단을, 지역을, 나라를 공중公衆에게 널리 알리는 행위다. 그 범위는 한정지을 수 없을 정도로 광범위하다. 그것도 좋은 것, 긍정적인 면만 알려 세상이니 상대에게 좋은 감정이나 이미지를 심어 주어 궁극적으로 의도한 어떤 목적을 달성하고자 한다.

다시 말해 홍보는 '다수의 사람들에게 널리 알려 좋은 이미지를 갖도록 해, 의도한 바를 성취하려는 일련의 과정으로 부가가치 창출을 위한 수단' 이라고 정의할 수 있다.

사실 얼마 전까지만 해도 홍보는 기업에서나 하는 상업적인 활동으

로 인식해 왔고 기업의 전유물이었다. 즉 홍보는 회사가 영리를 목적으로 상품을 생산하여 더 많이 팔기 위해 돈을 주고 각종 매체를 활용, PR하는 것이다. 이익을 많이 내기 위해서다. 내가 홍보를 '이익'이라는 등식관계로 해석하는 이유다.

한편 정부나 공공기관에서는 홍보라는 용어 대신 공보公報라는 표현을 써 왔다. 정부나 공공기관이 하는 일들을 국민에게 전달하기 위해서 하는 일련의 활동을 의미한다. 최근에는 공보라는 말 대신 광의廣義의 개념인 홍보라는 용어를 사용하고 있다. 정부나 공공기관도 잘하는 일을 대외에 널리 알려 유무형의 이익을 남기기 위해 고군분투하고 있다.

이야기를 종합해 보면 '홍보는 돈을 벌기 위해서' 한다. 기업은 상품을 생산하여 이익을 남기려 홍보하고, 정부나 공공기관은 행정이라는 상품을 생산하여 국민들에게 각종 주요 시책 등 정보를 제공하고 열심히 일하는 모습을 알려 지지와 성원, 신뢰와 협조를 이끌어 내어 정책을 성공적으로 마무리하는 한편, 경쟁력을 높여 나가려 홍보활동을 벌인다. 특히 각 지자체 등은 행정이란 상품을 생산해 서비스를 제공하고 주민들의 삶의 질을 높여 나가는 한편, 지역 이미지를 제고하고 지자체의 브랜드 가치를 높여 유무형의 부가가치를 창출해 나가는 데 홍보라는 지렛대를 활용한다.

이와 같은 이유에서 각 지자체는 특성화된 지역 축제를 열고 TV나 지하철 광고, 거리 대형 전광판 등 각종 홍보수단을 활용해 자기 고장을 알리는 데 경쟁적으로 열을 올리고 있다. 한 마디로 '홍보는 돈 되는 일'이기 때문이다. 이렇게 홍보를 하다 보면 회사 등 기업은 소비자들로부터 신뢰를 얻고 회사의 브랜드 가치가 높아져 이로 인한 시너지 효과는 돈으로 환산할 수 없을 정도로 커진다. 또 기업의 최고 홍보 상품,

CEO의 이미지도 자연스레 올라가 회사에 대한 경쟁력도 덩달아 상승한다.

따라서 홍보가 잘 되어 이미지가 좋아지면 당연히 돈^{유무형의 부가가치}은 따라오게 된다. 공공기관도 마찬가지다. 좋은 시책을 많이 펴면 사람들은 열심히 일을 한다고 박수와 신뢰를 보낼 것이며, 대외적으로 이미지가 개선되는 효과와 함께 국가나 지역의 브랜드 가치와 유무형의 부가가치가 창출되어 지역과 국가의 경제 활성화로 이어진다. 또 정부부처나 지방자치단체 기관장의 이미지도 개선되어 최고관리자의 상품가치도 높아지게 마련이다.

마찬가지로 개인, 조직 등 단체도 이 같은 이유에서 홍보를 전개하는 것이다. 홍보 관계자가 사장, 기관장 등 특정인을 돕기 위해 홍보를 하는 것이 아니다. 혹자는 홍보하는 것을 민선시대 단체장의 표를 올리는 나팔수 역할을 한다고 비아냥거리기도 한다. 굳이 기관장을 홍보할 이유는 없다. 홍보를 하다 보면 바늘 가는 데 실 가듯 오너의 홍보효과로 이어지기 때문이다.

겸손은 구시대의 유물이다. 혼자 열심히 일한들 남이 알아주지 않으면 아무 소용이 없다. 알려야 한다. 상호 대화를 가져야 한다. 홍보는 상호 커뮤니케이션이요, 소통의 수단이다. 즉 소통의 수단이 홍보요, 홍보는 돈을 벌게 만든다.

무엇을 홍보해야 하나

홍보의 소재와 영역은 따로 없다. 모든 것을 망라한다.
소재를 어떻게 발굴하여 어떤 기법으로 알려 효과를 극대화하느냐가
홍보의 성패를 좌우한다.

홍보가 '진실을 그대로 알리는 것'이라면 홍보를 해야 할 대상과 소재는 모든 것을 망라한다. 홍보란 사실을 있는 그대로 알리는 것이며 영역이 따로 없다. 심지어 비판의 대상이 될 소재도 목적을 달성할 수 있다면 홍보노이즈 마케팅의 대상이 될 수 있다.

일반적으로 홍보는 개인의 경우 이미지를 좋게 하여 호감을 갖게 함으로써 자신의 존재가치를 확실히 드러내고 우호적 관계를 형성하기 위함이다. 또한 기업은 자사 제품을 널리 알려 소비자들의 신뢰를 얻고 매출을 올려 나감으로써 자산규모를 늘리고, 지속적인 홍보활동을 통해 회사의 이미지경쟁력를 높여 확고한 브랜드 파워를 형성해 나가려는 데 있다. 정부나 공공기관도 하는 일을 국민들에게 널리 알려 동참을 이끌어 내고 정책 수행을 원활히 해 나가고 국가 경쟁력, 부처 경쟁력, 지방자치단체의 경쟁력을 높여 나가는 데 그 목적이 있다.

마찬가지로 각종 사회단체 등 집단은 집단대로, 소규모 모임은 모임

대로 존재가치를 알려 존립의 근거를 마련하고 활동영역을 넓혀 경쟁력을 높이려 홍보활동을 편다. 이 같은 목적을 달성하기 위해서는 홍보활동이 단시간에 이루어져서는 안 되고 지속적이고 장기적으로 진행되어야 한다.

그렇다면 무엇을 갖고 홍보를 할 것인가. 기업의 경우와 공공기관의 경우를 살펴보자. 기업은 우선 이익 측면과 이미지 측면의 홍보활동으로 분류된다. 영리를 목적으로 하는 기업에서는 자사 제품을 널리 알려 날개 돋친 듯이 팔려 나가도록 하기 위한 것이 첫 번째 홍보 목적이다. 기업은 여기에 사활을 건다. 타깃은 소비자인 국민이다. 그래서 많은 돈을 들여 광고 등 홍보활동을 한다.

홍보 대상인 '제품'이란 소재 발굴이 되면 기업 홍보팀은 여러 단계로 나눠 다양한 방법으로 대외홍보를 하게 된다. 제품 생산을 앞두고 시연회, 시식회, 전시회 등을 통해 예고홍보^{사전홍보}를 한다. 제품이 출시

기업과 공공기관의 홍보 차이점

기 업		공공기관
◆ 영리목적		◆ 삶의 질 향상
◆ 제품(상품 등) 판매		◆ 행정서비스 제공
◆ 이윤창출	홍보=돈	◆ 지역경제 활성화
◆ 사세확장		◆ 유무형의 이익 창출
◆ 오너 이미지 제고		◆ 기관장 이미지 제고
◆ 브랜드 가치 up		◆ 브랜드 가치 up

유무형의 부가가치 창출

되면 각종 매체를 통해 공격적으로 홍보를 한다. 그리고 사후홍보^{성과홍보}로 이어진다. 공격적인 홍보에는 각종 이벤트를 가미하여 충격홍보 등 다양한 기법을 구사하게 된다.

단순히 제품 선전만이 홍보의 전부는 아니다. 제품에 얽힌 사연, 소비자 반응 및 만족도 등 비하인드 스토리는 물론 나쁜 점까지도 인지하고 사전 예방홍보도 해야 한다. 이런 회사의 절대적 이익을 창출하는 제품홍보가 직접적이고 대외적인 주된 홍보 요소라면, 이에 못지않게 중요한 것이 무형의 부가가치를 창출하는 이미지 홍보다. 간접적이고 대내적 홍보요소로 회사에서 만든 제품을 제외한 해당 기업과 관련된 모든 요인이 홍보할 재료다. 오너는 물론 사원 개개인의 사건, 사내활동, 사회환원활동, 신규나 확장사업, 사원이나 회사 차원의 각종 미담 등 회사와 연관된 모든 것을 망라한다.

이 같은 간접 홍보요소는 회사의 이미지 제고를 통한 브랜드 가치를 높이는 데 없어서는 안 될 필수요소다. 공공기관도 마찬가지다. 단위부서^{부처, 국, 과, 팀}에서 생산하는 행정^{정책 및 제도}이라는 상품이 1차적 홍보 소재다. 기업은 상품을 생산해 돈을 받고 팔지만, 행정기관은 무상^{일부는 유상}으로 행정서비스라는 상품을 제공한다는 차이점이 있다. 기업과 마찬가지로 행정상품을 여러 방법을 통해 단계적으로 알린다. 그리고 최고 관리자, 공무원, 기관의 사건, 선행, 미담 사례 등 직접 홍보요소인 정책과 제도라는 행정상품 이외의 기관과 관련된 모든 요소들이 행정기관에서도 중요한 홍보 소재다.

기업과는 달리 공공기관은 국민, 주민이 홍보 요인이다. 특히 지역에서 일어나는 주민들의 크고 작은 모든 일이 홍보 소재거리다. 즉 해당 지방자치단체 지역 내에서 일어나는 일들이 모두 포함된다. 행정상품

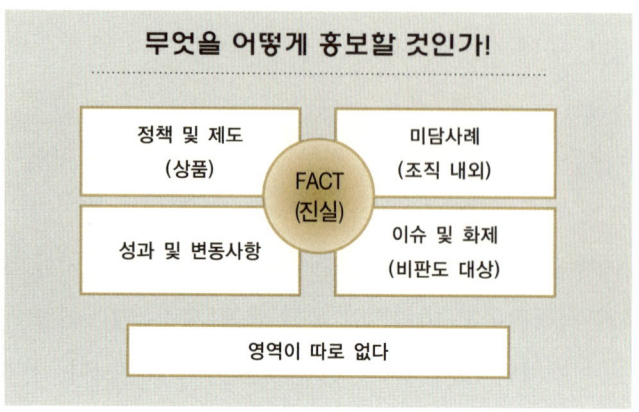

무엇을 어떻게 홍보할 것인가!

정책 및 제도 (상품)	미담사례 (조직 내외)
성과 및 변동사항	이슈 및 화제 (비판도 대상)

FACT (진실)

영역이 따로 없다

못지않게 이러한 간접요소가 지자체의 이미지와 경쟁력을 높인다. 따라서 기업이든 행정기관이든 홍보 소재는 같다고 본다. 모든 직·간접적 대내외 요소가 홍보거리인 셈이다. 이를 어떻게 발굴해 어떠한 기법으로 알려 효과를 극대화하고 관리하느냐가 홍보의 성패를 좌우한다.

3

돈 안 드는 미디어 홍보

홍보는 어떤 전달매체를 통해 소비자(국민)에게 전달하느냐에 따라 그 성패가 좌우된다.
'돈 안 드는 광고'인 미디어를 통한 홍보활동이 가장 효과적이다.
따라서 홍보 효과는 매체 선택에 달려 있다.

어떤 요리를 할 것인가에 따라 준비 재료가 달라지고, 어떻게 요리를 할 것인가, 혹은 어떤 경력을 가진 요리사가 하느냐에 따라 음식의 맛이 달라진다. 이러한 과정을 거쳐 나온 음식은 마지막 손님들의 반응에 따라 상품의 가치, 즉 장사의 성패를 좌우한다.

홍보도 마찬가지다. 누가 재료를 모으고 분석하여 보도자료를 작성하느냐, 어떤 경로를 통해 소비자가 찾아올 수 있도록 시장에 내놓느냐에 따라 전달효과가 달라지며 소기의 목적 달성 여부가 결정된다. 즉 홍보는 요리에서처럼 재료^{보도자료 발굴}를 모으고 요리^{보도자료 작성}하는 홍보 주체가 있고, 중간 도소매상격인 미디어 매체, 즉 여러 경로를 통해 소비자들에게 전달하는 장소^{슈퍼마켓, 레스토랑, 백화점 등}인 전달매(개)체가 있다. 이러한 매개체에 의해 완성된 상품을 직접 접하며 좋고 싫은 반응을 보이는 소비자^{국민}인 객체가 있다. 홍보 주체-전달매체-객체라는 사이클을 통한 환류기능까지를 홍보로 본다.

여기서는 홍보 주체기업, 공공기관 등에서 생산한 보도자료상품를 어떤 전달매체를 통해 소비자국민에게 전달해야 하는지에 대해 알아보자. 물론 전달매체를 통하지 않고 홍보 주체가 직접 하는 방법도 있다. 그러나 직접 전달하는 데는 여러 가지 한계가 있기 때문에 매개체라는 수단을 통해 홍보활동을 한다. 기업이나 공공기관의 홍보팀은 각 생산라인이나 각 단위부서에서 완제품이 넘어오면 이를 포장보도자료 작성하여 시장에 내놓아 소비자들에게 전달해야 한다.

이때 중요한 것은 매체 선택이다. 어떤 방법을 통하여 홍보할 것인가를 판단해야 한다. '돈 드는 광고' 수단을 통해서 할 것인가, '돈 안 드는 광고' 인 미디어를 통해 할 것인가다. 흔히 제3자, 즉 중간 도매상을 경유하여 매개체수단를 통해 마케팅 하는 것이 보편적이다. 홍보에서의 매개체는 바로 각종 신문, 방송, 잡지 등 미디어와 뉴미디어라는 인터넷을 비롯 트위터 등 다양한 전달 수단들이 이에 해당한다.

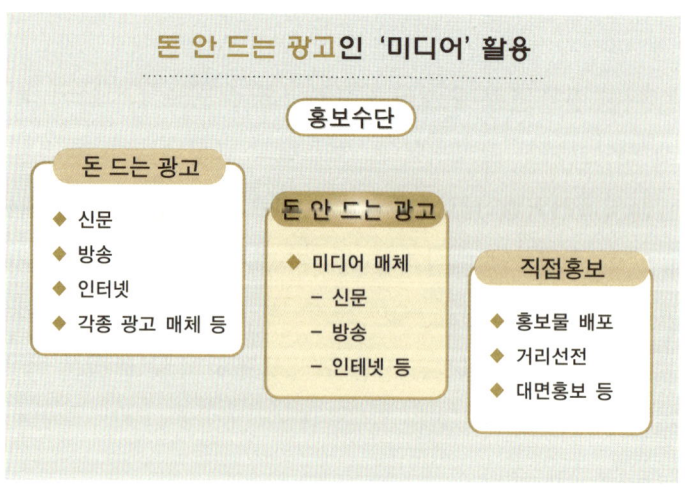

먼저 '돈 안 드는 미디어를 통한 광고'다. 주로 언론을 통한 PR이다. 기자라는 제3자가 중간 도매상이다. 뉴스 가치가 있으면 얼마든지 홍보할 수 있다. 홍보효과도 가장 크다. 미치는 영향이 그만큼 넓다. 객관성을 갖고 있어 소비자나 시민들의 신뢰도 가장 확실하게 얻을 수 있다. 그래서 홍보 관계자들이 가장 많이 이용하고 선호한다. 그러나 생각만큼쉽지는 않다. 언론 가운데 파괴력이 큰 것은 방송이다. 공중파 등 TV, 라디오 등이 있지만 공중파 TV가 효과면에서 가장 앞선다. 신문과는 달리 휘발성이 있다는 단점이 있다.

TV와 라디오는 성격이 다르다. 화면과 음성이 함께 나가는 것이 TV라면 라디오는 귀로만 듣는다. TV를 통해 홍보하려면 당연히 뉴스의 가치도 있어야 하지만 그림이 되어야 한다. 그래서 보도자료를 작성할 때 그림이 되는가를 판단하여 방송용인지 신문용인지를 결정해야 한다. 그림이 된다면 방송에 포커스를 맞춰 자료를 작성해야 하고, 그것이 아니라면 신문용으로 배포해야 한다. 물론 둘 다 해당되면 적절히 혼용해 작성한다.

신문은 홍보 관계자들이 가장 많이 이용한다. 그만큼 다룰 수 있는 지면이 많기 때문이다. 기사화되는 빈도수가 방송보다 폭이 크다. 신문은 휘발성이 있는 TV와는 달리 지속성이 있다는 장점이 있다. 유력 종합일간지라면 그 효과는 굉장히 크다. 광고 속의 기사와 기사 속의 일반기사, 그리고 박스기사는 각각 그 가치가 크게 다르다.

신문의 종류는 여러 가지다. 지역에 따라 중앙 일간지와 지역 일간지, 성격에 따라 산업, 자동차, 주택, 관광 등의 특수신문과 발행주기에 따라 주간, 월간, 계간신문이 있다. 유사한 성격으로 주간, 월간, 계간 등의 잡지 가끔 광고 등 돈을 들여야 하는 경우가 있음가 있다. 잡지는 성격에 따라 홍보

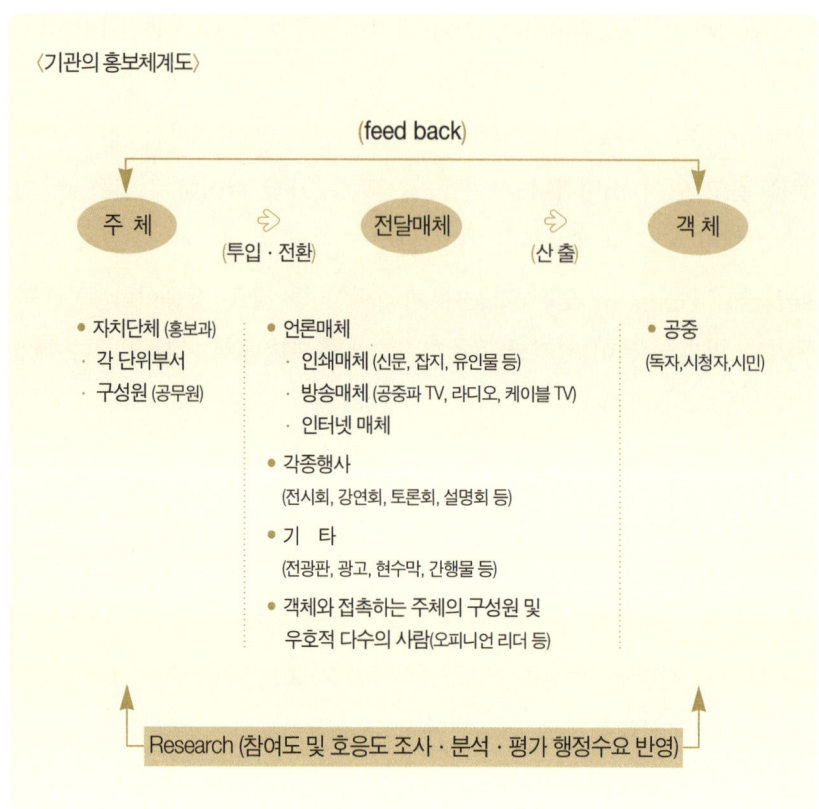

〈기관의 홍보체계도〉

(feed back)

주 체 ⇨ 전달매체 ⇨ 객 체
(투입·전환) (산 출)

• 자치단체 (홍보과)
· 각 단위부서
· 구성원 (공무원)

• 언론매체
· 인쇄매체 (신문, 잡지, 유인물 등)
· 방송매체 (공중파 TV, 라디오, 케이블 TV)
· 인터넷 매체
• 각종행사
(전시회, 강연회, 토론회, 설명회 등)
• 기 타
(전광판, 광고, 현수막, 간행물 등)
• 객체와 접촉하는 주체의 구성원 및
우호적 다수의 사람(오피니언 리더 등)

• 공중
(독자,시청자,시민)

Research (참여도 및 호응도 조사 · 분석 · 평가 행정수요 반영)

에 한계가 있다.

이와 반대로 '돈 드는 광고'는 말 그대로 기업이나 공공기관, 즉 홍보 주체가 돈을 들여 원하는 내용 그대로 소비자나 시민에게 전달할 수 있 는 홍보수단이다. 그만큼 비용이 많이 든다. 매체나 지면, 위치 등 성격 에 따라 홍보효과가 다르고 비용은 차이가 난다. 미디어를 통한 광고, 인터넷, 전광판, 지하철, 게시판 등 다양하다. 최근에는 지하철 무가지 신문이 새로운 홍보수단으로 등장했다. 광고뿐만 아니라 뉴스가 되면 게재될 수 있어 이용가치가 크다.

　이렇게 다양한 홍보수단을 통해 홍보 관계자는 완성된 제품으로 포장하여 홍보를 한다. 중요한 것은 어떻게 해야 가장 효과가 클 것인가를 판단해 여러 매체 중 하나 또는 복수를 선택해 PR한다. 기업이든 공공기관이든 언론을 통한 홍보활동퍼블리시티을 할 것인가, 상업광고를 할 것인가, 아니면 둘 다 병행할 것인가의 판단은 홍보 담당자의 몫이다. 미디어 홍보를 하려면 언론의 속성을 잘 알아야 한다. 무엇보다도 뉴스를 보는 눈과 감각, 타이밍을 읽을 줄 아는 안목이 필요하다.

홍보, 공보, 보도, PR과 퍼블리시티

홍보는 공중에게 진실한 내용을 솔직하게 알려 그 내용을 주지시키고 설득하는 일련의 과정이다.
이는 PR이 왜곡되기 쉬운 선전이나, 과장되기 쉽고 유료 커뮤니케이션인 광고와의
차이점을 구분하는 기준이 되기도 한다.

홍보 업무를 하는 사람이라면 홍보弘報와 공보公報, 홍보와 보도報道, 홍보와 퍼블리시티publicity의 개념을 알아둘 필요가 있다. 앞에서도 잠깐 언급했지만 용어의 개념은 학자마다 조금씩 다르며 정설定設로 딱 떨어지게 구분되어 있지는 않다. 사실 홍보, 공보, 보도는 '알린다'는 같은 의미로 사용되기도 하고 때로는 다르게 쓰이기도 한다.

첫째, 홍보public relations는 영문의 첫 글자를 따서 PR이라고 한다. 홍보는 PR의 어원 그대로 'public공중과의 relations관계 만들기'다. 즉 공중관계다. 외부환경와 좋은 관계공중의 무지, 무관심, 편견, 적대감 해소를 만들고 유지하기 위해 노력하고, 이미지를 좋게 형성하려는 데 그 목적이 있다. 공중관계를 원활히 하기 위한 모든 커뮤니케이션 활동이다. 즉 국가, 단체, 기업, 조직체, 개인 등이 자신들의 활동을 외부에 솔직하게 알려 공중으로부터 동의을 구하고 이해, 협력, 신뢰 등을 확보 유지하기 위한 계획적이고 선의적인 공익기능이다.

홍보는 공보, 보도, 광고, 선전, 공고 등 이와 유사하게 해석되는 용어 중 '널리 알리는' 활동으로서 광의廣義의 개념이다. 정부, 기업, 단체, 개인 홍보 등을 모두 망라한다. 홍보는 쌍방향 커뮤니케이션이며 환류기능을 갖고 있다. 혹자는 홍보, PR을 '피할 것은 피하고 알릴 것만 알리는' 것으로 이해하고 있기도 하지만, 이는 잘못된 인식이다. 홍보는 공중에게 진실한 내용을 솔직하게 알려 그 내용을 주지시키고 설득하는 일련의 과정이다. 이는 PR이 왜곡되기 쉬운 선전이나, 과장되기 쉽고 유료 커뮤니케이션인 광고와의 차이점을 구분하는 기준이 되기도 한다.

둘째, 공보는 공적公的으로 공중公衆에게 알리는 것을 말한다. 즉 정부나 지방자치단체 등 공공기관이 주체가 되어 공익적 목적을 가지고 국민에게 널리 알리는 활동이다. 공공적인 성격을 띠고 있다는 점에서 기업 홍보와 차이가 있다. 홍보보다는 좁은 의미로 쓰이는 공보란 정부정책을 고지告知하기 위해 신문, 방송에 보도자료 제공, 기자설명회 등의 보도활동과 기타 기관 자체적인 시책 설명, 책자 제작 및 간행물 발간, 공청회 등 국민에게 전달하려는 구체적 활동으로 구분된다. 공공기관에서 하는 모든 일을 다양한 채널을 통해 정책을 설명하고 이해와 지지, 동의, 신뢰를 구축하려는 데 목적이 있다.

셋째, 보도報道, press relations는 대중매체인 신문, TV나 라디오 등 방송, 잡지 등 미디어를 통해 일반 대중에게 널리 알리는 활동이다. 매스컴이라는 한정된 수단을 통해 알리는 것이므로 홍보나 공보보다 좁은 의미다. 보도는 대 언론관계 활동이 주가 된다.

다음은 PR과 퍼블리시티, 퍼블리시티와 광고의 관계 및 차이점이다. 퍼블리시티의 사전적 의미는 신문, 잡지 등의 기사나 라디오 방송 등을

홍보/공보/보도/PR과 퍼블리시티/광고

홍보 (Public Relations)	공중관계를 원활히 하기 위한 모든 커뮤니케이션 활동 쌍방향 커뮤니케이션
공보 (Official Report)	공공기관이 주체가 되어 공익을 목적으로 공중에게 널리 알리는 활동 정부정책 설명, 이해와 지지 등 신뢰 구축이 목적
보도 (Press Relations)	신문, 방송, 잡지 등 대중매체를 통해 국민에게 널리 알리는 활동 매스컴이라는 한정된 수단으로 대중에 알림
퍼블리시티 (Publicity)	언론기관에 뉴스가 될 만한 정보를 보도자료로 제공하는 활동 PR을 성공시키기 위한 중요한 수단

광고 : 홍보 주체가 비용을 들여 원하는 시간, 지면활용 홍보

이용하여 자연스럽게 광고·선전하는 것을 말한다. 즉 정부나 기업, 단체 등 홍보 주체에서 일반 대중에게 널리 알리고자 하는 각종 정보를 언론이라는 제3자를 통해 보도되도록 자료를 제공, 그들의 이해를 높이고 이미지를 좋게 하여 홍보 주체의 신뢰를 확보해 나가는 활동을 말한다. 다시 말해 언론에 뉴스거리가 될 정보를 보도자료로 제공하는 것이다.

퍼블리시티는 PR을 성공시키기 위한 가장 중요한 수단이 된다. 제공된 뉴스가 언론에 보도된다면 무엇보다도 대중의 객관성, 신뢰성을 확보할 수 있다는 특성이 있다. 물론 제공한 정보는 언론 매체의 판단에 따라 취사선택이 이뤄지기 때문에 홍보 주체가 주관적 내용을 갖고 비용을 들여 신문, 방송 등 원하는 지면이나 시간대를 이용, 홍보하게 되는 광고와는 차이가 있다. 광고는 신뢰성이 퍼블리시티보다 낮지만 둘 다 대중매체를 이용한다는 점은 같다.

5
언론, 권력의 제4부

입법, 사법, 행정부에 이어 '권력의 제4부' 라 할 수 있는 언론은 여론 형성에 막대한 영향을 미친다.
그래서 여론이 올바른 방향으로 나아갈 수 있도록 인도해야 하는 막중한 사명을 띠고 있다.

복잡다양한 현대사회를 살아가는 우리는 매일 넘쳐나는 정보의 홍수 속에서 살아간다. 자고 일어나면 각종 뉴스가 쏟아져 나오는데, 이 정보와 뉴스는 수많은 전달매체에 의해 세상에 전달되며 정보의 양과 질이 광범위하여 미처 다 소화할 수 없을 정도다.

그런가 하면 세상에 알려지지 않고 묻혀 버리는 소식 또한 많다. 무엇보다도 각종 정보와 소식을 나르는 수단은 매스 미디어다. 아무리 작은 일이라도 대중매체_{인쇄매체, 영상매체, 인터넷}를 통해 알려지면 사회적으로 이슈가 될 수 있지만, 중요한 사건이라도 이를 미디어에서 다루지 않으면 사람들의 관심을 끌지 못하고 묻혀 버리고 만다. 이렇듯 긍정적이든 부정적이든 미디어는 우리 사회의 모든 부문에서 다양한 기능과 영향력을 발휘하고 있다.

현대사회에서 미디어가 차지하는 비중은 절대적이다. 미디어를 대중매체, 매개체_{媒介體}, 매체_{媒體}라고 부르는데, 한 마디로 미디어는 '세상에서 일어나는 여러 가지 현상이나 사건, 정보에 대해 대중에게 전달하는 수단'을 통틀어 말한다.

대중매체 하면 대표적인 것이 신문, 잡지, TV, 라디오를 비롯해 뉴미디어인 인터넷이 있다. 이 가운데 대중에 미치는 영향력 면에서 언론으로 통칭되는 신문과 방송이 차지하는 비중이 가장 크다. 최근엔 인터넷 매체가 대중에 미치는 파괴력이 심화되고 있다.

그렇다면 언론이란 무엇인지, 그리고 그 기능과 성격에 대해 짚어보자. 언론의 사전적 의미는 '개인이 말이나 글로 자기 생각을 발표하는 일, 또는 그 말이나 글 그리고 매체를 통하여 어떤 사실을 밝혀 알리거나 어떤 문제에 대하여 여론을 형성하는 활동'이다. 이를 토대로 정리하면, 언론은 현실에 대한 광범위한 정보와 지식을 대중에게 전달해 주는 사회제도다. 일반적으로 신문과 방송을 언론으로 보면 무리가 없다.

그럼 언론기관은 무엇인가. 언론기관은 여러 가지 사건이나 현상에 관한 뉴스와 정보를 취재하여 기사로 작성하고, 때로는 의견을 덧붙여 대중에게 제공하는 공적기관, 즉 신문사, 잡지사, 방송국, 통신사 등을 지칭한다. 입법·사법·행정부에 이어 '권력의 제4부'라고 일컫는 언론은 여론 형성의 보도, 정보전달, 해설, 비판, 교화, 교양 및 오락, 취미 등의 기능을 담당하고 있다.

언론의 **특성은** 전통적인 시각에서 보면 첫째, 사실만을 보도하기 때문에 '가치중립적 매체'다. 정경유착은 언론의 성격 자체에 기인한 것이 아니고 외적인 것이다. 둘째, 대중은 언론이 전달하는 사실을 받아들이기 때문에 '언론을 받아들이는 피동적 존재'다. 셋째, 언론이 보도해야 하는 것은 현재 대중의 관심을 기울이는 사안이므로 '대중의 관심사가 언론의 전달 내용'이다.

비판적 구조적 시각에서 보면 언론은 첫째, 기사나 프로그램 판매,

광고를 통해 언론 자본의 이윤을 획득하고 광고를 통해 상품의 유통을 촉진하는 '언론은 상품'이다. 둘째, 언론은 사실을 있는 그대로 전달하는 것이 아니라 특정 관점에서 재구성하기 마련이고, 대중은 그에 영향을 받기 때문에 '언론은 사실을 재구성한다.'

이 같은 의견을 종합해 볼 때, 전통적 시각에서는 사실보도에 충실해야 하는 언론의 본래적 사명을 이야기하고 있으나 완전히 객관성이나 가치중립이란 불가능한 반면, 비판적 시각처럼 전적으로 자본주의 사회에서 언론이 영리 목적에 치우친다면 올바른 언론으로서의 사명을 다하리라고는 기대하기 어렵다. 따라서 바람직한 언론의 모습은 어떤 사회체제에서든 최대한 공정성을 추구하려는 노력이 계속되어야 한다.

중요한 것은 이러한 모습을 가진 언론이 여론 형성에 막대한 영향을 미친다는 것이다. 그래서 오늘날 언론을 '권력의 제4부'라 부르는 이유이기도 하다. 여론 형성에 있어 언론은 야누스적인 두 얼굴을 가졌다고 볼 수 있다. 언론은 여론을 단순히 반영하는 것이 아니라 그 여론이 올바른 방향으로 나아갈 수 있도록 인도해야 하는 막중한 사명을 띠고 있다. 올바른 언론의 중요성이 부각되어지는 대목이다.

하지만 역사적으로 보면 언론은 올바른 여론 형성 기능을 충실히 한 반면 역기능도 수행해 왔다. 순기능으로는 대중의 의사를 정책 결정자에게 전달하여 반영될 수 있게 한다. 즉 정책 결정 과정에 대중의 의사를 반영하는 역할을 한다. 또 여론 형성을 통해 국가적 목표에 대한 사회적 합의를 창출해 낸다. 민주화 과정에서의 여론의 힘 역기능은 대중의 여론을 획일화함으로써 토론을 통한 발전 가능성을 막고 결과적으로 대중을 우민화愚民化한다. 권력자들에 의해 언론이 장악됨으로써 국민들은 한쪽의 정보만을 접하게 된다. 즉 국민의 눈과 귀를 막는 것과 다를 바 없다.

언론(워치독 – 파수견)이란

미디어(대중매체)

◆ 세상에 일어나는 사건, 정보 등을 대중에게 전달하는 수단을 통틀어 말함
◆ 역할 : 어떤 작용을 한쪽에서 다른 쪽으로 전달(매개체, 매체)
예) 신문, 잡지, 라디오, TV, 인테넷, 영화, 서적, 광고

언론(권력의 제4부)

◆ 개인이 말이나 글로 자기 생각을 발표
◆ 현실에 대한 정보와 지식을 광범위한 대중에게 전달해 주는 사회제도(신문, 방송)
  고유기능 : 보도(여론형성), 정보전달, 해설, 비판, 교화, 교양, 오락, 취미 등

언론(자본+경영+기자)

◆ 사건이나 현상에 관한 뉴스와 정보를 취재, 의견을 첨가하여 대중에게 정보를
  전달하는 공적기관(公器) 예) 신문사, 방송사, 통신사
◆ 기자 : 公器의 구성원, 빛과 소금 & 권력의 시녀(?)

❖ 사회위험 미리 경고

다음은 대중영합이다. 언론은 대중의 여론을 반영할 뿐만 아니라 때로는 그것을 적극적으로 영합함으로써 여론을 호도할 수 있다. 이를 방지하기 위해서 언론인들은 냉철한 이성과 저널리스트 정신을 견지하는 한편, 언론사 사주(社主)는 '언론이 사회의 공기(公器)'임을 명심하고 상업적 경영에만 몰두해서는 안 된다. 언론은 대중매체의 핵심이며 여론형성이라는 중요한 기능을 담당한다. 이 과정에서 야누스적 두 얼굴을 갖고 있는 것이 언론의 모습이다.

6
소통^{커뮤니케이션}이 홍보다

홍보활동에서 가장 기본이 되는 요소는 커뮤니케이션이며,
홍보는 외부환경과의 끊임없는 상호 소통이다.

홍보를 하려면 적어도 커뮤니케이션, 설득, 여론, 매체활용 등 홍보의 핵심요소를 잘 알고 구사해야 한다. 이 가운데 홍보활동에서 가장 기본이 되는 요소는 커뮤니케이션이다. 왜냐하면 홍보는 외부환경과의 끊임없는 상호 소통이기 때문이다. 이러한 소통이 소극적이거나 바르지 못하면 왜곡되고 소기의 목적을 달성하는 데 실패한다.

다시 말해 홍보는 홍보 주체가 외부환경, 즉 언론 등 다양한 대중매체를 통해 공중에게 정보를 전달하는 과정에서 늘 상호 커뮤니케이션이 이루어진다. 매 단계마다 메아리가 있다. 즉 각종 정보를 전달하면 반드시 반응이 나타난다. 홍보 주체가 전달매체^{또는 직접}에 정보를 투입하면 전달매체는 현실을 있는 그대로 또는 가공하여 산출물을 내보내고, 이를 객체인 공중이 접하게 되며, 공중은 이에 대한 평가 등 반응을 보이고, 이러한 반응은 다시 홍보 주체 또는 전달매체에 되돌아오는 피드백^{feed back} 과정을 거친다. 매 단계마다 커뮤니케이션을 통해 환류현상이

일어난다. 따라서 커뮤니케이션이 얼마나 원활하게 이루어지느냐에 따라 홍보의 성패가 달려 있다. 그만큼 홍보에서 커뮤니케이션이 차지하는 비중이 매우 크다는 것이다.

커뮤니케이션은 '서로 생각과 느낌 따위의 정보를 주고받는 것'이며, 말이나 글, 그 밖의 소리, 표정, 몸짓 따위로 이루어진다. 또한 의사전달, 의사소통이라고도 한다. 이에 대한 과정과 기능, 유형, 원칙을 살펴보자. _{송 명, 〈홍보시대와 PR 문장〉 참고}

커뮤니케이션은 일반적으로 개인 간에 이루어지는 대인 커뮤니케이션과 신문, 방송 등 매스미디어를 통한 매스커뮤니케이션이 있다. 현대 사회의 커뮤니케이션은 대량 정보, 대량 생산이라는 측면에서 매스미디어에 의한 매스커뮤니케이션 형태로 이루어지며 PR 초점을 여기에 맞추고 있다.

일련의 커뮤니케이션 과정은 일반적으로 정보 등 메시지가 홍보 주체에 의해 전달매체를 타고 공중에게 전달되며 이를 수용자가 받아들여 의도된 점을 파악함으로써 이루어진다. 즉 커뮤니케이션은 홍보 주체_{전달자} →메시지_{내용} →전달매체_{미디어} →수용자_{공중} →반응_{효과}이라는 5단계 과정을 통해 이뤄진다.

이 중 하나라도 없으면 완전한 커뮤니케이션이라 할 수 없다. 결국 커뮤니케이션의 기능은 홍보 주체가 정보를 객체인 공중에게 널리 알려 영향을 주고 설득시키는 것이라 할 수 있다. 내적으로는 PR 목표의 수립 및 달성에 필요한 정보를 수집하고, 그 필요성과 가치를 분석·평가하여 요구되는 객체, 장소에 전달함으로써 최적화·합리화·조정통합의 기능을 갖고 있다. 외적으로는 환경과의 관계를 연계시키는 기능으로 이를테면 국민의 요구, 기업 간 활동, 이익집단들의 움직임, 정당

들의 정책이나 건의사항 등을 알아내고 대응하기 위한 모든 정보교환이 여기에 속한다.

커뮤니케이션의 유형으로는 홍보 주체 내부의 수직적/수평적 의사전달, 공식/비공식 의사전달 관계에 의한 소극적인 내적 커뮤니케이션과 외부환경, 즉 시민, 이익집단, 정당, 국회, 사회조직 등 외적 커뮤니케이션이 있다.

커뮤니케이션 원칙에 대해서 '레드필드C.E Redfield'는 이렇게 설명하고 있다. 적절한 용어, 간결하면서도 이해하기 쉬운 표현의 명료성, 전달하고자 하는 내용의 일관성, 적절한 시기와 시간 선택을 통한 의사전달의 적기적시성, 효과의 극대화를 위한 분포성, 의사전달의 양과 횟수의 적당성, 기타 적응성과 통일성, 관심과 수용이라고 말하고, 이 일곱 가지를 '전달 제일주의 원칙'이라고 하였다.

소통(커뮤니케이션)이 홍보다

홍보 핵심요소

| 커뮤니케이션 (홍보의 필수) | 설득/이해 |
| 여론 | 매체활용 |

홍보 핵심요소

커뮤니케이션 5단계

반응(효과)
↑
수용자(공중)
↑
전달매체(미디어)
↑
메시지(내용)
↑
홍보 주체(전달자)

따라서 PR의 극대화를 이루기 위해서는 홍보 주체가 내외부 환경의 제반요소들과 지속적인 커뮤니케이션을 갖는 것은 선택이 아니고 필수라는 점이다. 이러한 커뮤니케이션은 홍보에 있어 가장 상위의 요소라 할 수 있다.

기자^{記者}란 누구인가?

기자는 기사(記事)로 말한다.
기자는 언론의 사명을 다하기 위해 사회의 명암(明暗)을 파헤치는
파수꾼 역할을 해야 하므로 기자윤리와 균형감각을 잃지 말아야 한다.

홍보에서 언론이 차지하는 비중은 절대적이다. 이 언론의 인적 구성원이 기자다. 기자는 사람의 인체로 치면 혈액과 같다. 건강을 유지하기 위해 쉼 없이 새로운 피^{정보}를 생산한다. 피가 없으면 살 수 없듯이 언론에서 기자가 없으면 언론의 존립근거가 상실된다고 해도 지나친 말이 아니다. 언론사를 떠받치고 있는 것은 자본, 경영, 뉴스다. 이 가운데 한 축인 기자에 대해 살펴보자. ^{박진용의 〈기자학 입문〉 참고}

언론을 영어로 프레스라고 한다. 권력의 파수꾼이라는 의미에서 워치독이라는 표현을 쓰기도 한다. 언론이 사회의 위험을 미리 경고해 주고 사회의 잘잘못을 감시한다 하여 붙여진 이름이다. 이를 다시 해석해 보면, 언론은 사회의 어두운 구석을 파헤쳐 바른 길로 안내하고 불편부당한 것을 찾아내 고발함으로써 정의롭고 밝은 사회를 만들어 가는 데 중추적 역할을 하는 공적^{公的} 그릇이다. 그래서 언론을 공기^{公器}라 한다. 나는 적어도 올곧은 언론이라면 비판과 감시, 견제, 대안제시를 통해

보다 밝고 건강한 바른사회를 형성해 나가는 데 일익을 담당하는 한 축이라고 넓게 해석해 본다.

그렇다면 이러한 언론의 인적 구성원인 기자는 누구인가. 언론의 사명을 다하기 위해 기자는 사회의 잘못된 현상에 대해 무엇이 옳고 그른지 시시비비是是非非를 가려 밝고 건강한 사회가 될 수 있도록 부단히 힘쓰는 한편, 국정을 이끌어 나가는 위정자들이 바른 길로 갈 수 있도록 국민을 대신해 비판, 감시, 견제하여 올바른 방향을 제시함으로써 정의로운 사회를 만들어 가고자 노력하는 '파수꾼' 역할을 하는 사람이다.

그동안 내가 보아 온 기자의 모습은 이러하다. 기자 하면 으레 '비판적'이라고 인식한다. 당연히 기자는 비판적 시각을 갖고 있어야 한다. 그래야 뉴스를 생산해 낼 수 있으며, 평범한 사고로는 뉴스거리를 만들어 내지 못한다. 숨겨진 새로운 사실이 뉴스로서의 가치가 크기 때문이다. 평범한 기사로는 소위 뉴스발이 먹히지 않는다. 취재 과정에서 꼬리에 꼬리를 물고 전개되는 사건의 숨겨진 사실을 긍정적 시각만 가지고는 밝혀 내는 데 한계가 있다.

언론 고시를 뚫고 언론사에 입사한 기자들은 대개 일선 경찰서를 출입하며 수습기간을 보내게 된다. 그때 경찰서 관할 지역 내에서 일어나는 각종 사건 사고를 접하게 되는데, 예측을 할 수 없는 일들이어서 이들의 생활은 매우 불규칙적이다. 하지만 경찰서를 출입하는 동안 기사로서 튼튼한 기초를 다지며 각종 테크닉을 배운다. 또 선배들로부터 혹독한 훈련을 받으면서 기자정신도 이때 배운다.

사건 사고 현장을 누비며 취재를 하다 보면 실타래처럼 얽힌 숨겨진 스토리를 추적하게 된다. 평범한 생각을 갖고 접근하면 소기의 성과를 거둘 수 없다. 비판적 시각, 탐정가의 시각을 가지고 동분서주해야 한다. 그래야 사건 캡^{경찰서 출입 기자를 지휘하는 선임기자}이 요구하는 방향을 짚어 낼 수 있다. 물먹어 뒷북이라도 치는 날이면 깨지는 것은 물어보나마나다. 여간 스트레스를 받지 않는다. 취재가 부실하면 보강취재를 해야 한다. 짧게는 1년, 길게는 2~3년간 이러한 시련 과정을 거치며 기자로서의 틀을 갖춘 다음 각 부서에 배치된다.

기자는 늘 새로운 것을 찾는다. 아이템에 목말라 있다. 항상 데스크^{차장, 부장}에게 그날의, 다음 주의 뉴스거리를 발제해야 하는 압박을 받는다. 그래서 출입처 등 여기저기 찾아다니게 되고, 뉴스가 될 만한 얘기를 해 주는 뉴스원을 찾아 나선다.

기자는 특종을 찾는다. 남들^{경쟁사 기자 등}이 모르는 새로운 뉴스를 찾아 한발 앞서 움직이며 비판적이고 예리한 시각으로 각종 현상에 몰두한다. 기자는 데드라인^{기사마감}에 시달린다. 즉 정해진 시간에 원고를 송고해야 하므로 늘 마감시간에 쫓긴다. 기자는 갈등을 겪는다. 특히 비판기사를 쓰며 더욱 그렇다. 비판기사라 해서 사실대로 그냥 갈겨쓰는 것이 아니다. 비판의 대상을 의식하기도 하고 그들의 모습이 아른거려 고민한다. 기자도 인간이기 때문이다.

기자는 늘 취재 아이템을 내놓아야 하고 기사 마감시간을 의식해야 하는 등 회사 내에선 선배로부터, 그리고 또 뉴스가 나가면 독자로부터 이래저래 스트레스를 받는다. 하지만 기자라는 직업은 자기실현, 개성의 발휘와 구속받지 않는 생활, 다양한 사회경험과 인간관계의 확대, 사회적 예우와 편의, 문장가의 꿈, 보람^{기사로 정책, 제도를 바꿈}과 좌절 등의 특성을 갖고 있다. 또 갈등의 조장과 해소, 사회규범의 정립, 환경감시라는 사회적 역할도 한다. 이러한 기자의 역할과 함께 이따금 부조리, 왜곡, 허위보도 등으로 구설수에 오르기도 하는데, 무엇보다도 기자윤리와 균형감각을 잃지 않는 자세가 필요하다.

기자는 기사로 말하는 사람이다. 촌철살인寸鐵殺人을 할 수 있으며 사람을 영웅스타 또는 바보로 만들기도 한다. 역사를 통해 볼 때 기자는 기자로서의 사명을 다하면 사회의 빛과 소금이 되지만, 기자윤리와 형평성을 잃었을 때에는 자칫 권력의 시녀로 전락할 수 있는 등 부정적 측면도 지니고 있다.

제2장

유능한 홍보맨이 되려면

①

누가 홍보맨이 되는가

- 홍보맨의 조건 : 뉴스를 보는 안목과 예리한 시각, 순발력, 예측력, 대처능력, 인적 네트워크
- 홍보맨의 자세 : 진실과 열정, 프로기질, 럭비공 마인드, 아이디어맨, 해결사, 최고관리자

홍보맨은 어떤 사람이 적합할까. 그리고 어떤 자세로 임해야 할까. 한 마디로 홍보맨은 '하고자 하는 의욕'만 있으면 누구나 할 수 있다. 무엇이든 자신이 좋아하는 일을 하면 신이 나고 능률이 오르듯, 홍보 일을 좋아하고 적성이 맞는 사람이라면 금상첨화錦上添花다.

홍보 일은 한번 해 볼 만한 매력적인 일이지만 결코 쉽지는 않다. 홍보는 전문성을 요구하기 때문이다. 성격적으로는 내성적인 사람보다 활달한 외형적인 사람이 잘 어울린다. 업무 스타일은 홍보업무의 특성 상 수도면밀해야 하고 전체를 보는 감각을 지녀야 한다. 홍보맨의 역할을 제대로 해내려면 다음과 같은 몇 가지 조건과 자질을 갖춰야 한다.

첫째, 뉴스를 보는 안목이다. 즉 뉴스 밸류가치를 구분할 줄 알아야 한다. 그러려면 평소 각종 유형별 뉴스를 검색하는 습관을 가져야 한다. 이는 꾸준한 노력을 통해 형성된다. 뉴스의 가치는 보는 이에 따라 다를 수 있으며, 휴지통에 들어갈 뉴스로 분류되었을지라도 홍보 전문가의

손에 의해 뉴스가 될 수 있고 당초보다 볼륨이 커질 수도 있다. 홍보맨이 통찰력, 분석력, 비판력, 종합력을 갖춰야 하는 이유다.

둘째, 홍보맨은 예리한 시각을 가져야 한다. 그러려면 소위 오감^{五感}이 살아 있어야 한다. 즉 시각, 청각, 촉각, 후각, 미각의 고감도 안테나를 갖고 있어야 한다. 여기서 다섯 가지 감각이란 단순히 보고 듣는 인체 기능을 의미하는 것이 아니라 홍보맨으로서 각종 정보를 수집, 분석, 판단, 방향타를 설정할 수 있는 특유의 동물적 감각을 말한다. 홍보맨은 늘 안테나를 세워 남보다 앞서 돌아가는 각종 정보를 캐치하고 있어야 한다.

이를 위해서는 낮은 데로 물이 고이듯 모든 정보가 홍보부서에 집적^{集積}되도록 시스템을 갖춰 놓든가, 뉴스원을 확보해 놓고 상시 정보를 스크리닝 해야 한다. 외부환경에 시의성 있게 대처하는 한편 적절한 뉴스거리를 찾아 타이밍을 놓치지 않고 적기에 홍보하기 위해서다.

셋째, 홍보맨은 순발력, 예측력, 대처능력이 절대 필요하다. 상황이 발생했을 때 홍보맨이 즉시 대처해야 하는데 맥을 짚지 못해 허둥대고 결론을 내리지 못해 실기^{失期}한다면 컨트롤 타워가 망가져 작동하지 못하는 것과 같다.

홍보맨은 미디어 관계자들로부터 늘 예상치 못한 취재 또는 취재 문의, 자료 요구를 받게 된다. 이때 각종 정보를 갖고 있어도 순발력이 떨어져 즉시 대처하지 못한다면 버스 지나간 뒤에 손 흔드는 격이 되고 만다. 또한 호미로 막을 일을 가래로도 막지 못하는 화를 자초하게 된다. 이를 예방하기 위해서는 현재의 정확한 상황과 사태에 대한 배경, 문제점, 파급효과, 득과 실 등을 분석하고 향후에 벌어질 상황까지 예측하여 신속히 대처해야 한다. 이를 아우르는 것이 순발력이다. 이는 홍보맨이 갖추어야 할 필수조건이다.

넷째, 인적 네트워크다. 홍보맨의 자산은 많은 미디어 관계자^{기자}들과의 인맥 형성이다. 그들과 친분을 다져 모르는 기자가 없을 정도로 풍부한 인적 네트워크를 구축하는 일이다. 그러려면 친화력이 있어야 한다. 기자와의 친밀감을 쌓는 길은 무엇보다도 기삿거리로 접근하는 것. 뉴스를 통해 인간관계로 이어져야 한다. 한번 만난 기자가 언제 또다시 예전의 출입처로 되돌아올지 모른다. 기자들은 돌고 돈다. 그래서 한번 접촉한 기자와는 끈끈한 인간관계를 맺어 둘 필요가 있다. 맨바닥에 헤딩하려면 힘들지만 아는 기자가 많으면 훨씬 수월하다. 홍보활동에서 인적 네트워크는 최대의 자산이다.

홍보맨은 이러한 자질과 함께 홍보에 임하는 자세가 무엇보다 중요하다. 결론부터 말하면 홍보맨이 갖고 가야 할 자세는 첫째 진실^{Truth}, 둘째 열정^{Passion}, 셋째 프로기질^{Professional}, 넷째 럭비공 마인드, 다섯째 아이디어맨, 여섯째 해결사, 일곱째 최고관리자다. 이렇게 열거하고 보니 홍보맨은 만능 멀티플레이어가 아니면 할 수 없을 것 같지만, 노력하면 된다.

홍보맨에게 가장 중요한 것은 진실한 자세다. 사실에 근거하여 자료를 작성하고 전달해야 한다. 한건주의로 부풀려 자료를 내고 전달한다면 잠시 그 순간은 통할지 몰라도 바로 들통이 난다. 신뢰가 깨지면 앞으로의 홍보활동은 끝이다. 따라서 홍보맨은 첫째도 진실, 마지막도 진실을 갖고 말하고 자료를 작성해야 한다. 기자들과의 만남도 진실을 갖고 대해야 한다.

열정은 홍보에 있어 자동차의 엔진과 같다. 엔진이 꺼지면 자동차가 달릴 수 없듯이 열정은 홍보활동의 원동력이다. 그리고 근면해야 한다. 남보다 두 배, 세 배의 노력을 기울여야 한다. 항상 먹이를 찾아 어슬렁 거리는 굶주린 야수와 같다. 지칠 줄 모르는 집념이 있어야 한다. 반복 된 일상 속에서 매너리즘에 빠지지 않으려면 똑같은 사물도 그냥 지나 치는 법이 없어야 한다. 하나의 성과를 내면 바로 다음 단계를 생각해 야 한다. 만족에 도취해 있으면 안 된다.

일을 즐겨야만 한다. 끌려가면 좋은 홍보를 할 수 없다. 이왕이면 선 점先占해야 한다. 그래서 홍보맨은 넘치는 열정이 뿜어져 나와야 한다. 홍보맨은 아마추어가 아니다. '적당히'라는 것이 없다. 일단 발굴한 뉴 스는 밸류가 있어야 하고, 보도자료를 작성해 릴리스 하면 반드시 안타 를 치거나 홈런을 날려야 한다. 헛스윙만 해서는 안 된다. 휴지통에 들 어가는 자료를 발굴하고 작성, 릴리스 하면 안 된다. 타석에 들어선 타 자가 투수의 공을 끝까지 응시해 배트로 공을 쳐내듯 홍보맨은 뉴스가

된다고 판단하여 작성, 배포한 자료는 끝까지 응시하여 안타 이상을 쳐내고 말아야 한다.

설령 기자들이 받아 주지 않더라도 다시 각인시켜 꺼진 불씨를 살려내듯 세일을 해야 한다. 적어도 홍보맨이라면 자신이 발굴하여 만든 자료가 쓰레기통에 들어가는 일이 있어서는 안 되며 반드시 기사화되게 하는 프로기질이 있어야 한다.

홍보맨의 마인드는 여느 사람과 다르다. 일반 사람들이 생각하고 예측하고 내리는 결론과는 달라야 한다. 일반인들은 둥근 공을 평평한 바닥에 원하는 방향으로 던져 목표지점을 예측하지만, 홍보맨의 마인드는 타원형의 럭비공을 던지는 것과 같아 예측 불가능에 대처하는 사고로 임해야 한다. 홍보맨은 튀는 사고를 가져야 하며, 앞으로 전개될 일들을 예측할 수 없는 상황에서 판단하고 대처해야 하므로 탄력적 마인드로 무장해야만 한다. 틀에 박힌 정형화된 마인드로는 곤란하다.

홍보맨은 순간 포착 능력이 뛰어나야 한다. 이를 통해 아이디어를 창출해 낸다. 하나의 사물을 보며 현상과 문제점, 예상되는 효과, 결론까지 읽어 내는 한편, 한 단계 더 나아가 업그레이드된 사고로 새로운 아이디어를 찾아내어 제시할 줄 알아야 한다. 조직 구성원들의 판단과는 다르게 기자, 사회 일반 대중의 시각에서 접근해야 한다.

홍보맨은 해결사 노릇을 해야 한다. 그러려면 회사 또는 기관 전체의 업무가 어떻게 돌아가는지 꿰뚫고 있어야 한다. 홍보 업무를 하다 보면 회사 또는 기관 내부에 각기 고유 업무 영역이 있어 마찰이 생기거나 각자의 목소리를 낸다. 내부 구성원들은 각자 담당자 또는 부서의 입장에서 판단하기 때문이다. 이렇게 되면 대외적으로 회사나 기관의 입장에서는 곤란하다. 한 목소리가 필요하다. 이럴 때 홍보맨은 조정자 역할을 한다. 홍보맨은 1차로 내부 전체를 보고 회사나 기관의 입장에서 판단하고, 2차로 기자나 사회의 관점에서 예측 판단한 다음, 이를 종합하여 방향을 제시하고 해결한다.

홍보맨은 회사나 기관을 대표하는 최고관리자다. 홍보맨의 한 마디 한 마디는 그 회사나 기관의 입장을 대변한다. 바로 회사 관계자 또는 기관 관계자의 멘트로 기사화된다. 그래서 홍보맨은 누구보다도 최고관리자, 즉 CEO의 의중을 잘 알아야 하며 꿰뚫고 있어야 한다. 또한 기관장인 최고관리자라는 자세로 임해야 한다. 홍보맨은 회사 또는 기관의 이미지 메이커로서 최고관리자라는 자부심을 갖고 최고관리자가 바라는 자산과 브랜드 가치를 높이는 일에 자신의 능력을 발휘하여 유무형의 가치를 창출해 내야 한다. 그것이 홍보맨의 존재 이유다.

홍보맨의 자산資産 만들기

홍보맨의 첫 번째 자산은 기자와의 인적 네트워크 구축이다.
기자에게는 새롭고 가치 있는 뉴스거리로 접근하고 진실한 인간관계 형성이 중요하다.

홍보맨에게 자산은 무엇일까. 뛰어난 글쓰기 능력과 감각센스, 언어구사 능력, 친화력, 많은 기자를 아는 것, 정보원 확보, 탁월한 홍보 테크닉, 위기관리 능력, 미디어의 속성을 아는 것, 체력 등 무수히 많다. 사실 홍보맨이 이러한 모든 능력과 요소를 다 갖추고 있으면 더할 나위 없이 좋다.

하지만 홍보맨으로서 지녀야 할 자산을 꼽으라면 많은 기자를 아는 것이 첫 번째다. 홍보활동에서 그만큼 인적 네트워크가 중요하기 때문이다. 그렇다면 이렇게 기자를 내 편으로 만들고, 어떻게 그들과 좋은 관계를 맺어 나갈 것인가. 기자들은 새로운 것을 좋아한다. 새로운 뉴스를 좋아한다. 그것도 단독으로 자신에게만 주는 것을 좋아한다. 그래서 뉴스를 갖고 접근해야 하며, 그 다음에 진실한 인간관계를 맺어 나가야 한다.

여기서 내가 처음 공보 업무를 시작할 때 어떻게 기자들과 관계를 맺어 나갔는지 예로 들어 보겠다. 초창기에는 기자들에게 전화를 걸어 어디의 누구라는 식으로 인사를 하며 이름 석 자를 그들의 머리에 입력시키려 부단히 노력했다. 뉴스가 있는 날은 전화로 자료 검토를 부탁하고 보도자료 내용을 설명하는 것은 물론, 뉴스가 없는 날도 안부전화를 줄기차게 해댔다. 새로 온 출입기자를 누구보다 먼저 알아내어 축하전화를 하는 것도 놓치지 않았다. 귀찮아하는 기자도 많았다. 그렇다고 포기하지 않았다. 열심히 노력하는 것으로 이해해 주는 분위기였다.

전화하는 시간대는 대개 오전 10시경. 신문과 방송의 경우, 신문도 조간과 석간은 그날의 뉴스 발제 시간이 각기 다르지만 대개 조간신문은 9시 30분경에 이루어지기 때문에 발제가 끝난 뒤 비교적 여유가 있는 시간대에 통화한다. 중요한 소스source나 뉴스거리는 발제 전인 9시 이전이나 하루 전날 오후 마감이 다 끝났다 싶은 시간대에 한다.

그리고 풀full자료로 뿌릴 성격이 못 되는 자료나 미담 등은 특정 언론사 기자에게 배포한다. 물론 사전에 뉴스가 되는지 여부를 기자와 상의하는 과정을 거쳤다. 전화로 얘기를 들으면 기자들은 어느 정도 뉴스 밸류를 판단한다. '일단 보내 보라'고 한다. 그럼 단독으로 보도자료를 보낸다. 단독자료의 경우엔 어느 정도 뉴스 가치가 있으면 대개 박스기사 등으로 키워서 내보낸다. 단독으로 기사화되면 해당 기자와는 좋은 정보원으로서 관계를 형성해 나가는 데 유리하다.

이런 유형의 뉴스는 기자들에게 돌아가며 제공하여 오해를 덜고 인간관계도 넓게 형성해야 한다. 또 현장 취재가 필요한 자료도 발굴해서 던진다. 얘기가 되면 취재를 하러 현장에 나온다. 이때는 그 기자와 인간관계를 맺을 수 있는 절호의 기회가 된다. 취재 지원을 하며, 그리고 취재 후 식사나 간단하게 한잔 하면서 이런저런 대화를 통해 돈독한 인간관계를 형성할 수 있기 때문이다. 취재 후 기사가 나오면 바로 전화를 걸어 인사를 한다. 이렇게 기삿거리뉴스를 가지고 기자와의 유대를 형성하는 것이 가장 바람직하다.

이렇게 맺은 기자들과의 관계를 더 돈독히 하는 것은 식사를 하면서다. 뉴스로 형성된 인간관계를 사적 대화를 나누며 친밀감을 쌓는 것이다. 이때 조심해야 할 것이 있다. 최고관리자나 홍보 실무자와의 간담회 자리에서는 기사를 잘 써 달라는 등의 부탁이나 타사 기자에 대한 평가는 금물이다. 그저 돌아가는 세상 이야기와 인간적 모습을 있는 그대로 보여 주면 된다.

물론 이때 지켜야 할 것을 제대로 못 지켜 차라리 만나지 않느니만 못한 경우도 종종 있다. 헤어질 때까지 깍듯이 존칭을 붙이고 배려해야 한다. 흐트러짐이 없어야 한다. 다음날 안부전화를 하는 것도 잊지 말아야 한다. 홍보맨은 기자를 자신의 나이보다 10년 위로 보고 성의껏 대하면 무리가 없다. 자칫 실수를 하였다면 바로 진솔하게 사과하고 뒤통수를 치는 일은 없어야 한다.

홍보맨은 언론인들과 진실로 대해야 한다. 설령 기자가 출입처를 옮기면 바로 전화해서 그동안 고마웠다는 감사 표시를 하고, 떠난 기자에게도 간혹 그 기자가 쓴 기사를 보고 관심을 표명할 줄도 알아야 끈이 떨어지지 않는다. 기자들도 언제든 예전에 맺었던 정보원이 필요할지 모르므로 관리를 한다. 예전에 알았던 기자로부터 사소한 것이라도 문의나 부탁 전화가 오면 귀찮아하지 말고 바로 처리해 주는 것이 좋다. 이렇게 대했던 기자가 다시 홍보맨의 출입처로 오게 되면 큰 도움이 된다. 새로 인간관계를 만들어야 하는 수고로움을 줄일 수도 있고 뉴스 접근이 훨씬 수월하다.

처세를 잘하는 홍보맨은 인간관계가 돈독해져 경조사는 물론 생일 등을 챙기고, 명절이나 새해인사 메시지를 보내고 안부전화 거는 것도 빼놓지 않는다. 지금 당장 영양가가 없는, 예전에 출입했던 언론사 팀을 초청해서 식사를 하며 인간관계를 맺는 거시적 포석도 필요하다.

노련한 홍보맨은 당장 눈앞에 보이는 것은 물론이고 두루두루 기자와의 유대를 쌓아 둔다. 이렇게 수년간 하다 보면 기자와의 인적 네트워크는 자연스레 형성되고 홍보맨에게 큰 자산이 된다. 위기관리 측면에서도 많은 기자들을 알고 있으면 큰 도움을 받는다. 내가 그동안 알고 지낸 기자들은 정부 부처는 물론 신문, 방송 등 언론사의 논설위원, 데스크 위치에 있는 국장 또는 부장, 기획 파트와 정치, 경제, 사회, 문화, 스포츠부 등 각 부서에 걸쳐 광범위하게 자리하고 있어 언제든 자문을 받거나 어려울 때 도움을 받곤 한다.

3
뉴스 밸류 구분하기

뉴스는 메시지가 있어야 하고, 이벤트를 가미한 튀는 아이템이 효과적이다.
홍보맨은 보도자료를 작성한 후 기사화된 것을 비교 분석하고,
여러 유형의 뉴스 검색을 통해 뉴스 가치 선별 능력을 키워야 한다.

어떤 것이든 뉴스가 되려면 메시지가 있어야 한다. 즉 내용이, 알맹이가 있어야 한다. 흔히 뉴스는 새로운 것이어야 한다고 말한다. 분야에 따라 차이가 있겠지만 뉴스가 되고 안 되고는 하나의 사실을 뉴스화할 때 이것이 다수의 공중사람, 사회과 무슨 관계가 있는가, 그들에게 어떤 영향을 미치는가, 과연 세상에 알려야 할 만한 가치 있는 정보인가에 달려 있다. 이를테면 새로운 제도 시행, 신약 개발이나 기존 제품보다 성능이 뛰어난 제품 개발은 다수의 사람들에게 미치는 영향이 크므로 당연히 뉴스로서의 가치가 있다. 이러한 유형은 각종 정보 전달의 순기능적 뉴스다.

반면에 사건 사고 등 부정적 측면도 뉴스의 중요한 부분이다. 흔히 '개가 사람을 물었다' 하면 뉴스가 안 되지만 '사람이 개를 물었다' 하면 뉴스가 된다. 억지로 뉴스를 만들 필요는 없지만 소위 뉴스발을 받으려면 이벤트를 가미한 튀는 아이템이 효과적이다. 홍보 관계자들이

기자들에게 뉴스를 센터링 하면 간혹 '재미없다'고들 한다. 즉 뉴스가 안 된다는 얘기다. 이처럼 뉴스가 안 되는 자료를 자꾸 던지다 보면 홍보 담당자나 홍보부서의 이미지와 신뢰도가 떨어지게 되고, 정말 결정적인 자료를 배포해도 사장되어 버릴 수 있다. 홍보부서의 네임 밸류가 떨어진다.

따라서 홍보맨은 밸류가 약한 자료에 목맬 필요가 없다. 휴지통에 들어갈 보도자료는 작성하지 않는 편이 낫다. 이러한 영양가 없는 보도자료를 던지지 않으려면 마치 타석에 들어선 타자가 자신이 치기 좋은 공을 끝까지 선구選球하여 안타나 홈런을 치듯, 홍보맨은 사안별 자료가 있으면 뉴스의 가치를 따져선별 본 후에 가치가 있다고 판단되면 작성하고, 이를 미디어 관계자들에게 던져야 한다. 정확한 뉴스 밸류 구분이 중요하다.

하지만 홍보맨 입장에서 완벽한 뉴스라고 판단하여 작성한 자료를 언론에 제공한다 해도 사회적 이슈, 기획기사 등 지면 사정으로, 또는 광고에 밀려 보도되지 못하는 경우도 허다하다. 내가 뉴스 밸류에 대한 감각과 안목을 키울 수 있었던 데는 직접 자료를 작성해 언론인에게 세일sale하고 그 반향反響을 통해, 그리고 기사화되는 과정 등의 시행착오를 통해서다. 물론 자료를 보냈다 해서 다 기사화된 것은 아니다. 단신 또는 1단, 2~3단으로 커지기도 하고 킬死藏 되기도 했다.

뉴스 밸류에 대한 판단은 홍보맨이 작성해서 보낸 자료가 다음날 매체 반영 여부, 지면 크기 또는 방송 시간대에 어떤 형태로 보도되느냐를 놓고 하게 된다. 물론 뉴스 가치가 있는 경우에도 홍보맨이 배포한 자료보다 더 나은 뉴스가 넘치는 등 이슈가 생기면 밀리기도 하고 묻혀버릴 수도 있다. 하지만 안목이 있는 홍보맨이라면 보도자료를 작성하

기 위한 취재 단계 또는 실제 자료를 작성하는 과정에서 뉴스가 되고
안 되고를 감^感으로 느낄 수 있으며 릴리스 타이밍을 조절함으로써 성
과를 낸다.

이러한 안목은 실제 시행착오를 거치면서 형성되는 것이 가장 확실
한 방법으로 부단한 노력이 필요하다. 적어도 홍보맨은 뉴스 밸류를 기
자만큼은 몰라도 그에 버금가는 감각을 갖추고 있어야 한다.

유능한 홍보맨은 집요하다

유능한 홍보맨은 특정 역할이나 위치가 정해진 것이 아니다.
어떤 상황이 주어지더라도 감당해 낼 수 있는 만능 멀티플레이어가 되어야 한다.

유능한 홍보맨은 어떤 사람일까. 이들은 오케스트라 지휘자이며 연주자다. 무대감독이자 배우다. 필드를 지휘하는 감독이고, 공수를 겸한 선수다. 다시 말해 홍보맨은 각기 다른 악기의 소리를 한데 모아 아름다운 선율을 만들어 내는 지휘자요, 단원이다. 시나리오를 작성하고 연기를 하는 배우요, 이를 지휘하는 감독이다. 그라운드에서 공격과 수비 모두 능한 선수요, 감독이다. 한 마디로 유능한 홍보맨은 특정 역할이나 위치가 정해진 것이 아니라 어떤 상황이 주어지더라도 감당해 낼 수 있는 만능 멀티플레이어가 아닐까!

유능한 홍보맨은 첫째, 조직 내의 모든 실무를 두루 파악하고 있어야 한다. 사실 모든 업무를 다 안다는 것은 불가능하다. 전문적인 것은 더욱 그렇다. 하지만 외부^{기자 등}에서 문의해 올 때 머뭇거려서는 곤란하다. 언론인들의 입장에서는 홍보맨이 모든 것을 알고 있다면 얼마나 편할까. 바쁜데 여기저기 전화해서 물어봐야 하는 번거로움이 없으니 말이다.

반면 문의해 올 때마다 해당 부서로 직접 문의하라고 한다면 어떻게 생각할까. 이러한 홍보맨은 역할을 제대로 못하는 사람, 있으나마나한 홍보맨이다. 그리고 다시는 찾고 싶지 않은 사람으로 전락한다. 설령 잘 모르는 내용이라도 최대한 빨리_{나의 경우 5분 이내에} 답을 준다. 늦어지면 중간 상황이라도 통보한다.

둘째, 최고관리자의 의중을 정확히 알고 있어야 한다. 홍보맨은 조직의 입장을 대변하는 위치다. 그러려면 최고관리자의 철학과 경영 마인드를 알아야 한다. 뿐만 아니라 조직이 움직이는 방향을 알아야 한다. 어떠한 상황에서도 기자들의 질문에 머뭇거림 없이 대처할 수 있어야 보도가 잘못되어 낭패 보는 일을 방지할 수 있다. 홍보맨이 최고관리자

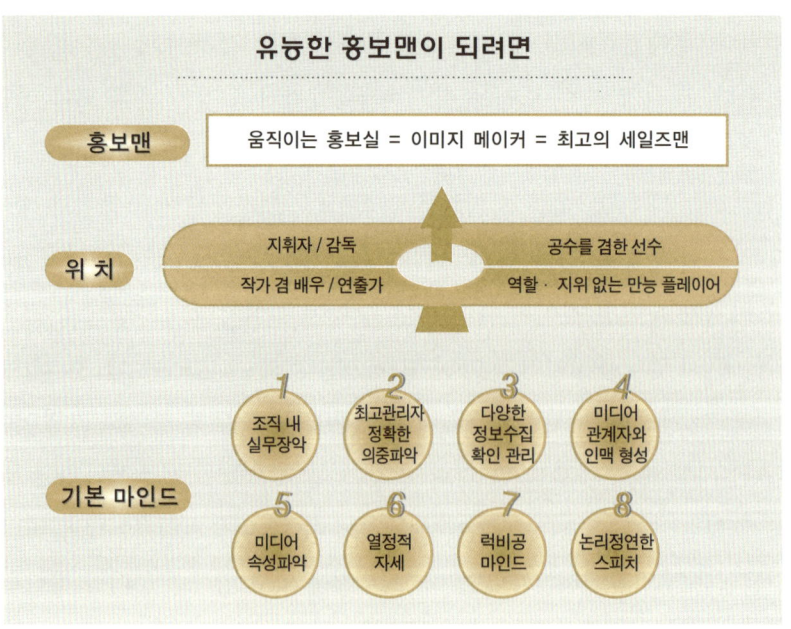

와 핫라인이 형성되어 있으면 더할 나위 없이 좋지만, 여의치 않다면 항상 최고관리자의 말_{정책 방향 등 생각}을 경청하여야 한다. 그래서 최고관리자가 움직이는 곳엔 늘 홍보맨이 있어야 한다. 최고관리자 주재 회의나 행사, 현장방문 시 홍보 관계자가 동행하는 이유다.

셋째, 다양한 정보를 갖고 있어야 한다. 현재와 미래의 상황 변화를 읽을 줄 알고 위기가 닥쳤을 때 매끄럽게 처리하려면 돌아가는 상황을 사전에 알고 있어야 한다. 소위 위기관리능력이 뛰어난 홍보맨이라는 평가를 받으려면 조직 내부·외부에서 일어나는 크고 작은 정보를 집적集積해 가지고 있어야만 한다. 그래야 예기치 않은 상황이 발생했을 때 지체 없이 대처하여 리스크를 최소화하고 향후를 예측할 수 있다.

넷째, 미디어 관련 기자 인맥 관리를 잘 해야 한다. 홍보맨은 신문, 방송 등 수많은 기자들과 자주 접촉하게 된다. 유능한 홍보맨은 한번 맺은 기자와의 인연은 어떤 방법으로든 끈끈하게 이어간다. 그래서 모르는 기자가 없을 정도로 마당발로 통한다. 이런 홍보맨이라면 뜻밖의 상황이 발생하더라도 시간에 구애됨 없이 기자들과의 커뮤니케이션을 통해 도움을 받을 수 있다.

다섯째, 미디어의 속성을 훤히 알고 있어야 한다. 신문, 방송 등의 내부 시스템은 물론 매체별 특성을 체크해 맞춤형 홍보를 해야 한다. 이를테면 각 기자들의 속성, 언론사별 성향 및 기획 등 다양한 프로그램별 특성과 변화 추이, 인사이동 등 언론 동향은 물론 뉴스 밸류, 보도자료 성격에 따른 매체 선택, 릴리스 타이밍, 홍보효과의 극대화 기법, 인터뷰 및 브리핑 테크닉 등 언론 관련 내용을 정확히 알고 대처해야 한다. 여기에다 실제 보도자료를 발굴하고 작성을 잘한다면 금상첨화다. 홍보팀장이나 과장이라 해서 소위 입만 가지고 접대만 잘하며, 방향설정 등 판단만 하는 역할에 머물러서는 안 된다. 한 마디로 바닥을 훑고 고도의 실무 테크닉까지 갖추고 있어야 한다.

여섯째, 홍보라는 일에 미쳐야 한다. 홍보 일을 즐기며 할 줄 알아야 한다. 홍보는 예측이 안 되는 상황이 많다. 긴장해야 하고, 새로운 자료를 내놔야 하고, 비판 기사가 실리면 스트레스를 받는 등 어떻게 보면 빛도 나지만 늘 시달리는 업무다. 이를 극복하려면 일을 즐겨야 하고 먼저 치고 나가야 한다. 역동적이고 열정적인 자세가 무엇보다 중요하다.

일곱째, 럭비공 마인드여야 한다. 어디로 튈 줄 모르는 예측불허의 창의적 사고, 도전적 자세를 가져야 한다. 정형화된 경직된 사고여서는 곤란하다. 변화무쌍한 사고여야 한다. 주변 사람들에게 번뜩이는 아이디어가 샘솟는다는 소리를 들어야 한다. 그러려면 부단히 노력하는 길밖에 없다.

끝으로, 논리정연한 스피치를 구사할 줄 알아야 한다. 간결하고 함축성 있게 논리적으로 표현을 잘해 전달 능력이 뛰어나다는 평을 들어야 한다. 아울러 꺼진 불도 다시 살려내는 끈기와 집요함이 필요하다. 두드려도 열리지 않는다고 포기하면 성공적 홍보를 할 수 없다. 세일즈맨의 집요함이 홍보맨에게는 절대 필요하다.

제3장

홍보, 이렇게 하면 된다

홍보^{소통} 없는 행정은 죽은 행정이다

홍보부서는 열정과 사명감으로 무장한 조직의 대표로 구성된 프로집단이다.
따라서 각종 홍보 테크닉을 구사하여 조직의 이미지와 자산 브랜드 가치를 높여 나가는 데
그 목적을 두어야 한다.

홍보부서란 기업, 지방자치단체 등 조직에서 홍보를 전담하는 창구
다. 최근에는 홍보부서의 위상이 부쩍 높아지고 있다. 대변인 또는 홍
보 책임자의 직급을 상향 조정해 나가는 추세다. 그만큼 홍보가 차지하
는 비중이 크다는 반증이다.

과거 정부나 지자체에서는 공보라는 협의의 개념으로 홍보 업무를
추진하였으나 최근에는 '홍보'라는 명칭으로 바꿔 기능을 강화하여 독
립부서로 격상시키고 있다. 심지어 그동안 경찰, 검찰 등 대민 홍보에
별 접촉이 없이 보이던 공공기관에서도 홍보 기능을 대폭 강화해 나가
고 있음은 주목할 만하다. 각 지자체에서도 기자 출신 등 홍보 베테랑
전문가를 외부에서 영입, 계약직으로 임용하는 등 열을 올리고 있다.

물론 기업은 말할 것도 없다. 유능한 홍보 전문가를 채용해 국내 홍
보는 물론 해외 홍보에 주력하고 있다. 타사보다 앞서 자사 이미지 홍
보와 함께 시장을 선점하기 위해 제품 홍보에 촉각을 곤두세우고 있다.

그건 기업의 존립과 직결되기 때문이다. 따라서 홍보부서 구성원의 자질과 역할 인식이 무엇보다 중요하다. 이에 대해 살펴보자.

첫째, 홍보부서의 위상이다. 기업에서는 그룹 비서실에 홍보전략 기획실을 둔다든가 사장 직속라인에 홍보팀을 배치하여 그 비중이 매우 높다. 공공기관에서도 마찬가지다. 기관장이나 부기관장 직속으로 두어 결재라인을 줄이는 등 비중을 두고 있다. 그만큼 기업 또는 공공조직에서 홍보가 차지하는 비중이 크다는 것을 의미한다. 기업의 홍보부서는 제품의 단순홍보를 통한 판매촉진, 회사 및 CEO의 이미지 제고와 유무형의 부가가치 창출을 이끌어 내기 위한 다양한 기획홍보, 잠재된 현재의 가치와 미래지향적인 가치 창출을 위한 중장기 홍보, 리스크 예방홍보 등 전방위적 홍보활동을 펼치고 있다.

어찌 보면 공공기관도 같은 맥락이다. 과거 일방향의 전달기능에 머물 때는 홍보부서의 위상이 낮았으나 민선 지방자치 실시와 함께 홍보의 비중이 증대되었다. 또한 인터넷 등 새로운 미디어의 등장과 함께 첨단 통신수단의 발달로 국민 여론 형성 기능이 폭발적이다 보니 정책의 혼선 방지를 위한 사전홍보, 예방홍보, 홍보를 통한 지자체의 경쟁력을 높이기 위해 홍보 전담부서를 신설하는 등 그 위상이 변화하고 있다. '홍보^{소통} 없는 행정은 없다' 라는 말이 이를 말해 주고 있다.

행정홍보를 통해 지자체의 자산 브랜드 가치를 높인 사례는 쉽게 찾아볼 수 있다. 대표적 예가 관광마케팅 차원에서 출발한 전남 함평의 나비축제, 이천의 도자기축제, 화천 산천어축제 등을 들 수 있다. 메아리 없는 행정은 죽은 행정이다. 소비자인 주민이 모르는 행정은 절름발이 행정이요, 반쪽 행정이다. 알려야 한다. 쌍방향 소통을 위해서다.

행정홍보가 궁극적으로 추구하는 바는 지역의 브랜드 가치를 향상시

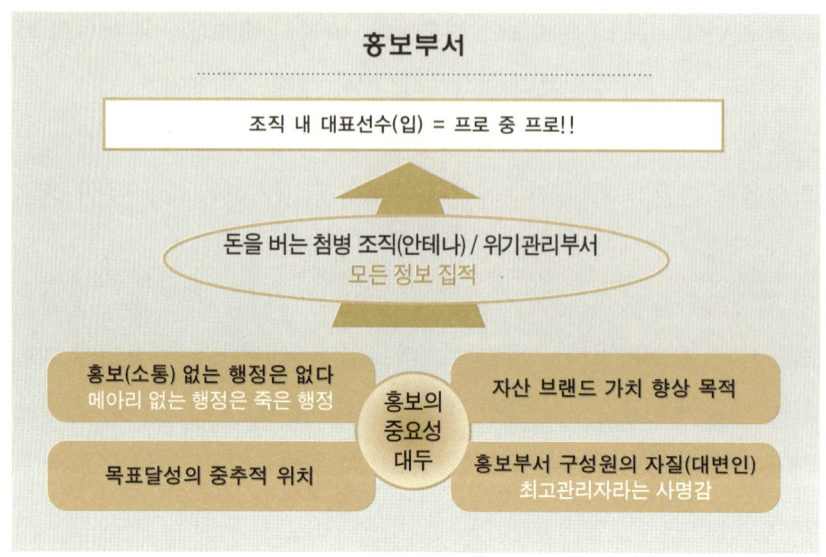

홍보부서

조직 내 대표선수(입) = 프로 중 프로!!

돈을 버는 첨병 조직(안테나) / 위기관리부서
모든 정보 집적

홍보(소통) 없는 행정은 없다
메아리 없는 행정은 죽은 행정

자산 브랜드 가치 향상 목적

홍보의
중요성
대두

목표달성의 중추적 위치

홍보부서 구성원의 자질(대변인)
최고관리자라는 사명감

키고 지자체의 경쟁력을 높여 주민들의 삶의 질을 높여 나가는 데 있다. 이런 측면에서 지자체도 기업처럼 홍보부서를 단체장 직속의 전담부서를 신설, 위상을 높여 나가지 않으면 안 된다.

둘째, 홍보부서 구성원의 자질이다. 홍보맨은 지칠 줄 모르는 열정과 상황판단 능력, 회사 또는 기관의 모든 업무는 물론 외부환경의 변화를 속속들이 꿰뚫고 있어야 한다. 그리고 스피치에 능해야 한다. 그래야만 사명감을 갖고 조직을 대표하는 위치에서 일할 수 있으며, 조직의 소식을 외부에 전달하는 사람, 즉 대변인의 역할을 제대로 할 수 있다.

대변은 긍정적 측면과 부정적인 면을 함께 한다. 그래서 단순한 대변인의 역할에 머물지 않고 위기가 닥쳤을 때 위기관리를 하는 사람이기도 하다. 또 완급 조절 능력, 방향 설정 및 전환 감각을 갖춰야 한다. 즉 홍보맨은 유연성과 융통성을 가진 첨병 노릇을 한다. 럭비공과 같은 탄력적 마인드로 무장하고 무에서 유를 창조해 낼 줄 알며, '이가 없으면 잇몸'으로라도 주어진 상황을 돌파하는 융통성과 추진력을 갖고 있어야 한다. 그리고 조직 구성원들이 보지 못하는 이면까지 읽어 낼 줄 아는 시야를 가진 최일선의 더듬이, 선봉장으로서의 능력을 갖춰야 한다. 그러려면 적어도 전문가들로 구성된 집단이어야 한다. 홍보 업무, 즉 홍보 마인드는 하루아침에 형성되지 않으며, 홍보 테크닉 또한 고난도를 요하기 때문이다.

셋째, 홍보맨의 역할 인식이다. 홍보맨은 단순한 실무에 멈추는 것이 아니라 회사 또는 기관을 대표하는 위치임을 인식하고 있어야 한다. 홍보맨은 조직에서 일어나는 사건, 즉 크고 작은 홍보거리를 찾아 외부환경미디어 등 전달매체에 자료를 제공한다. 그럼으로써 자사 또는 단체가 설정한 목표를 달성하고 나아가 전체 이미지를 좋게 하며, 자산과 브랜드 가치를 높인다.

한 마디로 홍보맨은 조직의 중추적 위치에 있으며, 조직 발전의 견인차 역할을 하는 조직 내 프로 중의 프로다. 따라서 홍보부서는 지칠 줄 모르는 열정과 사명감으로 무장한 조직의 대표선수로 미디어 등 전달매체를 활용해 각종 홍보 테크닉을 끊임없이 구사하여 조직의 이미지와 자산 브랜드 가치를 높여 나가는 데 목적을 둔 조직이다.

뉴스 발굴과 홍보 전략

◉ 뉴스 발굴
하드웨어적 요소 : 예정된 뉴스, 연례적 행사 등 예측 가능한 뉴스
소프트웨어적 요소 : 미담, 기획 및 돌발뉴스, 예측 불가능한 뉴스
◉ 홍보 전략
전년도 실적 분석을 통한 주간, 월간, 연간의 단계적 홍보 전략 수립

　홍보 담당자가 처음 업무를 대할 때 부딪히는 것이 '뉴스의 발굴'이
다. 가만히 앉아서 각 단위부서에서 날아오는 자료를 받아 보도자료를
만드는 데는 한계가 있다. 홍보 담당자도 기자와 마찬가지로 늘 뉴스거
리를 찾는다. 1년 365일 뉴스가 쏟아져 나오는 것도 아니고, 예정된 대
형 프로젝트를 제외하고는 예측이 안 되기 때문에 보도자료를 찾느라
고민한다. 그 심정은 담당자만이 안다. 그렇다고 발굴한 뉴스가 반드시
기사화되는 것도 아니므로 심적 부담은 크다.

　홍보 뉴스 발굴에 특별한 기법이 있는 것은 아니지만, 내 나름대로의
뉴스 발굴 노하우를 소개하겠다.

　먼저 홍보부서 입장에서 유형별 패턴을 하드웨어적 요소와 소프트웨
어적 요소로 구분한다. 하드웨어적 요소는 예정된 뉴스, 즉 회사 또는
기관의 연례행사 등 정해진 일정에 따라 생산되는 로드맵 뉴스다. 소
프트웨어적 요소는 예측이 안 되는 뉴스로 그때그때 상황에 따라 발생

하는 미담 등 기획 또는 돌발 뉴스다.

　우선 하드웨어적 뉴스를 발굴하려면 차기년도 홍보 계획을 수립할 때 바로 전년도에 보도된 기사들을 분석한다. 실적 분석은 매체별, 분야별, 시기별_{월, 분기}, 광고효과, 문제점_{잘된 점} 등을 진단하고 이를 토대로 홍보 방향을 설정하는 기초자료로 활용한다. 이때 전년도에 보도된 내용을 분석하며 계절에 따라 정례적으로 파생된 뉴스를 체크, 연간 홍보 스케줄표에 첨가해 둔다. 여기에 전 부서의 새해 업무 계획 등을 살펴 뉴스가 될 만한 내용을 찾아 일정에 끼워 넣는다. 그리고 물의 날, 장애인의 날 등 유관한 기념일과 절기가 상세히 나와 있는 캘린더를 참고하여 삽입_{시의성 있는 자료 작성을 위해}한다.

　어느 정도 목록이 정리되면 건별로 홍보 타깃 및 착안사항_{홍보 대상, 릴리스 시기 · 매체 및 범위, 인터뷰에 응할 사람, 체크포인트 등}을 작성한다. 이렇게 하면 1년 농사 지을 묘판에 볍씨를 뿌리고 논에 모를 내기 위한 준비를 끝내는 것이다. 즉 예측 가능한 보도자료는 놓치지 않고 미리미리 사전 대비를 한 셈이다. 물론 이러한 계획은 사항에 따라 변동되기도 한다.

　다음은 수시로 발생하는 자료의 발굴이다. 갑작스런 정책 결정, 조직 내 미담, 이벤트성 행사, 기관장 동정, 시의성 있는 칼럼 기고, 성명서 발표, 조직과 연계된 지역 및 주민 동향 등 그때그때 발생하는 모든 정보가 대상이다. 무엇보다 중요한 것은 정보의 장악이다. 조직 내 각 단위부서의 동향 보고 시스템을 정착시키고 뉴스원을 네트워크화한다.

　홍보부서는 항시 고감도 정보 수집 안테나를 세워 놓아야 하며, 정책회의 참석, 최고관리자의 결재 시스템_{계획 수립 및 시행 등 전자 결재 방침 시행}에 접근, 열람할 수 있는 권한을 갖고 있어야 한다. 또한 기관장의 각종 발언 청취, 행사 참석 등에 동행하는 것도 중요하다. 그래야 조직의 흐름을 한눈에 파악할 수 있다. 이와 함께 주간 및 월중 행사 계획을 체크하고 회의 자료 등 각 단위부서에서 작성되는 공식 · 비공식 자료를 스크리닝 해야 한다.

또 조직 외부환경에서 일어나는 사항을 체크하여 아이템을 찾아야 한다. 신문, 방송 등 각종 뉴스를 꾸준히 스크리닝 하는 것도 벤치마킹을 통해 조직의 실정에 맞는 사업이나 행사를 업그레이드하여 단위부서에 역으로 아이디어를 제공하기 위해서다.

이렇게 하드웨어, 소프트웨어적 보도자료 소스가 확보되면 홍보부서는 도래할 주간, 월간 홍보 전략을 세운다. 정례적으로 주간 및 월간 미팅^{아이템 회의}을 시스템화한다. 정례 미팅을 통해 구성원들은 아이템을 내고 작성할 보도자료를 발제한다. 그리고 보도자료 배포 타이밍, 신문과 방송 등 매체 선택과 릴리스 범위, 매체별 기획 프로그램 섭외 여부, 기관장 인터뷰 여부 등 홍보효과를 극대화하기 위한 구체적인 방법 및 추진방향을 결정한다. 여기에 시의성 있게 조직의 CEO나 단체장 명의의 칼럼을 기고한다.

뉴스가 없을 때는 1년 또는 수개월 전에 시행한 사업의 업그레이^{성과, 변동된 이슈 등}된 내용을 찾아 새롭게 각색, 자료화한다. 기자들 사이에서 '하늘 아래 새로운 뉴스는 없다' 는 말을 기억할 필요가 있다. 그리고 기자 등 언론인들과 자주 공감대를 형성함으로써 여^{으로} 아이템을 받아 자료를 발굴하기도 한다. 무엇보다도 보도자료 발굴은 홍보맨의 감각적 마인드와 튀는 사고가 관건이다. 독수리가 먹이를 찾아 비행하듯 늘 자료 발굴을 위해 찾아 나서는 적극적이고도 공격적인 자세가 필요하다.

③ 살아 있는 보도자료

보도자료는 사실에 근거하여 6하원칙에 의해 작성하되
기자들 입맛에 맞는 자료를 작성해야만 기사로 채택될 확률이 높다.

1) 보도자료 작성 원칙

> **보도자료 작성**
> **역삼각형**피라미드형 = 결론 > 본론 > 기대효과
> ◐ 6하원칙5W 1H + YTT

　홍보 업무를 시작하면서 맨 먼저 겪게 되는 것이 신문, 방송 등 각종 미디어에 보낼 보도자료를 작성하는 일이다. 운동에서도 육상 등 기초 종목이 튼튼해야 하듯 홍보맨에게 보도자료 작성은 기초가 된다. 그 이유는 뉴스 밸류를 알고 감각을 익히는 데 필수이기 때문이다. 이러한 기초 위에 홍보활동을 전개한다.

　보도자료는 있는 사실각종 정보을 미디어 매체 기자들에게 전달하기 위한 수단이다. 나도 처음 홍보 업무를 시작할 때 적잖이 어려움을 겪었다. 글쓰기라고는 고작 편지 또는 일기를 써 본 것이 전부였으니까.

기관장 동정을 쓰는 데도 진땀이 났다. 무엇보다 여러 부서에서 날아드는 자료를 가공하려면 그에 맞는 상식을 갖고 있어야 하는데 그렇지 못해 헤매기도 했으며, 특히 전문지식이 필요한 자료일 경우는 무척 당황스러웠다.

그래서 홍보 담당자는 조직 내 업무를 두루 섭렵하고 있어야 한다. 그러려면 돌아가는 상황을 늘 체크할 수밖에 없다. 처음 홍보 업무를 시작할 때 유력 일간지 기사를 유형별스트레이트 기사, 미담 등 박스기사, 단신기사, 인터뷰 기사, 칼럼기사로 스크랩하여 보도자료를 작성할 때마다 참고했다. 커닝을 해 가며 어떻게 하면 잘 쓸 수 있을까 고민했다.

한 마디로 보도자료는 사실 내용을 충실히 담아 기자들이 궁금한 사항이 없도록 알기 쉽게 풀어서 쓰면 된다. 수많은 보도자료를 접하는 기자의 입장을 헤아려야 한다. 이왕 보내는 보도자료가 기자의 손에 들어갔을 때 취재를 하지 않고는 못 배기도록 해야 유능한 홍보맨이다.

세련된 제목과 충실한 내용을 담아야 하는 것은 기본이고, 기자들 입맛에 맞는 자료를 작성해야만 기사로 채택될 확률이 높다. 음식도 구미가 당겨야만 먹는 것처럼 우선 제목을 잘 달고 완성도 높은 내용을 담아 작성하는 것이 관건이다.

자료를 만드는 이유가 보도되는 것을 전제로 하기 때문에 일정한 틀을 짓고 써야 한다. 구제직으로 실펴보기에 잎서 보도사료 작싱시 체크 포인트를 알아두자.

〈보도자료 작성 시 체크 포인트〉

1. 보도자료의 성패는 일본어로 야마^{핵심, 주제}에 달려 있다.
2. 사실^{fact}에 기초하며 6하원칙에 따라 작성한다.
3. 사실에 대한 충분한 취재를 한다.
4. 밑그림^{구상}을 그린다.
5. 가능한 한 결론이 먼저 나오게 역삼각형^{피라미드형}으로 작성한다.
6. 첫 번째 단락인 리드와 본문의 두 번째 단락에 핵심 내용을 다 담아야 한다.
7. 문장은 복문을 피하고 단문이 좋다.
8. 현란한 미사여구를 줄이고, 간단명료하게 작성해야 한다.
9. 동일 단어의 중복을 피해야 한다.
10. 특정 단어 및 어휘를 고집하지 말고 과감히 버린다.
11. 중학교 2학년 정도 수준의 사람이 이해할 수 있도록 쉽게 쓴다.
12. 단어나 숫자 나열은 계속되는 것을 피하고 3개 정도가 적당하다.
13. 제목은 너무 길지 않게 가급적 15자 내외로 한다.
14. 사진이나 그래프 등 도표를 넣어 한눈에 볼 수 있게 한다.
15. 자료 분량은 A4 용지 2매를 넘지 않도록 하고 필요하면 서브자료를 첨부한다.
16. 자료 제공 부서 및 담당자^{팀장, 과장}, 취재문의^{홍보팀} 연락처, 보도 희망 일시를 기재한다.

그럼 보도자료를 어떻게 하면 잘 쓸 수 있을까에 대해 살펴보자. 보도자료 작성 형식은 역삼각형, 즉 피라미드형이 보편적이다. 작성 원칙은 6하원칙, 5W^{Who, When, Where, What, Why} 1H^{How}이어야 한다. 여기에 필요하면 어제, 오늘, 내일의 영문 첫자인 YTT^{Yesterday, Today, Tomorrow}를 첨가

한다. 보도자료도 화가가 그림을 그리기 전에 도구 등 재료를 준비하고 밑그림을 그린 후 채색을 해 완성도를 높여 가듯 좋은 보도자료가 되려면 작성 원칙을 준수하는 것이 좋다. 즉 자료 작성자는 사전에 야마를 어떻게 잡을 것인가를 구상한 뒤, 궁금한 사항을 취재하여 자료를 작성하고 완성된 자료를 퇴고하면서 보충할 것은 살을 붙이고 불필요한 것은 빼는 작업을 한다. 이렇게 완성된 자료는 기자들 손에 넘기기 전에 홍보부서원들이 돌려보도록 함으로써 일종의 파일럿 테스트 과정을 거치는 것이 좋다.

보도자료 유형은 크게 스트레이트와 박스기사로 구분된다. 이들은 다시 사실, 현상, 화제, 분석, 해명, 주장 등의 성격으로 다양하게 자료화할 수 있다.

첫째, 스트레이트 보도자료는 간결하게 있는 사실을 그대로 작성하는 게 원칙이다. 즉 감정이나 편견 등 글 쓰는 이의 주관적 의도가 들어가지 않은 객관적인 정보 전달 자료다. 작성 방식은 5W1H의 6하원칙에 충실한 현상 서술형이다. 물론 6가지 요소 중 강조되는 부분만 부각시키고 나머지는 생략하기도 한다.

둘째, 박스형 보도자료는 스트레이트 자료에다 사실 하나하나에 설명을 달고 풀어 써 주는 형태다. 일반적으로 미담 등 사회면에 실리는 화제성 기사가 많다. 스트레이드와는 달리 자료 작성 방법이 자유롭고 주관성이 가미된다.

셋째, 단신 자료는 행사 등 토막소식이나 작은 사건 사고, 인물 동정이다. 이와 함께 인터뷰, 성명서, 칼럼자료 등이 있다. 이러한 유형의 보도자료도 6하원칙에 YTT를 덧붙여 작성하면 완성도가 높아진다. 문제는 이러한 원칙에 따라 작성한다 해도, 아무리 요리 재료와 도구가 훌륭하다 한들 요리사의 풍부한 경험에 의해 맛깔스런 음식이 나오듯 자료를 많이 써 보지 않고 또 쓰고자 하는 내용을 소화하지 못하면 완성도 높은 보도자료를 생산해 낼 수 없다는 것이다.

나는 보도자료를 쓸 때 제목[15자 내외], 부제[1~2개 정도], 본문[리드 및 본문 내용], 실적 또는 기대효과, 향후 계획, 관계자 멘트[멘트자가 주민이면 연락처를 자료 하단에 부기] 등을 성격에 맞게 적절히 활용해 작성한다. 앞서 체크 포인트에서 말한 대로 보도자료의 성패는 야마에 달려 있다. 그만큼 야마를 어떻게 잡느냐가 중요하다. 야마는 해당 보도자료에 담긴 핵심과 방향을 나타내 주기 때문이다. 야마를 잘 잡으면 보도자료 쓰기가 한결 수월하다. 흔히 기자들은 '야마가 뭐냐' 고 묻는다. 자료를 자세히 살펴보지 않고도

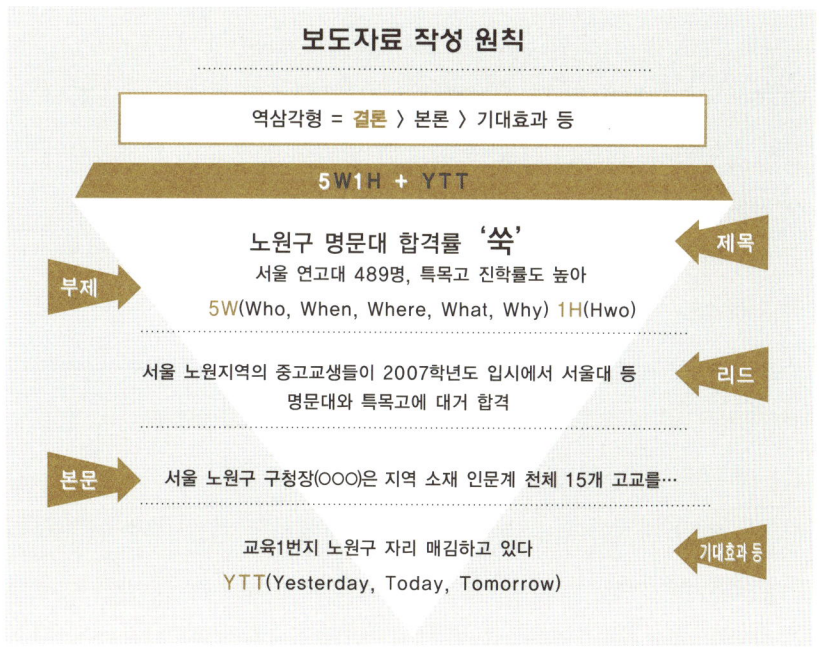

뉴스 밸류를 쉽게 판단할 수 있기 때문이다.

바쁜 기자들은 보도자료의 제목과 부제, 리드만을 보고 기사화할지 여부를 판단한다. 그래서 보도자료 전체 내용 중 골자를 함축성 있게 표현해 내야 한다. 먼저 제목이다. 명료하게 제목을 잘 달려면 일간지 등 제목을 스크리닝 하는 습관을 기르면 도움이 된다 작성하고자 하는 자료의 내용을 완벽하게 숙지해야 한다. 그러기 위해서 전화 또는 현장 방문을 통해 충실히 취재한다. 취재를 하다 보면 어렴풋했던 내용도 확실히 감을 잡을 수 있게 되며 방향타도 확실히 설정된다. 이 과정을 거치면 보도자료 배포 후에 있을 기자들의 취재 문의에도 머뭇거림 없이 답변할 수 있다.

취재가 이루어지면 취재 중 잡힌 감으로 야마를 잡는 구상단계 이때 야마가 둘이어서는 안 되고 하나의 야마로 가야 함를 거쳐 부제를 달고 자료 작성에 들어간다. 제목과 부제가 작성하려는 자료의 핵심이다. 나머지는 역삼각형 등 유형에 맞게 풀어 쓰면 된다. 보도자료는 기사체 관공서에서는 개조식으로 쓰기도 함로 쓰는 것이 좋다. 바쁜 기자들의 입장에서는 쉽게 기사를 소화할 수 있기 때문이다. 리드는 자료 첫 부분의 완벽한 문장으로 보도자료에 담긴 전체 내용을 암시하기도 하며 자료의 팩트가 미치는 사회적 메시지, 뉴스의 가치 등을 표현해 준다. 신문기사에서 독자의 관심을 불러일으키는 화두다.

이어 두 번째 덩럭에 해딩되는 본문은 본격적으로 사실에 근거하며 6하원칙에 따라 이후에 기술할 내용을 모두 담는다. 어찌 보면 보도자료는 본문의 첫 번째 단락까지만으로도 기사가 된다. 하지만 이것만 가지고는 약간 미진하다. 그래서 바로 앞단락에서 터치한 내용들을 좀 더 리얼하게, 구체적 사실 내용을 풀어서 세 번째 단락을 작성한다. 그리고 배경, 비교 등 근거 제시, 기대효과, 향후 계획, 관계자 멘트 등의 순으로 적절히 장착해 나간다. 기자가 궁금해할 내용을 가능한 다 담는다.

중요한 것은 중복된 표현과 야마에 벗어나는 내용은 금한다. 자료 말미에 기자들의 이해를 돕기 위한 필요한 사진, 도표, 서브자료 등 첨부자료가 있으면 이를 명기하고, 미담자료 등 주민 멘트가 있으면 연락처를 하단에 적어 주면 좋다. 완성된 자료는 소리 내어 읽어 가며 퇴고를 한다. 그러다 보면 눈으로 볼 때 생각지 못한 것이 나올 수도 있다. 이렇게 작성된 보도자료는 끝부분 단락을 삭제해도 전체 내용에 영향을 미치지 않기 때문에 가급적 역삼각형 보도자료로 작성할 것을 권한다.

보도자료 작성은 선수가 따로 없다. 많이 써 보면 된다. 자신이 쓴 자료가 다음날 기사화되면 꼼꼼히 비교해 가며 체크해 보는 것이 필수다. 보도자료 작성 실전 경험으로 이만큼 좋을 수 없다.

2) 보도자료 작성 과정

> ● 보도자료 작성 5단계
>
> 주제theme → 재료material 수집 → 구상outline → 서술discourse → 퇴고editing

보도자료 또는 홍보자료는 뉴스 릴리스News Release, 프레스 릴리스Press Release라고 한다. 이러한 보도자료는 앞서 언급한 대로 일정한 원칙을 가지고 써야 한다. 그래야 기자들에게 쉽게 어필된다. 보도자료 작성하는 데는 홍보 주체가 홍보 대상인 객체, 즉 공중과의 원활한 커뮤니케이션을 통해 지지와 성원 등 우호적 관계를 이끌어 내기 위해 전달 수

단인 미디어 등 매체에 접근하려는 데 그 목적이 있다.

따라서 각 미디어에 보내는 보도자료는 일종의 기록에 의한 판매 행위로 사실을 근거로 홍보 주체가 강조하고자 하는 내용을 정확히 담아야 한다. 보도자료에 미려한 언어구사 등 감성적인 문장을 구사하기도 하나, 홍보용 자료는 시나 소설을 쓰는 것이 아니며 홍보 주체의 구상, 시행, 미래에 대한 내용을 사실적으로 표현하는 것이고 공익성, 사회성의 특성을 갖고 있음을 간과해서는 안 된다.

일반적으로 글을 쓸 때 주제→재료 수집→구상→서술→퇴고 과정을 거친다. 마찬가지로 홍보용 보도자료도 큰 틀에서는 이러한 문장 작성 요령을 따르면 무리가 없다.

첫째, 주제는 홍보하고자 하는 보도자료의 핵심적 내용으로, 전달하려는 목적이며 보도자료 작성의 방향키다. 따라서 무엇에 대해 작성할 것인가를 결정한다. 너무 포괄적으로 막연하거나 복잡한 주제는 피한다. 작고 쉬운 주제, 일상적 주제를 설정하고 단일 주제여야 한다. 또 공중에게 관심과 흥미를 불러일으킬 수 있는 현실적인 주제, 기자를 한눈에 사로잡을 수 있는 세련된 주제가 좋다.

둘째, 재료 수집은 주제에 대한 설명, 유추類推와 비교, 실례實例, 인용, 강조, 설득의 역할을 하는 것으로 주제 다음으로 중요하다. 따라서 재료는 사실이어야 하고 출처가 분명하며 논리적으로 앞뒤가 맞아야 한다. 또 대표성이 있어야 하며 신선하고 이해하기 쉬운 재료여야 한다.

셋째, 구상은 설정된 주제와 수집한 재료를 바탕으로 어떠한 형태로 보도자료의 틀을 작성해 나갈 것인가 하는 밑그림이다. 즉 보도자료의 설계도로 주제와 재료를 갖고 5W1H+YTT를 염두에 두고 어떠한 사건주제을, 어떤 수단재료으로, 어떻게 해결하였는지현재 상황, 그리고 어떻게 할 것인지^{향후계획} 등 형체를 만들어 나가는 작업도다.

넷째, 서술은 설정한 주제와 재료를 토대로 구상한 틀에다 살을 붙여 보도자료를 만들어 나가는 작업으로 논리적인 설명 또는 묘사 과정을 통해 설득력을 높여 나간다. 시쳇말로 생동감 있고 부드럽게 맛을 더하도록 양념을 넣는 것이다.

다섯째, 퇴고는 보도자료를 다 쓴 다음 소리 내어 읽으면서 주제의 명료성 등 전체 문장을 폭넓게 검토하는 과정이다. 이때 단락을 재배치하고 군더더기 문장은 삭제하기도 한다. 이어 세부적으로 숫자 등 근거의 정확성, 용어 사용의 적합성, 오탈자 등을 자세히 검토한다. 가감 첨삭을 통해 과감히 뺄 것은 빼고 넣을 것은 넣되 특정 단어의 사용에 집착하지 않는다. 보도자료를 배포하기 전에 홍보 담당자들끼리 돌려보며 문제점 등을 최종 확인한다. 작성자에게는 보이지 않는 오류를 발견하기 위해서다.

보도자료 중 성명서, 해명자료를 작성해야 하는 경우도 있다. 조직이나 단체에서 잘못된 사실을 바로잡거나 억울한 상황에 대해 해명이 필요할 경우 성명서나 해명자료 등 기관의 입장을 언론에 배포, 공중에게 전달한다. 또한 더 이상 사실과 다른 내용이 확산되는 것을 차단하기 위해서 작성한다.

이러한 자료도 첫째 사실에 근거하여 배경과 결론을 먼저 내리고, 둘째 결론에 이르게 된 경위, 실질적 사실과 근거 제시를 통해 홍보 주체가 공중으로부터 공감대를 이끌어 내기 위한 반박 또는 해명, 당위성^{입장}역설, 셋째 향후 대처와 계획 등 태도 표명, 넷째 발표 주체의 신념과 주장, 다섯째 일자와 성명자^{해명자} 순으로 상황에 맞게 작성한다. 이때 저속한 표현, 비방, 사실과 다른 내용 명시, 미약한 논리적 근거 등은 상대방으로부터 재반박을 당할 수 있고 명예훼손 등으로 엮일 수 있으며, 오히려 역효과를 가져올 수도 있다. 따라서 성명서나 해명자료는 일반 보도자료와는 달리 사실에 근거해야 하며 반박시 정확한 근거를 가지고 수위 조절을 하여 상대의 감정을 상하지 않도록 신중하게 작성해야 한다.

3) 유형별 보도자료 비교 분석

그동안 수없이 작성해 온 보도자료 중 6개의 사례를 들어 자료 작성 기법을 소개하겠다. 이렇게 여러 사례를 든 것은 다양한 유형을 살펴보기 위해서다.

#1 언론사 제공 보도자료

노원구, 국내 최초 친환경 『멀티 도로표지 사인』 선봬

- 태양광발전시스템 이용 멀티 도로표지 사인 개발, 노원 문화의 거리에 제작 설치
- 중계동 영어과학공원에 풍력+태양열 병행 최첨단 하이브리드시스템 추가 설치 계획
- 향후 신규 보행자 안내표지판, 산행표지판, 상업용 사설광고 사인시스템 등 확대 시행

　정부의 저탄소 녹색성장 정책에 발맞춰 서울의 한 자치구가 태양열을 이용한 도로 안내 표지판을 개발, 첫선을 보여 화제다.
　서울 노원구 구청장 ○○○는 국내 최초로 첨단 솔라시스템 기술과 공공디자인 콘셉트를 접목시킨 친환경 태양광 발전시스템인 '멀티 도로표지사인' 사진을 개발, 노원역 문화의 거리에 시범 설치했다고 30일 밝혔다.

이번에 구가 설치한 태양광 도로사인 시스템은 고효율 태양전지 모듈과 첨단 광학기술을 이용한 것으로 이정표 상단에 600×900㎜ 규격에 42° 각도의 태양 집광판 2개가 설치돼 있다. 밝기도 한 판당 800~900룩스여서 최소의 전력으로 뛰어난 도로표지 사인 기능을 갖추고 있다. 또 집광력이 떨어지는 동절기나 장마, 폭설 같은 악천후에 대비해 축전지함이 내장돼 있으며 최소 3일간 점등이 가능하도록 설계돼 있는 등 반영구적이다. 점등은 자동센서에 의해 일몰 전후 작동된다.

구가 이 분야의 국내 전문가와 손잡고 친환경적이면서 경제성이 뛰어난 멀티 도로 사인을 개발하게 된 데는 기존 도로표지판이 야간조명 미비로 체계적 안내 기능이 떨어지고, 현행 각종 이정표가 도시미관을 저해하고 있으며, 표지판 추가설치를 위한 부가적 비용이 발생 하는 등의 문제점 개선을 위해서다.

이와 함께 구는 중계동 영어과학공원에 안정적 전력공급을 위해 쏠라와 풍력을 접목한 최첨단 하이브리드 사인 시스템 3개를 시범 설치할 계획이다. 또 앞으로 신규 설치할 보행자 안내 이정표 등 공공 안내 표지판은 물론 상업용 사설 광고사인 시스템과 민간시설에도 이를 확대 유도해 나갈 방침이다. 특히 구는 야간 산행 인구가 증가함에 따라 관내 수락산·불암산에도 태양열 산행 안내판을 설치할 계획이다.

구 관계자는 "앞으로 전기공급시스템이 전선 지중화 지역과 연결이 쉽지 않아 비용이 높게 발생할 우려가 있는 지역에 대해서는 친환경 청정에너지 활용 일환으로 태양열과 풍력 사인 시스템을 적극 설치해 나갈 계획"이라며 "환경성, 도시미관 제고, 경제성 등 일석삼조의 효과가 기대되는 쏠라 및 풍력 도로사인 시스템 도입은 이정표의 새로운 모델로 각광 받을 것"이라고 말했다. 사진 있음

도로 안내표지판 '태양열'로 켠다

노원구, 문화거리에 시범 설치

노원구가 태양열을 이용한 도로 안내표지판을 선보여 눈길을 끈다.

노원구는 첨단 태양열 기술과 공공 디자인을 접목시킨 '멀티 도로표지 사인'(사진)을 노원역 문화의 거리에 시범 설치했다고 30일 밝혔다.

도로표지 시스템은 고효율 태양전지 모듈과 첨단 광학기술을 이용한 것으로 이정표 상단에 태양 집광판 2개가 설치돼 있다. 밝기는 판당 800~900럭스여서 최소 전력으로 도로표지 기능이 작동된다. 또 집광력이 떨어지는 동절기나 장마, 폭설 같은 악천후에 대비해 축전지함을 내장했다. 최소 3일간 점등이 가능하다. 점등은 자동센서에 따라 일몰 전후에 작동된다.

구는 중계동 영어과학공원에 태양열과 풍력을 접목한 표지 시스템 3개를 시범 설치한다. 앞으로는 새롭게 설치할 공공 안내 표지판뿐 아니라 상업용 사설광고 표지판, 민간시설 등에도 확대할 계획

이다. 특히 야간 산행 인구가 증가함에 따라 수락산과 불암산에도 태양열 산행표지판을 설치할 예정이다.

구 관계자는 "기존 도로 표지판이 야간조명 미비로 체계적인 안내 기능이 떨어지고, 도시 미관을 어지럽히는 문제점이 있었다."면서 "특히 표지판 추가 설치에 따른 부가 비용도 발생해 이를 개선하기 위해 태양열 도로 안내표지판을 개발하게 됐다."고 설명했다.

김경두기자 golders@seoul.co.kr

#1의 보도자료는 사실 별 내용이 없는 평범한 자료다. 지역 내에 태양광을 이용한 도로표지 사인을 시범 설치했다는 것이 내용의 전부다. 그런데 당시 정부의 저탄소 녹색정책에 발맞춰 눈에 띌 수 있는 기사라 판단해 좀 키운 자료다. 한 마디로 시의성 있는 자료다. 현장을 나가보

고 어떤 형태라는 내용을 담았으며 앞으로 어떻게 확산시켜 나간다는 기관의 의지를 덧붙였다.

자세히 보면 세번째 단락에서 잘라도 홍보 주체가 전달하려는 내용이 다 들어 있는 전형적 역삼각형 형태의 보도자료이며, 5W1H의 스트레이트 형태다. 기자는 보도자료에 매우 충실해 기사화한 것을 알 수 있다. 그만큼 보도자료가 충실하면 기자의 입장에서는 힘을 덜 들이고도 쉽게 기사를 작성할 수 있다는 점을 인식하고, 홍보 관계자는 보도자료에 기자가 궁금해하는 것을 모두 담아내야 한다.

#2 언론사 제공 보도자료

신생아, 태어나면서부터 차별(?)

- 노원구, 현행 각 지자체별 출산양육지원금제도 개선 촉구
- 첫 출산아 최저 3만원~20만원, 다자녀 출산장려금 5만원~3천만원 천차만별
- 태어나면서 국가나 지자체로부터 차별, 행복추구권 등 인권침해 제기

최근 저출산 고령화 시대를 맞아 각 지자체별로 출산 축하 명목으로 지급되는 '출산양육지원금'이 다자녀의 경우 5만원에서 최고 3천만원까지 들쭉날쭉해 위화감 조성과 인권침해 소지가 있다는 지적이 일고 있다.

서울 노원구 구청장 ○○○는 18일 "저출산 대책은 국가 미래를 위한 과제로 중앙정부의 지원이 매우 중요한데도 현행 각 지자체가 시행하는 출산양육지원금은 중앙정부의 보조 없이 지자체별로 추진토록 하고 있다. 그러다보니 지자체의 재정 여건에 따라 지원대상이나 금액이 달라 오히려 주민들의 위화감 조성은 물론 인권침해 소지가 있다"며 이를 시정할 것을 촉구하는

건의서를 서울시와 여성가족부, 국가인권위원회에 전달했다고 밝혔다.

　건의서 내용에 따르면 서울의 각 자치구별 출산양육지원금 실태는 첫 자녀부터 지원하는 서대문구의 경우 출산자녀별로 3만원~10만원, 서초구 10만원~100만원. 둘째아부터 지원하는 노원구는 5만원~20만원, 중구 둘째 20만원, 셋째 100만원, 넷째 300만원, 다섯째 500만원이고, 열째 자녀에겐 무려 최고 3000만원을 지원하는 것을 조례로 정했다. 셋째부터 지급하는 광진구와 영등포구의 경우 일괄 20만원, 송파구는 보험금으로 12만원을 각각 지원한다. 지원 시점별로는 △첫째부터 지원하는 구가 용산구 등 6개 구, △둘째부터는 노원구 등 9개 구, △셋째부터는 광진구 등 3개 구다. 이처럼 자치구별로 지원 시점과 금액이 뚜렷한 기준 없이 지자체별로 중구난방이라는 데 문제가 있다.

　서울 25개 구 중 금년 기준 출산양육지원금을 지급하는 자치구는 노원구 등 18개 구이고, 그나마 재정형편이 어려워 아예 지급조차 못하는 구는 중랑구 등 7개 구나 된다.

　서울의 경우 지원 근거를 조례로 정한 구는 동대문, 종로, 서초, 중구, 양천, 관악, 강남구 등 8개 구이며 강북구는 조례 공포를 앞두고 있고 나머지는 자체 방침으로 운용하고 있다. 사정이 이렇다보니 재정형편이 나은 구에서 첫째아부터 지원받던 부모가 인근 자치구로 이사해 둘째 자녀를 낳아도 출산양육지원금을 받지 못하거나 자치단체별 지원 금액이 달라 같은 서울 시민이면서도 지역별 격차로 인해 형평성과 평등성 문제가 대두, 주민 불만이 고조되어 가고 있는 현실이다.

　공릉동에 거주하는 김윤미 씨여 35세는 "올해 둘째를 낳는다. 다른 구는

50만원의 출산장려금을 주는 곳도 있다는데 이곳은 5만원뿐"이라며 "축하금을 달라고 한 적도 없는데 괜히 아이가 차별받는 것 같아 불쾌하다"고 말했다.

현행 『저출산 고령사회 기본법』에도 '국가 및 지방자치단체는 모든 자녀가 차별받지 않고 행복한 생활을 영위할 수 있도록 해야 한다'고 규정되어 있으나 이 같은 현실은 자치단체 간의 재정여건에 따라 차별 아닌 차별로 이어지고 있는 것.

구는 출산양육지원금의 지역 간 불균형 해소를 위해 각 지자체 간 경쟁적으로 출산양육지원금을 지원하기보다는 새로 태어나는 모든 자녀는 누구나 동일할 혜택을 누릴 수 있도록 중앙정부 차원에서 고령화 대책 일환인 기초노령연금 지급의 경우처럼 분담비율을 정해 시급히 개선, 조정해 줄 것을 촉구했다. 아울러 서울시의 경우 우선 내년부터라도 각 자치구별로 지원하는 출산양육지원금의 지원 대상 및 금액을 균등하게 일치시켜 형평성을 제고해 나갈 것도 주문했다.

실제 금년 각 자치구가 출산양육지원금으로 편성한 예산^{18개} 구은 약 60억원으로 평균 3억3천만원이다. 이를 25개 구로 환산해 소요예산을 판단하면 약 84억원 정도다. 작년 서울시에서 출생한 신생아가 약 9만4천명^{첫째 5만명,} ^{둘째 3만7천명, 셋째 5천6백명}이므로 이들에 대해 국비 등 예산 지원시 소요되는 예산을 추정해 보면, 1인당 20만원일 경우 약 190여억원, 30만원 지원시 약 280억원 정도면 이 문제를 해결할 수 있는 것으로 분석됐다.

○○○ 구청장은 "현행 지자체별 출산장려를 위한 지원금 제도의 취지는 바람직하나 결과적으로 자치단체 간 차등 지원에 따라 주민들의 입장에선

단지 그 지역에 산다는 이유만으로 차별을 받게 된다는 인식이 팽배하다"며 "이는 지자체의 재정여건 등에 따라 본인의 의사와 관계없이 태어나면서부터 국가나 지방자치단체에 의해 차별을 받게 돼 인권 침해의 소지가 있다"고 말했다. 또 "심화되어 가고 있는 저출산 문제를 지자체에만 맡겨 둘 것이 아니라 중앙정부 등 국가차원에서 출산장려 동기부여 등 구조적 문제를 파악, 시급히 개선대책을 강구해야 할 것"이라고 덧붙였다.

출산양육지원금 區별로 '하늘과 땅'

서대문구 5만~10만원… 중구 20만~3천만원
노원구 "위화감 해소 위해 불균형 개선해야"

서울시내 18개 구(區)가 신생아들에게 지급하는 출산양육 보조금이 자치단체별 재정형편에 따라 천차만별인 것으로 조사됐다. 이에 따라 출생지에 따라 다른 대접을 받고 있는 신생아 및 부모들에 대한 형평성 문제가 제기되고 있다.

서울 노원구(구청장 이노근)는 "저출산 시대에 대비하기 위해 구별로 지급하고 있는 출산양육지원금이 재정형편에 따라 지원 대상과 금액이 달라 주민들 사이에 위화감이 조성되고 인권침해 소지마저 있다"며 "이를 시정해 줄 것을 요청하는 건의서를 최근 서울시와 여성가족부, 국가인권위원회에 전달했다"고 말했다.

서울 각 구별 지원 실태를 보면, 첫째아이부터 장려금을 지원하는 서대문구의 경우 출산 자녀별로 3만~10만원, 둘째아이부터 지원하는 노원구는 5만~20만원, 종로구는 50만~100만원을 지원하는 등 구별로 조례 자체 기준을 마련해 금액과 지원 시

점을 정해 지원하고 있다. 특히 중구의 경우 둘째 20만원, 셋째 100만원, 넷째 300만원, 다섯째 500만원, 열번째 자녀에게는 최고 3000만원을 지원하고 있다. 송파구는 셋째아이부터 5년 동안 평균 14만3400원의 '다둥이 안심보험금'을 납부해주고 있다.

서울 25개 구중 올해 출산양육지원금을 지급하는 구는 서초 등 18개 구고, 재정 형편이 어려워 지급하지 못하는 구도 중랑·은평·마포·강서·구로·동작·강동 등 7개 구에 이른다. 지원 시점도 용산 등 6개 구는 첫째아이, 노원 등 9개 구는 둘째아이, 광진 등 3개 구는 셋째아이부터 지원하는 능 각각 나뜬다.

노원구 공릉동에 사는 주부 김모(35)씨는 "올해 둘째를 낳을 예정인데, 다른 구는 최고 50만원을 지원하는 데 비해 여기는 5만원에 불과하다"며 "아이가 태어나면서부터 차별받는 것 같아 분배하다"고 말했다.

이노근 노원구청장은 "같은 서울시에 태어나면서도 구마다 다른 출산양육지원금을 지원하는 것은 가난한 구의 서민들을 두 번 울리는 셈"이라며 "신생아들이 동일한 혜택을 누릴 수 있도록 서울시나 중앙정부가 개선대책을 마련해야 한다"고 말했다. 최흥렬 기자 hrchoi@chosun.com

서울시내 구(區)별 출산양육 지원금 지급 현황 (단위: 만원)

구(區)	첫째	둘째	셋째	넷째	다섯째이상
종로		50	100	100	100
중		20	100	300	500~3000
용산	5	5	5	5	5
성동	5	5	20	20	20
광진			20	20	20
동대문	10	20	30	50	50
성북		20	-	-	-
강북	20	30	50	50	50
도봉		5	20	20	20
노원		5	20	20	20
서대문	3	10	10	10	10
양천		10	30	50	100
금천		20	50	50	50
영등포		-	20	20	20
관악		10	50	100	300
서초	10	50	100	100	100
강남		50	100	300	500
송파		-	12	12	12

#2의 보도자료는 저출산으로 인한 문제가 심각하다 보니 각 지자체에서 다자녀에게 지원하는 출산양육지원금의 지급 기준이 제각각인 문제점을 지적하고 이를 정부에 건의, 시정할 것을 촉구한 내용을 보도자료화한 것이다.

여기서 눈여겨볼 것은 소위 야마^{주제}다. 제목을 어떻게 뽑느냐에 따라 기사발이 먹히느냐 여부가 판가름 난다. '신생아 태어나면서부터 차별(?)'이란 제목을 달았다. 제목 자체만으로 기자들에게 자극적이고 궁금증을 유발하는 것으로 그냥 지나칠 수 없는 자료다. 이러한 자료는 사회적 이슈화가 가능하며 언론의 관심을 유발할 수 있는, 기자들이 좋아하는 성격이다. 부제도 한방에 무엇이 담겨 있는지 알 수 있도록 자세히 달았다. 이러한 성격의 보도자료는 현지 실태를 고발하는 것으로 실태를 구체적으로 비교 분석하고 대안을 제시하는 형식으로 작성했다. 무엇보다도 백데이터가 충실해야 하며 각 자치구 현황도 함께 줘야 도표화화 할 수 있다.

본 자료에서 보듯 리드에 사회적 문제점을 시사하는 내용을 함축적으로 담고, 본문에 간단하게 개선 촉구 건의서를 전달한 내용을 밝혔다. 덧붙여 건의서에 담긴 현재의 실상을 상세히 소개했다. 이어 이로 인한 문제점을 지적하는 내용으로 건의서 내용을 뒷받침하고 문제가 이러하다 보니 주민 불만이 고조되고 있다며 주민 멘트를 객관적으로 따고 관련 법령을 들어 실상의 문제점을 부각시키는 한편, 대안을 제시하는 형태로 마무리를 한 뒤, 문제 제기한 사람의 멘트를 통해 다시 한번 대안을 촉구하는 것으로 마무리했다.

이 보도자료가 언론사 기자들에게 건네졌는데 다음날 기사화된 내용을 보면 보도자료를 그대로 인용하지는 않았지만 기사 형태^{포맷}는 보도자료의 틀을 크게 벗어나지 않았다. 본 자료는 신문, 방송 등 중앙매체에서 모두 다룬 대박 뉴스였다. 야마를 잘 잡고 기자들이 필요로 하는 내용을 자료에 빠짐없이 담는 것이 매우 중요하다는 것을 다시 한 번 강조하지 않을 수 있다.

#3 언론사 제공 보도자료

노원구, 당현천 문화+체육+안전+생태하천 10월 착공

- 사업비 209억, 총연장 3.15㎞ 구간을 4개의 테마형 하천으로 복원
- 반복개 1㎞ 구간 철거 후 '호안 갤러리' 조성 등 '제2청계천'으로 탄생한다

비가 올 때만 물이 흐르던 만년 건천乾川인 노원구의 당현천이 테마가 있는 친환경 생태하천으로 새롭게 탄생한다.

서울 노원구 구청장 ○○○는 오는 10월부터 상계역 불암교에서 중랑천 합류지점까지 아파트 밀집지역을 가로지르는 3.15㎞ 구간을 생태 · 문화 · 체육 · 안전의 친환경 테마하천으로 복원한다고 21일 밝혔다.

2010년 완공 목표로 구가 총 209억 2천만원을 들여 복원할 당현천은 생태구간, 친수구간, 문화구간 등 3개 구역으로 나눠 테마가 있는 하천으로 조성한다. 수락산에서 발원해 중랑천으로 흐르는 당현천은 폭 44m, 유로면적 26만 8,400㎡의 하천으로 복원 후 하루 4만 4전톤의 물을 방류하게 된다.

【문화 생태하천 어떻게 조성하나】

구가 6개월간의 용역기간을 거쳐 발표한 복원계획에 따르면 하류구간으로 중랑천 합류지점인 △『자연생태 구간』(당현4교~당현3교)은 0.8㎞ 구간에 조류, 물고기 등이 서식할 수 있는 숲지대인 '하중도' 및 '초지원' 조성, 하중

도 관찰 목재 데크, 새들이 자유롭게 내려앉을 수 있는 '횃대', 징검다리 역할의 '거석' 등을 배치해 수질 정화는 물론 어류나 새들의 서식처를 제공해 청소년들의 생태 체험 학습공간으로 활용할 계획이다. 초본류 식생 및 자연석, 식생매트, 식생블럭을 혼용한 호안을 조성, 최대한 자연형 하천에 가깝게 복원한다. 옹벽구간도 하천식재 기준에 맞게 나무를 심어 녹화해 나간다. 오염이 되지 않은 이곳은 복원이 되면 물고기가 살 수 있는 최적의 서식처가 될 것으로 전망된다.

중류 구간인 0.9㎞의 당현3교~당현2교 사이는 △『친수이용 구간』으로 수변무대 및 분수, 높이 2m 길이 6m의 벽천壁泉, 창포원 군락지, 어린이 전용 물놀이장 2개소, 교량 밑에 앉아서 물장구를 칠 수 있는 스탠드, 징검다리 등을 설치해 물과 함께 즐길 수 있는 공간으로 조성한다.

상류 구간인 1㎞ 당현2교~불암교는 △『문화활동 구간』으로 빼곡히 들어선 주변 아파트 단지 주민들의 참여를 위해 길이 1㎞ 반복개 구간 2차선 도로를 철거하여 호안 갤러리를 조성함으로써 생태하천 복원의 의미도 갖는다. 여느 하천과는 다른 당현천만의 특징인 갤러리는 길이 50m, 높이 2.5m 크기로 문화의 벽, 참여의 벽 등 5개의 테마 벽면 갤러리로 꾸민다. 당현천 시작 지점인 이곳은 높이 3m, 길이 30m의 워터스크린과 수변무대, 2,400㎡(청계광장 2,026㎡) 규모의 '불암광장'이 조성된다.

특히 청계광장과 같은 성격으로 노원의 문화·역사 인물을 주제로 조성될 광장은 막구조 파고라에 무대를 설치, 각종 문화공연 및 행사 등을 열수 있다. 또 당현천을 축소한 형태의 물길이 광장 한복판을 가로질러 분수로 이어지도록 만든다. 바로 옆 1,198㎡(360평)의 중계소공원과 연계해 광장과 공원문화를 접목시킨 점이 다른 하천에서 볼 수 없는 특색이다.

【왜 체육 안전하천인가】

유선형의 산책로, 인라인 스케이트장, 2.65km의 자전거도로가 조성돼 중랑천을 따라 한강까지 갈 수 있게 됐다. 또 이용 주민들이 가볍게 체력 단련을 할 수 있는 소규모 체육 시설을 천변 좌우 공간에 설치하며 여름철 물놀이터 3개소도 들어선다. 이와 함께 국지성 집중 호우시 당현천 상류 수락산 및 불암산 계곡에서 내려오는 급류로부터 주민들의 안전 확보를 위해 자동경보안내시스템 설치는 물론 상류에 12만톤의 물을 담수할 수 있는 저수지를 만든다. 유속이 다른 하천보다 빠른 점을 감안해 4개 구역으로 나눠 심층 설계한다.

【어떤 형태로 물을 흘려보내나】

당현천에 하루 소요되는 4만 4천톤의 물 확보는 기존 마들역과 노원역의 지하철 용수량 8천톤과 중랑천으로부터 3만6천톤을 2.65km의 불암교까지 끌어올려 워터스크린을 통해 방류한다. 구는 중랑천 둔치에 길이 100m의 3급수 이하 용수 정화시설인 침전조를 설치한다. 물을 흘려버리는 청계천과는 달리 흘러내린 물을 다시 저장해 정화작용을 거친 후 재활용됨으로써 물의 낭비와 관리운영에 따른 예산 절감 효과가 기대된다.

【경관 등 아름다움을 강조한 설계】

구는 경관 개선을 위해 당현천에 위치한 10개의 교량 중 물넘이교, 새싹교는 철거 후 비대칭 사상교 형태로 신설하고 나머지 8개소는 아치형 스카이라인, 조명열주, 상징조형물 등 각 교량별 성격에 맞게 새롭게 디자인해 리모델링한다. 조명은 교량의 경우 상징·초점·지표·일반교량으로 분류해 경관 시설 및 조명을 차별화 하며 수변, 조각, 건물, 분수, 수목, 난간 등 하천의 환경과 여건에 맞게 연출한다.

또한 이용객의 편의를 위해 6개의 전망 테라스, 2개소의 산책 테라스를 만들고 특히 갤러리벽 상부에 노천카페를 조성하는 한편 이용객들의 편의를 위해 총 26곳의 진입계단과 함께 장애인 진출입로도 설치할 계획이다. 이와 함께 구는 당현천변에 벚꽃나무를 심어 봄엔 벚꽃터널, 여름엔 메밀밭과 가을엔 갈대숲을 각각 조성해 운치가 있는 하천으로 탈바꿈시키는 한편 주말엔 '차 없는 거리'를 운영, 주민참여 문화행사를 열 계획이다.

구 관계자는 "청계천 복원 이후 하천 복원사업을 활발히 하고 있으나 당현천은 여느 하천과는 달리 생태하천으로의 복원은 물론 문화와 체육, 안전이 융합된 테마형 하천과 함께 주민참여, 자원절약, 부가가치형 하천으로 조성해 주민들이 즐겨찾는 명소로 만들 것"이라고 말했다.

#3 보도자료 제공 후 조선일보 기사

노원구 당현천에 물고기가 돌아온다

2010년까지 친환경 하천으로 조성키로

평소 물이 흐르지 않는 건천(乾川)인 서울 노원구 당현천이 항상 물이 흐르는 도심속 생태하천으로 바뀐다.

노원구(구청장 이노근)는 2010년까지 209억원을 들여 지하철 4호선 상계역 불암교~중랑천 합류지점까지 2.7km와 수락산 자락의 당현천 시점부 0.5km등 3.2km²구간을 생태·문화·체육시설을 갖춘 친환경 하천으로 복원하기로 했다. 당현천의 나머지 구간(2.9km)은 복개되어 있다.

당현천은 생태구간, 친수구간, 문화구간 등 3개 구역으로 나눠 테마가 있는 하천으로 만들어진다. 우선 중랑천 합류지점인 당현4교~당현3교(0.8km) 구간은 자연생태 구간으로, 물고기와 새들이 살 수 있는 녹지와 하중도 등을 만들어 최대한 자연형 하천에

가깝게 복원하기로 했다. 당현 3교~당현2교(0.9km) 사이는 친수(親水)이용 구간으로, 수변무대 및 분수, 벽천(壁泉), 어린이 전용 물놀이장, 징검다리 등을 들인다.

상류 구간인 당현2교~불암교(1km) 구간은 문화활동 구간으로 조성한다. 길이 50m, 높이 2.5m 크기의 문화의 벽, 참여의 벽 등 5개의 테마 벽면갤러리를 꾸미고, 워터스크린(길이 30m, 높이 3m)과 수변무대, 불암광장(800평) 등이 들어선다. 특히 하천의 일부를 복개해 도로로 사용하는 구간의 경우 현재 왕복 4차선을 왕복 2차선으로 줄이고 하천부분은 자연형태로 복원할 계획이다. 당현천에는 하루 4만4000t의 물이 흐르게 된다. 인근 마들역·노원역에서 생기는 지하수 8000t

과 중랑천에서 불암교까지 끌어올린 물 3만6000t을 방류하게 된다. 당현천에 있는 10개 다리중 물넘이교·새싹교는 철거후 비대칭 사장교 형태로 새로 놓고, 나머지 8개는 아치형 스카이라인, 상징조형물 등으로 꾸며 리모델링하기로 했다.

최홍렬 기자 hrchoi@chosun.com

#3의 보도자료는 서울시청 기자실에서 출입기자들을 대상으로 파워포인트로 브리핑할 내용을 압축해 보도자료를 작성, 제공한 것이다. 이자료는 자치단체에서 역점을 두고 시행하는 사업을 소개하는 내용이다. 이런 경우 자칫 보도자료만 내면 일개 자치구에서 하는 것으로 약하게 생각해 기사화되지 않을 수 있어 기관장이 직접 기자설명회를 열어 비중을 높였다.

앞서 언급한 대로 보도자료 작성은 무엇을 어떻게 담아내느냐가 중요하다. 필요한 내용만 전달할 수도 있으나 보다 효과적으로 전달하기 위해 최대한 자세히 내용을 풀어 주었다. 조감도를 염두에 두고 머릿속에 하천이 어떻게 조성되는가를 그림으로 보여 주듯 구간별로 상세히 기술했다.

특히 곳곳에 무엇이 들어서며 어떤 특징들을 갖고 있는지 상류부터 하류까지 터치했다. 스트레이트성으로 자료 작성을 할 수 있으나 테마별로 기자들이 궁금해할 수 있는 내용을 사이사이에 소타이틀을 달아 전개했다. 반드시 위치도를 첨부해야 한다. 이 보도자료 제공 후 기사화로 인해 인근 당현천 주변 아파트 값이 수천만원 올랐다. 의도적인 것은 아니지만 지역 개발 호재가 부동산 값을 올린 대표적 사례다.

#4 언론사 제공 보도자료

상계 재정비 촉진지구, 뉴타운의 새 주거모델로 조성

- 노원구, 상계3,4동 일대 2016년까지 6개 구역 나눠, 9,110세대 건립
- 뉴타운 최초 40층 랜드마크 및 테라스형 등 다양한 주거유형 모델 제시
- 수락산, 불암산 자락의 '자연과 미래가 살아 숨쉬는 U-Valley 뉴타운' 조성

60년대 말 청량리, 왕십리 등 판자촌 철거민들의 집단 이주 정착지역인 서울의 마지막 달동네 상계3,4동 일대가 초특급 뉴타운으로 탈바꿈한다.

서울시와 노원구 구청장 ○○○는 지난 2005년 12월 3차 뉴타운 지구로 지정 고시된 상계3,4동 일대 도시 재정비를 위한 '상계재정비촉진지구 재정비 계획안'에 대해 주민 공람공고에 들어갔다고 15일 밝혔다.

구가 서울시 자문을 거쳐 이달 26일까지 주민 공람을 갖는 상계재정비촉진지구 재정비촉진계획안은 총 647,414㎡ 면적을 6개 구역으로 나눠 총 9,110세대(임대주택 1,788세대)를 2016년까지 건립하는 것을 골자로 하고 있다. 자연과 미래가 살아 숨쉬는 '상계 U-Valley 뉴타운'이란 구의 도시조성계획에 따르면 수락산과 불암산이 병풍처럼 둘러싸여 있고 구릉지인 지역 특성을 살려 '친자연환경 타운, 커뮤니티 문화타운, 신개념 주거타운'이란 3대 테마를 기본 구상에 담았다. 도시공간은 상계지구의 상징 브랜드인 40층 랜드마크 건물을 도심 초입 부분에 배치하고 테라스형, 중정형, 타워형, 판상형 등 독창적인 주거형태 및 층수의 다양화로 경관 조망권 확보와 스카이라인을 형성토록 하였다.

또 중심부에 인근 당현천 복원과 연계한 폭 10m, 길이 1㎞의 친수공간인 '새물길' 조성, 지하철 4호선 당고개 역세권을 활용해 야외공연장 등이 위치하게 될 16,384㎡ 규모의 중앙공원과 주상복합빌딩 배치로 상업·문화 복합 커뮤니티 조성, 도심 어디서나 수락산과 불암산으로 이어지는 사통팔달의 녹지 띠 및 보행자 전용 녹도가 조성된다. 또 중심도로인 상계로를 확장해 도로 주변은 저층, 외곽은 고층 타워 등 단지별로 4가지 유형의 다양한 건물구조 배치를 통해 전원 및 유럽형 도시의 특색 있는 주거타운으로 계획돼 있다.

이와 함께 상계뉴타운만의 특색인 경사지 주거 진입 보행도로 역할의 '사향식 에스컬레이터' 설치, 계단식 형태의 데크형 주차장 조성을 비롯 남양주시와 연계되는 간선도로인 상계로를 폭 30m로 확장, 6차선화 하는 등 내부 가로망을 정비하고, 기존 1개 학교 외 추가로 초등 및 중·고등학교 1개소 신설, 도서관, 복지시설 등 문화 복지 인프라 구축 등 기반시설이 확충된다.

특히 용도지역을 1단계 및 2단계로 상향 조정, 최대 294%, 평균 230%의 상한 용적률로 종전보다 30% 완화하였고, 가구당 분양면적 최소 51㎡에서 크게는 185㎡의 다양한 주거공간, 기존 2.57%에서 11.3%로 8.73% 증가한 녹지 등 저밀도의 쾌적한 주거환경을 갖추게 된다.

이 지역은 현재 8,938세대 2만 2천여 명의 주민이 거주하고 있으며, 일명 양지마을, 합동마을, 희망촌으로 불리며 27년 이상 된 노후 불량주택이 밀집해 있어 73년 이후 자력재개발 및 주거환경개선사업을 통해 주거환경 정비를 추진해 왔으나 답보상태에 머물러 왔던 곳이다.

구는 앞으로 주민 공청회 등을 거쳐 오는 12월 서울시에 재정비촉진지구 결정 요청 후, 최종 기본계획을 확정해 내년 하반기 구역별 조합설립인가 및 사업시행인가 할 방침이다.

○○○ 노원구청상은 "상계재정비족진지구의 도시정비는 기존의 성냥갑식 획일적 아파트를 배제하고 아파트 형태, 층수, 디자인, 설비 등 디자인의 다양화와 창의성을 통한 설계로 도시가 완성되면 서울 동북부 지역 최고의 프리미엄 주거도시로 탄생할 것"이라고 말했다.
  - 위치도 및 전경사진, 조감도 있음

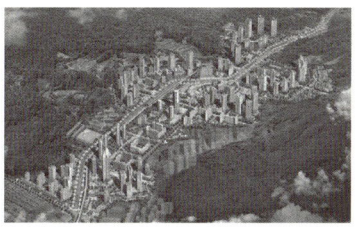

서울 노원구 상계 3·4동 일대의 상계뉴타운 지역, 수락산과 불암산으로 둘러싸여 있다(왼쪽). 상계뉴타운 조감도, 다양한 디자인의 주거 형태가 들어서는 주거단지로 개발된다. 노원구 제공

상계뉴타운, 강북 대표 주거지로 '화려한 변신'

서울의 마지막 달동네, 9110가구 아파트村으로

성냥갑형 아파트 탈피… 타워형·테라스형 등 다양화
단지 내 보행도로엔 '경사형 에스컬레이터' 설치키로

서울에 남아 있는 마지막 달동네인 노원구 상계 3·4동 일대가 강북 지역의 대표적인 주거지로 새로 태어난다.

서울시와 노원구(구청장 이노근)는 상계 3·4동 일대 64만7414㎡(19만5842평) 규모의 상계 재정비 촉진지구(뉴타운)에 2016년까지 아파트 96개 동 9110가구를 건립하기로 했다.

이 지역은 1960년대 말 청량리·왕십리 등의 판자촌 철거민들이 집단 이주해 정착한 희망촌·양지마을·합동마을 등이 들어선 곳으로, 절반이 무허가 건물이다. 시는 1973년부터 불량 주택 재정비 작업에나섰으나 산비탈 지형으로 사업성이 없는데다 주민 의견 충돌로 30여년 동안 주거환경이 개선되지 않은 지역이었다. 현재 8938가구 2만2700여 명의 주민이 거주하고 있다.

이번에 마련된 계획안에 따르면 이 일대는 6개 지역으로 나뉘어 임대주택 1788가구를 포함해 총 9110가구가 들어선다. 2~40층(평균 19층)의 다양한 층수의 건물이 들어선다. 구는 '상계 U-밸리 뉴타운'이란 이름을 붙였다.

상계 뉴타운에는 기존의 판상형(성냥갑형) 아파트 대신 테라스형(아랫집 지붕이 윗집 테라스가 되는 경사식 주택), 중정형(가운데 정원을 들인 연립주택), 타워형(답처럼 뾰족한 형태) 등 다양한 형태의 주택이 들어선다. 단지 입구에는 서울시내 뉴타운 가운데 가장 높은 40층짜리 랜드마크 건물이 들어선다. 주거·편의시설이 들어서고 주변에는 상징공원도 만들어진다.

단지 중심부에는 일부 복원된 당현천과 이어지는 폭 10m, 길이 1km의 새 물길이 조성된다. 또 단지를 둘러싸고 있는 수락산·불암산을 연결하는 3곳의 보행자 전용 녹지도로도 만들어진다. 산줄기에 자리한 지형 특성을 감안해 경사형 에스컬레이터를 만들어 단지 내 보행도로로 이용하게 된다. 계단식 형태의 데크형 주차장도 들어선다. 지하철 4호선 당고개역 역세권에는 야외공연장을 갖춘 1만6300여㎡규모의 중앙공원이 조성된다.

간선도로인 상계로를 6차선(30m)으로 확장하는 등 가로망을 정비한다. 기존의 신상계초등학교외에 중·고등학교와 초등학교를 각각 1곳씩 신설하고 도서관·복지시설 등 문화복지 시설도 들어선다. 지상 역사인 당고개역에서는 지하철에서 내려 인근 주거 단지로 바로 연결되는 보행 육교도 만들기로 했다.

구는 이 지역의 용도지역을 1~2단계 상향조정해 대부분을 2종 일반주거지역으로 하고, 용적률은 최대 294%, 평균 230%로 했다. 가구당분양 면적은 최소 51㎡에서 최대 185㎡까지 다양해지고, 녹지면적비율은 종전의 2.57%에서 11.3%로 높아진다. 구는 주민공청회 등을 거쳐 내년 하반기 구역별로 조합설립인가 등의 절차를 밟을 계획이다.

이노근 노원구청장은 "기존의 성냥갑식 획일적 아파트를 배제하고 아파트 형태·층수·설비 등의 디자인을 다양화해 새로운 주거 모델을 제시할 것"이라고 말했다.

최홍렬 기자 hrchoi@chosun.com

상계뉴타운 주택건설 계획 (총 9110가구)

구역	면적	계획가구	층수
1구역	8만7960㎡	1030	3~26층
2구역	10만842㎡	2101	2~29층
3구역	18만9687㎡	2935	3~26층
4구역	4만30㎡	664	6~23층
5구역	10만9501㎡	1250	7~30층
6구역	6만6327㎡	803	14~40층

#4의 보도자료는 서울시청 기자실에서 기자설명회를 통해 배포한 보도자료다. 물론 파워포인트에 의한 기관장 설명이 있은 후, 용역 또는 설계사의 책임자가 상세히 설명하는 형태를 취했다.

이러한 형태의 보도자료는 해당 부서에서 제공받은 자료를 토대로 작성하기엔 부족함이 많다. 따라서 홍보 관계자는 관련 용역 결과서 등을 100% 소화한 뒤 소위 '야마'를 잡고 기존 것과 차별화된 특징을 찾아내는 한편, 해당 설계사와 직접 전화를 걸어 모든 궁금증을 취재기자들이 할 일을 사전에 예측해서 보도자료에 담아 냄 했다.

본 내용은 이미 서울시에서 뉴타운 계획을 밝힌 내용이기 때문에 자치구에서는 공람 공고에 들어가는 시점에 구체적 조성계획을 발표한 자료다. 두 번 나온 셈이다. 향후 자료에서 밝힌 일정대로 제대로 진행될지 불투명할 수 있으나 워낙 관심이 높았기 때문에 모든 언론에서 다뤘다. 백데이터를 충실히 제공해야 하며, 전후 사진 및 조감도, 위치도 등을 제공해야 한다. 그래야 기사가 커진다.

#5 언론사 제공 보도자료

노원구, '서울의 신흥 교육1번지'로 우뚝

- 노원구 고교생 서울소재 4년재 대학 10명 중 3명꼴 합격
- 구 소재 15개교 평균 38명꼴 SKY대(서울대, 고대, 연대) 등 합격자 배출
- 특목고, 과학고, 외고 합격자도 27개 중학교서 평균 11명 합격

강북지역의 변방으로 불리던 서울 노원구가 구 소재 고등학교 및 중학교 학생들이 서울대 등 유명 대학과 특목고에 대거 합격자를 내며 신흥 '교육1번구'로 급부상하고 있다.

서울 노원구 구청장 ○○○는 지역 내 15개 인문계 고교를 대상으로 금년도 대학 입시 결과를 입수해 분석한 결과, 학교당 평균 서울대 5.4명, 고려대 연세대 등 32.3명, 서울소재 4년제 대학 175명꼴로 합격자를 배출한 것으로 나타났다고 밝혔다. 이 같은 결과는 서울대를 비롯해 서울 소재 4년제 대학

에 노원구의 고등학교 재학생 10명 중 3명꼴(재학생 10,424명/서울 소재 4년제 대학 3,186명)로 합격한 것.

구는 특히 상위 10개교는 학교당 평균 서울대 7.1명, 연고대 49.2명 꼴로 합격하는 등 총 492명이 합격해 평균 50명씩 들어갔으며, 재학생의 절반에 가까운 45%가 서울소재 4년제 대학에 들어갈 정도의 높은 경쟁력을 갖춘 것으로 분석했다.

이 같은 수치는 지난 2년간 평균 서울대 7.1명, 연고대 37.5명보다 다소 앞선 것으로 최근 3년간 꾸준한 합격 수준을 보이고 있어 노원구가 서울의 명문학군, 교육1번구라는 사실을 뒷받침해 주고 있다는 것이 구 관계자의 설명.

금년도 대입 결과를 구체적으로 살펴보면 S고의 경우 서울대 13명, 연고대 등 77명, 서울소재 4년제대 302명 등 총 392명으로 전체 재학생의 60.4%의 높은 합격률을 보였으며, C고 서울대 11명, 연고대 52명 등 총 250명(45.4%), S고 서울대 10명, 연고대 32명 등 총 216명(42.5%)명을 합격시켰다. 이어 J고 서울대 9, 연고대 34명 등 총 252명(53.6%), D고 서울대 7, 연고대 42명 등 220명(38.7%), Y여고 서울대 4, 연고대 45명 등 총 190명(35.4%), D여고 서울대 5, 연고대 43명 등 총 250명(47.1%), Y여고 서울대 3, 연고대 25명 등 총 212명(39.5%), C여고 서울대 2, 연고대 30명 등 총 259명(51.8%)을 각각 배출했다. 괄호안 재학생 합격자 비율.

한편 금년도 구 소재 27개 중학교의 과학고 및 외국어고 합격자도 과학고 30명, 외고 267명, 민사고 3명 등 총 300명으로 학교당 평균 11.1명꼴로 배출했다. 이는 지난해 총 257명보다 43명이 증가한 것으로 대학입시와 함께 특목고의 높은 합격률은 이 지역 중고생들의 학력수준 향상이 우연히 아님을 입증하고 있다.

이 같은 결과에 대해 S고 이모 교감은 "이미 정평이 나 있는 노원지역 학부모들의 높은 교육열과 학교 간 차별화된 학사 시스템, 교사들의 노력, 그리고 지자체의 교육환경 개선을 위한 지원 등이 우수 인재를 키워나가는 원동력인 것 같다"고 말했다.

　－ 첨부 : 각 학교별 입시현황

노원구 명문대 합격률 '쑥'

서울 · 연 · 고대 489명…특목고 진학률도 높아

서울 노원지역의 중 · 고교들이 2007학년도 입시에서 서울대 등명문대와 특수목적고에 대거 합격자를 냈다.

노원구(구청장 이노근)는 지역 소재 인문계 전체 15개 고교를 대상으로 금년도 대학입시결과를 입수해 분석한 자료(재수생 포함)를 통해 서울대 82명, 고려대 · 연세대 407명, 카이스트 · 포항공대 · 외국대학 20명, 의학계열(치대, 약대, 한의대 포함) 99명의합격자를 배출한 것으로 나타났다고 13일 밝혔다.

노원구는 특히 상위 10개교의 경우 학교당 평균 서울대 7.9명, 연 · 고대와 의학계열 · 카이스트 · 포항공대 평균 44.7명꼴로 합격하는 등 이들 명문대에 총 520명이 합격할 정도로 높은 경쟁력을갖추고 있는 것으로 분석했다.

금년도 대입결과를 구체적으로 살펴보면 서라벌고의 경우 서울대13명, 연 · 고대 등 77명(카이스트 · 포항공대 · 의학계열 포함)등 서울소재 4년제 대학에 총 392명이 합격했다. 청원고는 서울대 11명, 연 · 고대 등 59명을 포함해 총 352명이 합격했다. 상계고는 서울대 10명, 연 · 고대 등 32명, 총 216명을 각각 배출했다. 재현고는 서울대 9, 연 · 고대 등 34명, 총 252명이 합격했고 상명고는 서울대 8명, 연 · 고대 등 45명, 총 180명의 인원을 합격시켰다.

한편 금년도 노원지역 소재 27개 중학교의 특목고 합격자도 과학고 30명, 외고 267명, 민사고 3명 등 총 300명으로 학교당 평균11.1명꼴로 배출했다. 이는 지난해 총 257명보다 43명

서울 노원지역 2007학년도 대학진학 현황

학교명	서울대	연세대	고려대
서라벌	13	24	38
청원	11	12	19
상계	10	8	7
재현	9	8	14
상명	8	15	17

이 증가한수치로 대학입시와 함께 특목고의 높은 합격률은 이 지역 중 · 고생 들의 학력수준을 나타내준 방증으로 해석된다.

노원구가 이처럼 신흥 교육 명문구로 발전한 것은 "학부모들의높은 교육열과 지자체의 교육환경 개선을 위한 지원 등이 제대로맞물린 때문"이라는 게 구 관계자들이 분석이다. 노원인 지역은고학력 맞벌이 세대가 많고 학교가 지자체 중 가장 많은 102개나 되며 높은 교육열 때문에 강북의 대치동으로 불리는 중계동 은행사거리에 학원가가 밀집돼 있다.

노원구는 교육총괄, 전문교육, 평생교육팀으로 구성된 교육진흥과 신설, 대학 총장 등 40명으로 구성된 교육발전 자문기구 교육발전위원회 발족, 인터넷 수능방송 등 다양한 교육 관련 프로그램운영 등으로 '교육 1번지 노원구'로 자리매김하고 있다.

김세동기자 sdgim@munhwa.com

#5의 보도자료는 기획 보도자료다. 기관의 단위부서에서 내놓은 자료가 아니고 홍보부서에서 기획, 발굴해 보도자료화한 것이다. 지역 내 중고등학교의 특목고와 서울대 등 명문대 합격자 현황을 파악해 분석, 제공하였다.

이러한 형태는 지역 이미지를 업그레이드하고 브랜드 가치를 높일 수 있는 아주 좋은 소재로 홍보 범위는 영역이 따로 없으며, 지역 내 모든 일들이 뉴스 소재임을 보여 주는 사례다. 일일이 해당 학교의 진학부장들과 통화해 합격자 현황을 받은 것이며, 통계 범위 설정은 홍보관계자가 대외적 신뢰도가 높은 학교서울대 연.고대 이대 등/과학고.외고 등를 정해 뽑아낸 숫자를 토대로 통계화하였다. 그래야 기사가 되기 때문이다.

분석자료시 착안 사항으로 전체 학교를 통계에 다 집어넣으면 불리한 결과가 나와 상위 10개교의 평균 서울대 합격자 몇 명꼴이라는 식으로 부각시키기 위해 하위 학교를 제외시켰다. 당시 이러한 자료 공표는 고교평준화에 반한다고 해서 영원한 엠바고였다. 그래서 이니셜로 학교명을 적었다. 이젠 그럴 필요 없이 과감히 학교를 공개한다.

이 자료가 기사화되자 지역 내 학교가 학부모들의 주목을 끌게 되고, 학교 간에 선의의 경쟁을 유발시켜 선순환의 순기능을 갖게 함으로써 교육도시의 이미지를 상승시키는 효과를 거뒀다. 노원구의 경우 이러한 교육 콘셉트를 통해 지속적 보도자료를 제공, '강북 8학군', '교육특구'란 애칭을 이끌어 냈으며, 국제화교육특구로 지정되는 등 교육도시로 자리매김하는 성과를 거둬 단 3~4년 사이에 도시 트랜드를 교육으로 바꿨다.

디자인 중심 '고품격 프리미엄 아파트 한눈에!'

- 서울 노원구, 전국 최초 '디자인 중심 프리미엄 아파트 전시회' 개최

'획일적 성냥갑식 아파트는 가라!'

서울의 한 자치구에서 디자인 중심 유명 브랜드 건설 시공사의 프리미엄급 아파트를 한눈에 볼 수 있는 전시회를 마련해 눈길을 끌고 있다.

지난해 7월 서울시 자치구 최초로 '디자인 중심도시'를 선포한 바 있는 서울 노원구 구청장 ○○○는 오는 14일부터 내달 20일까지 구청사 1,2층 갤러리에서 전국 최초로 '서울 프리미엄 아파트 전시회'를 갖는다고 10일 밝혔다.

디자인 중심의 이상적 아파트 모델을 제시하게 될 구의 이번 전시회는 남양주 GS 밤섬자이의 실제 아파트 모형 1점, 조감도 및 투시도 24점, 실내 인테리어 및 설비, 공원, 문주, 피로티, 캐노피, 옥상디자인 등 각종 특화시설이 선보인다. 또 사진 49점 등 총 74점이 전시되는 등 프리미엄 아파트의 진수를 볼 수 있게 된다. 이번 전시회는 서울특별시, 한국주택협회, 한국디자인진흥원, 서울산업대학교, 광운대학교, 삼육대학교 등 6개 기관 및 대학이 후원한다.

구체적 전시내용은 갤러리 현관 1층 로비에 최근 프리미엄 아파트로 건설 중인 너비 3m, 길이 3m, 높이 1.5m 크기(1/100 축소모형)의 GS 밤섬자이 아파트 모형도와 1~2m 규격의 다양한 조감도 및 투시도가 1,2층 갤러리 벽면에 위치한다. 또 갤러리 카페에서는 노원구가 자체적으로 마련한 '디자인의 창의성과 다양성' 등 5대 프리미엄 공동주택건설 디자인 심의 기준을 비롯 향후 공동주택 건설계획 및 행정적 지원 등의 내용이 담긴 20분용 동영상을 보여 줌으로써 앞으로 건축될 노원구 아파트의 구체적 가이드라인을 제시한다.

삼성, 롯데, GS, 동부 건설을 비롯 현대산업개발, 대한주택공사 등 6개의 국내 유명 브랜드 건설사에서 참여하는 이번 전시회에서는 현재 노원구가 추진 중인 상계뉴타운 및 공릉동 태릉 현대아파트, 월계동 인덕마을과 벼루마을, 중계동 104마을 및 제일주택 등 6개의 재개발, 재건축 단지의 조감도(투시도)도 함께 전시돼, 지역주민들에게 노원구에 건립될 프리미엄급 아파트 모델을 미리 보여주는 기회를 제공한다.

○○○ 노원구청장은 "앞으로 노원구는 총 19만 가구 중 28개 구역에서 21,500가구가 동시 다발적으로 재건축 재개발 리모델링 등의 사업이 추진될 계획"이라며 "전시회를 통해 주민들에게 디자인 중심의 프리미엄 개념이 도입된 주거문화의 패러다임을 제시하게 될 것"이라고 말했다.

– 조감도 사진 있음.

구청이 부동산 투기 부채질

〈앵커 멘트〉
최근 집값이 급등하고 있는 서울 강북의 한 자치단체가 구청에서 아파트 전시회를
열어 투기를 조장한다는 비판을 받고 있습니다.
정정훈 기자의 보도입니다.

〈리포트〉
노원구청이 마련한 아파트 전시회입니다. 70점이 넘는 아파트 모형에다 조감도까
지... 마치 견본주택 전시장을 보는 것 같습니다.

〈인터뷰〉 이노근(서울시 노원구청장) : "이제는 디자인이 경쟁력입니다. 디자인 중
심의 새로운 주거문화를 보여주기 위해 마련한 자립니다."

행사장을 찾은 주민들도 기대가 큽니다.

〈인터뷰〉 심경희(서울시 중계본동) : "낙후된 지역이었는데 앞으로 발전할 것으로
기대하고 있습니다."
하지만 최근 부동산값이 들썩거리는 이 지역에서 이런 행사를 , 민간업체도 아닌 자
치단체가 연데 대해 비판이 만만치 않습니다.

〈인터뷰〉 윤순철(경제정의실천시민연합 국장) : "구청이 앞장서서 이런 행사를 여
는 것은 신중하지 못하고 행정책임자로써 책임을 망각하는 것입니다."
집없는 서민의 아픔은 외면하고 지자체가 집값 올리기에만 앞장선다는 지적도 있습
니다.

〈인터뷰〉 김상규(서울시 공릉동) : "강남수준으로 삶의 질이 높아지면 좋긴 하지만
집이 없는 사람들은 혜택을 입지 못하고 떠날수 밖에 없게 될까봐 염려됩니다."

지난달 노원구의 집값 상승률은 무려 5.7%, 전국 집값 평균 상승률 0.8%의 7배가
넘습니다.

하지만 노원구청은 올초 집값 상승을 자극할 수 있는 자료를 잇따라 내는 등 강북
지역 부동산 불안의 진원지라는 비판을 받기도 했습니다.

KBS 뉴스 정정훈입니다.

#6의 보도자료는 지방자치단체에서 생각할 수 없는 특별한 보도자료를 제공, '노이즈 마케팅'을 통해 노원구를 전국적으로 알린 사례다. 구청 내 공간에 굵직한 유명 브랜드 건설사를 끌어들여 마치 아파트 모델하우스를 연상케 하는 전시회를 연다는 내용이다. 신문 등에서는 긍정적으로 기사화되었으나 일부 공중파로부터 구청이 앞장서 투기를 부채질한다며 두들겨 맞은 케이스다. 그러나 이러한 부정적 이미지와 함께 중앙부처도 하기 힘든 일을 일개 자치구가 선도적으로 하고 있다는 '노력하는 모습'을 보여 주며 '악명도 명성'이라는 것처럼 긍정적 효과를 거둔 대표적 케이스다.

4) 기관의 입장을 밝히는 보도자료(성명서)

보도자료의 유형으로 기관의 입장을 밝히는 성명서나 해명서 등을 작성하는 경우가 있다. 일반적으로 보도자료가 논평 없이 사실 내용을 묘사하여 그대로 전달하는 형태라면 기관의 입장이나 성명서는 그러한 자료를 작성하게 한 원인이나 사안이 있기 마련이므로 반대 입장이나 사실과 다른 부분을 강하게 밝히는 것으로 비판 또는 논평의 형태를 취한다. 따라서 이러한 자료 작성시에는 결론부터 말하고 현재에 이르게 된 경위를 간단히 설명한 뒤, 본론에 들어가 조목조목 반박을 하며 주장하고자 하는 내용을 첫째, 둘째 등으로 나열한다.

중요한 것은 보도자료 작성시와 마찬가지로 근거에 충실해야 하고 사실이 아닌 내용이 들어가서는 안 된다. 다시 재반박이 올 것을 염두에 두고 작성하여야 하며, 자칫 감정적 어투를 구사하기 쉬운데 이를 경계

해야 한다. 상대방의 명예를 훼손하는 경우가 발생하지 않도록 주의를 기울여야 한다. 다음은 내가 작성, 실제 발표한 성명서 내용이다.

〈성명서〉

서울시의 「동북권 르네상스 프로젝트」 관련,
○○당이 밝힌 주장에 대한
서울 동북권 지역 주민을 대표해 구청장 및 서울시 의원들의 입장

지난 16일 ○○○당 서울시당이 국회 정론관에서 기자회견을 통해 서울시의 동북권 르네상스 프로젝트 발표를 '부실한 개발계획 남발이고 프로젝트 도용'이라고 주장한 데 대해, 낙후된 이 지역의 발전을 간절히 바라는 강북권 350만 서울시민은 깊은 실망감과 함께 향후 본 사업의 정상적 추진에 심한 우려를 감출 수 없음을 밝힌다.

먼저 이 지역 주민은 과거 국민의 정부와 참여정부 동안 줄기찬 남진 개발 정책으로 인해 이렇다 할 정책적 수혜를 받지 못하고 상대적으로 소외돼 허탈감을 갖고 살아왔다는 점이다. ○○당 서울시당은 이를 간과한 채, 모처럼 서울시가 강남북 균형발전 차원에서 그간의 진행사업과 신규사업을 묶어 이 지역의 발전방안으로 밝힌 청사진인 '동북권 르네상스 프로젝트'의 구체적인 실행계획을 수립하고 있는 시점에 이러쿵저러쿵 문제를 삼는 것은 동북권 지역의 발전을 간절히 염원하는 이 지역 주민들의 바람을 하루아침에 무참히 짓밟는 처사가 아닌지 반문하지 않을 수 없다.

이번 서울시의 동북권 르네상스 프로젝트는

첫째, 그동안 강북권 특히 동북권 지역의 구청장 및 시의원들과 주민들이 서울시에 강남북 균형발전을 촉구, 주장한 것들로 대부분 지역의 오랜 숙원 사업들을 서울시가 받아들여 반영한 것으로 이는 어디까지나 자치구의 건의와 낙후된 동북권 지역을 발전시키고자 하는 서울시의 강한 의지가 상호 융합되어 수립된 계획이다. 아울러 지난 2008년 12월부터 금년 5월까지 노원구, 도봉구, 강북구 등 자치구와 해당 자치구 여·야 의원들이 '강남북 균형발전을 위한 강북지역 지원확대 촉구 결의안' 등을 채택, 서울시에 강력히 촉구하였음은 강남북 균형발전을 바라는 이 지역 주민들의 염원을 대변한 것이라 할 것이다.

둘째, 서울의 강남북 균형발전은 ○○○서울시장이 강북권 지역 주민들에게 밝힌 공약이며, 지난해 발표한 서울 서남권 르네상스 프로젝트 발표의 연장선상에서 이 지역의 구청장 및 시의원들과 논의해 금번 동북권 르네상스 프로젝트가 나온 것으로 부실공약이니 사전선거운동 운운하는 것은 온당치 않은 처사라 하지 않을 수 없다.

셋째, 서울시는 신규 프로젝트의 경우 이미 일부 사업에 대해서 용역을 위한 입찰 공고에 들어가는 등 해당 자치구와 본 사업의 하위 세부실행계획 마련을 위해 긴밀한 협조 아래 차질 없이 추진하고 있음에도 부실계획이니 프로젝트 도용이니 주장함은 공당의 적절치 못한 자세다.

넷째, 국가에서 시행하는 대규모 프로젝트 추진시 해당 지역 주민과 지방자치단체의 반발로 왕왕 무산되는 국책 사업의 사례에서 보듯, 이번 서울시의 프로젝트 가운데 중앙정부와 연계된 사업은 이미 정부사업으로 확정(예, 창동 차량기지 이전은 남양주시와 양해각서를 체결하고 중앙정부의 광역교통기본계획에 반영, 정부사업으로 확정/성북역 개발계획은 코레일과 양해각서 체결

후 현재 마스터플랜을 수립하고 있는 과정에 있음)된 바 있는 것이다. 이렇듯 광역자치단체 차원에서 적극적인 의지의 프로젝트를 천명함은 사업의 사전 걸림돌을 제거한 것으로 향후 사업추진의 탄력을 가져올 매우 고무적 현상이라 하지 않을 수 없으며 문제될 것이 전혀 없다고 본다.

끝으로 이번 서울시의 동북권 르네상스 프로젝트에 대해 서울 동북권 지역 자치구와 지역 주민은 사려 깊지 못한 ○○당 서울시당의 주장이 적절치 못한 정치공세라 하지 않을 수 없으며, 강남북 균형발전을 염원하는 350만 동북권 서울시민들에게 들려온 모처럼의 희소식에 찬물을 끼얹는 처사로 깊은 유감을 표하는 바이다.

아울러 서울시도 이번 동북권 르네상스 프로젝트가 얼마나 중요한가를 다시금 일깨워 주는 강남북 균형발전 정책임을 재차 인식하고 예산, 규제완화, 조직가동 등 신속한 후속조치의 시행을 기대하며, 구청장과 시의원, 해당지역 주민들은 금번 프로젝트에 대해 전폭적인 협력을 아끼지 않을 것임을 밝힌다.

2009. 6. 17

서울 동북권지역 구청장
○○구청장 ○○○/○○구청장 ○○○/○○구청장 ○○○

서울 동북권지역 서울시의원
이○○ 정○○ 최○○ 정○○(○○구)/ 이○○ 최○○ 우○○(○○구)

4

뉴스 밸류, 이렇게 판단하라

감정평가사처럼 홍보맨도 뉴스의 가치를 감별하는 안목을 키워야 한다.
뉴스 가치가 있는 보도자료 생산은 홍보맨의 몸값과도 비례한다.

뉴스가 되려면 앞서 얘기한 대로 새로운 것, 신선한 것이어야 하고 평범한 것이 아닌 특이한 것이어야 한다. 지금까지 보도가 되지 않은 새로운 내용이 뉴스가 될 확률이 높다. 그리고 다수의 대중에게 영향을 미치는 파급효과가 있어야 한다. 즉 메시지가 있어야 한다.

이러한 뉴스를 발굴하고 각색하며 취재하는 역할은 1차적으로 홍보맨의 몫이다. 홍보맨의 성공 여부는 뉴스를 보는 눈을 갖고 있느냐에 달려 있다 해도 지나친 말이 아니다. 야구선수가 타석에 들어서 안타와 홈런을 치려면 선구안選球眼이 있어야 하듯 홍보 관계자도 자신이 작성한 보도자료가 기사화되게 하려면 뉴스가 되고 안 되고를 판단하는 안목이 무엇보다 중요하다.

그렇다면 감정평가사처럼 홍보맨도 뉴스의 가치를 감별하는 안목을 어떻게 키울 것인가. 우선 이를 위해 신문, 방송 등 뉴스를 그냥 지나쳐서는 안 된다. 보도된 기사들을 꼼꼼히 살펴보는 자세가 필요하다. 그 기사가 어떻게 작성되어졌으며 어떤 내용들이 담겨 있는가를 유심히 살펴보는 훈련이 필요하다. 그래야 야마를 어떻게 잡고, 한정된 지면에 어떤 내용들이 포함되었는지를 알 수 있다.

그리고 자신이 작성한 보도자료와 다음날 기사화된 보도기사를 비교 분석하는 훈련을 통해 자료 작성 및 뉴스의 가치를 보는 안목을 넓힐 수 있다. 아무리 열심히 보도자료를 작성해 던진다 한들 언론사 기자들이 받아들여 주지 않는, 즉 가치가 없는 자료를 생산하면 타자가 타석에서 헛스윙하다 내려오는 꼴이 되고 마는 것과 같다.

각 단위부서에서 보도자료가 넘어오면 우선 새로운 것이냐, 메시지가 있느냐, 보편성이나 희소성 등 특이성이 있는가를 판단해야 한다. 다시 말해 자료를 작성하여 언론사에 제공했을 때 뉴스로서 먹힐 것인가, 받아들여질 것인가를 판단해야 한다. 그리고 뉴스의 가치가 조금이라도 있다고 생각되면 역으로 담당자와 자료출처에 대해 자세히 통화를 하든가 또는 현장에 나가 취재를 한다.

여기서 주의할 것은 예년의 경우 전에 접했던 자료라 해서 간과하면 안 된다. 무심코 지나쳐 버린 것이 의외로 취재를 하다 보면 큰 뉴스가 될 수 있기 때문이다. 중요한 것은 홍보 관계자는 내용도 내용이지만 뉴스 가치가 커지려면 때로는 엉뚱한 시각으로 접근하는 예리함도 있어야 한다. 남들이 다 그렇게 생각하는 것을 가지고는 모래 속에서 진주를 건져 낼 수 없다. 한쪽 면만 보지 말고 뒤집어도 보고 반대로도 보는 등 이면의 내용을 파악하는 자세가 필요하다. 그래야 숨겨진 내용, 자료를 잘못 내놨다가 혼나는 비판기사가 될지 여부를 판단, 예방할 수 있기 때문이다.

이렇게 뉴스로서의 가치를 판단한 다음 스트레이트, 박스, 단신성 기사인가, 인물란, 사회면, 행정면에 들어갈 성격의 것인가를 판단한다. 또 신문용인가 방송용^{그림이 되어야 함}인가, 풀자료로 제공할 것인지, 특정 언론사 기자에게만 단독으로 줄 것인지 등 어떻게 했을 때 기사가 효과적으로 먹힐 것인지 고심해야 한다.

그리고 보도자료 작성 또는 취재 과정에서 내용이 된다 싶어도 갈등이 생기면 우선 가까운 기자와 상의해 자문을 받는 것도 좋다. 그러다 보면 어렴풋한 것이 뉴스로서의 가치에 대한 확신이 생길 수 있고, 자신의 미진한 생각을 상대를 통해 얻어 내는 의외의 수확을 얻어 큰 기삿거리를 생산해 낼 수 있다. 기자는 뉴스를 생산하는 전문가이기 때문이다.

설령 뉴스 가치가 크다고 해서 다 먹히는 것은 아니다. 뉴스가 제대로 안타를 치고 홈런성 기사가 되기 위해서는 내용 못지않게 시의성이 있어야 하고, 자료를 던지는 시점에 그만큼 사회적 이슈가 적어야 효과를 높일 수 있다. 그리고 해당 언론사의 지면 사정도 크게 좌우하는 만큼 기자와 논의하여 제공시기, 즉 타이밍을 조절해야 한다. 모든 것이 홍보 관계자의 뜻대로만 되지 않는다.

유능한 홍보맨은 뉴스 가치를 정확히 판단하고 이를 잘 포장하여 반드시 안타와 홈런을 쳐야 한다. 주의해야 할 것은 무분별한 자료 남발은 뉴스 가치를 구분할 줄 모르는 홍보맨이며, 이럴 경우 정작 매우 중요한 자료를 제공했을 때 먹히지 않아 실패하게 된다. 가치 있는 자료를 내놓는 것은 홍보맨의 몸값과도 비례한다는 점을 명심해야 한다.

매체 선택이 중요한 이유

자료의 성격에 따라 방송, 신문, 잡지, 기획물 등을 선택한다.
기사화가 되고 안 되고, 기사의 볼륨이 커지고 작아지고는 매체 선택과 아주 밀접한 관계가 있다.

먼저 매체의 집중과 선택이 기사발이 먹히고 안 먹히고를 좌우한다. 홍보에 있어 기사화가 되고 안 되고, 기사의 볼륨이 커지고 작아지고는 매체 선택과 아주 밀접한 관계가 있다. 특히 메가톤급 자료가 아니라면 홍보 관계자는 누구나 갈등을 겪는다. 과연 보도자료를 던졌을 때 먹힐 것인가를 걱정하지 않을 수 없기 때문이다. 즉 자료의 성격에 따라 신문용으로 더 크게 받을 수 있는 경우가 있고, 방송용으로 적절한 자료가 있으며, 사진용 자료로 좋은 경우가 있어 어느 매체가 더 크게 다뤄줄 것인지 서울질해야 하기에 더욱 그렇다.

우선 신문과 방송용 모두에 해당하는 예를 살펴보자. 이 경우는 내용도 있어야 하고 방송에서 다룰 그림도 있어야 한다. 즉 풀자료로 모든 신문과 방송에 다 제공하는 경우다. 스트레이트성 자료라도 그림이 되면 신문과 방송에 모두 먹힌다. 이를테면 새로운 제도나 시스템을 도입한 자료라면 신문과 방송에서 다 받는다. 사실 내용과 함께 시스템 시연

장면을 촬영하고 주민과 관계자의 인터뷰를 따면 된다.

메시지가 강력한 행사 성격이라면 규모와 내용에 따라 달라지지만 신문은 스트레이트로 짧게 다루는 반면 방송은 의외로 비중 있게 다룰 수도 있다. 박스형 자료로 잔잔한 감동을 주는 미담 성격도 그림만 된 다면 두 매체 모두 다룰 수 있다. 중요한 것은 보도자료에 얼마만큼 취 재를 충실히 해 담아내는가와 야마를 잘 잡느냐다.

예를 들어 정신지체 부인과 지체장애인 남편이 두 평짜리 골방에서 어렵게 행상을 하며 근근이 살다가 구청에서 마련해 준 15평짜리 전셋 집으로 이사를 가게 되었다는 소스다. 방송에서는 이러한 스토리와 함 께 이사 가는 날 촬영하고, 신문은 신문대로 취재한다면 신문과 방송 모두 좋은 기삿거리가 된다. 이 경우 방송에만 자료를 제공하지 말고 미리 조간신문에 자료를 주고, 당일 저녁 방송에 나오도록 하면 무리가 없다. 아니면 이사 가는 날을 앞두고 예고기사로 신문에 던지면 자연히 방송에서 따라올 수 있다.

신문, 방송에서 모두 다룰 정도의 볼륨이 큰 자료라면 신문, TV는 물 론 라디오의 시사성 프로그램을 택해 작가에게 보도자료를 제공한다. 특히 방송시간이 긴 심층 취재 시사성 방송 등의 프로그램은 신문에 기 사화되면 해당 작가들이 자연스레 취재 문의가 온다. 따라서 단계적으 로 자료를 제공하고 라디오 등 모든 방송과 지하철 무가지 등에 광범위 하게 제공한다.

자료 내용에서 그림이 약하다면 신문에 제공해야 한다. 여기서 풀로 모든 신문사에 줄 것인가를 판단해야 한다. 역점적인 사업으로 모든 신 문에 나오게 하고 싶다면 풀로 제공한다. 기사 가치에 따라 다르지만 풀로 제공해도 기사화되는 것은 절반 정도로 봐야 한다. 모든 신문에서

다 다루어지길 바라는 것은 무리다. 특히 내용은 되는데 풀자료 배포 시 비중 있게 다뤄지지 못할 것 같으면 시의성에 구애받지 않으면 더욱 커짐 단독자료를 고려해 봐야 한다. 그리고 타깃을 정하여 비중 있는 신문에 크게 나오도록 하고 싶다면 더더욱 단독으로 줘야 한다. 이때 단독임을 말해야만 출고 시기를 조절하고 기사를 크게 키울 수 있다. 자료 제공시 사진, 위치도, 백데이터 등을 주면 기사가 더 커진다.

기획기사 등 자료의 성격에 따라 신문사의 테마별 기획시리즈 등을 참고, 성격에 맞게 매체를 선택하면 채택 확률이 높다. 그리고 정부의 정책을 옹호하는 기관장 칼럼을 신문사 오피니언 팀에 기고하는데 정부에 비판적인 매체를 선택하면 받아들여질 확률이 적은 것처럼 신문사의 특성과 성향을 파악하는 것도 잊지 말아야 한다. 칼럼 내용에 따라서 말이다. 이를 방지하기 위해서는 자료 내용 및 성격을 미리 해당 사의 기자와 상의해 반응을 들어보고 제공 여부를 결정하는 것이 좋다.

유능한 홍보맨은 자신이 생각하는 뉴스가 1차 시도에서 실패하였다 해도 포기해선 안 된다. 기자의 시각에 따라 뉴스 가치가 달라질 수 있으므로 신문과 방송에 통상적인 루트를 통해 던졌다 해도 행사 당일 전 방송의 경우 이틀 전 사회부나 사진부, 문화부 등 성격에 맞는 해당 부서로 보도자료를 풀로 배포, 2차 시도를 할 필요가 있다. 그날의 뉴스가 없으면 '꿩 대신 닭'이라고 언론사에서 취재를 나올 수도 있다. 소위 이삭줍기다. 방송은 특히 카메라의 숫자가 한정되다 보니 이러한 영향을 받는 경우가 있다. 한번 던진 자료가 먹히지 않는다고 포기해서는 안 된다.

기사화가 된 이후에 동일 내용이지만 새로운 이슈가 생겼다면 당연히 보도자료를 작성, 매체를 선택해 자료를 제공한다. 유사한 내용과 묶어쓸 수도 있다. 그러나 대개의 기자들은 전에 다룬 내용이라고 시큰둥해한다. 그럼 잡지나 인터뷰 형태로 심층 보도하도록 방향을 틀어 시도해야 한다. 일전에 난 보도와는 달리 말하지 못한 이면에 숨겨진 심도 있고 업그레이드된 내용으로 다루면 먹힐 수 있다.

뉴스 밸류가 크다면 매체 선택은 그리 중요하지 않다. 하지만 그러한 빅뉴스가 매일 생산되는 것도 아니므로, 특히 매번 자신의 기관에서 내놓는 뉴스만 다뤄 줄 수 없기 때문에 적절히 매체를 선택하여 기사화되도록 하려면 매체의 집중과 선택의 테크닉이 반드시 필요하다.

여기서 간과하지 말아야 할 것은 자료 제공시 매체에 대한 이중플레이다. 이는 자살행위다. 기자들이 알아서 취재하는 것은 몰라도 뉴스원인 홍보 관계자가 자료를 제공할 때 단독이라 해 놓고 여기저기 해당 언론사 기자들에게 말하면 큰코다친다. 부득이한 경우 반드시 양해를 구한 뒤 괜찮다면 몰라도 이중플레이를 하지 말아야야 한다.

더블플레이는 고도의 테크닉이 필요하다. 특히 방송과 신문 2개사를 단독으로 정해 릴리스할 경우 신중을 기해야 하며, 방송보다 신문이 온라인 또는 지면에 먼저 실리면 낭패를 본다. 사전에 양사의 기자와 충분한 이해와 설득을 통해 양해를 구해야 한다. 또 하나 상대 기자가 소스를 갖고 냄새를 맡고 접근해 왔다면 그냥 단독으로 처리하게 해야지 타사 기자에게 이러한 사실을 얘기해서는 절대 안 된다. 뉴스원으로서 생명력을 길게 갖고 가려면 말이다.

6

릴리스release 테크닉

자료 배포 방법과 자료 제공 테크닉, 그리고 사후 진행사항 체크 및 보완자료 제공 등
지속적이고 단계적인 세일즈가 중요하다.

야구선수가 홈런을 치는 것은 타고난 감각도 있겠지만 무엇보다 자
신이 좋아하는 공이어야 하고 특히 정확한 배팅 타이밍에 달려 있다고
본다. 마찬가지로 아무리 좋은 뉴스거리도 타이밍이 맞아야 사회적 이
슈가 되고, 제대로 된 기사로 다뤄질 수 있다. 한 마디로 자료 배포 타
이밍이 적절치 않으면 빅뉴스라 해도 그보다 더 큰 뉴스에 밀려 휴지조
각이 될 수 있다. 그만큼 보도자료 배포 시점이 중요하다.

먼저 완성된 보도자료 배포 방법이다. 통상적으로 기자실을 통해 서
면자료로 진달매일 동시 발송하는 방법이 있고, 메일 또는 팩스 발송, 직접
기자실을 찾아가 기자회견 또는 설명회를 여는 경우, 기자들을 초청해
시연회 또는 시사회 등을 열어 현장으로 안내하는 경우, 아니면 간담
회 등을 통해 사안을 설명하는 형태로 이루어지는 경우 등 다양하다.

릴리스할 때 어떤 방식을 취하는가는 성격에 따라 다르다. 아무래도
기자와의 면대면 방식을 통해 상세히 설명하고 궁금한 사항을 질문받

아 해소하는 형태가 상호 커뮤니케이션에 있어 매우 중요하므로 기자 설명회 등 브리핑이 효과적이다. 아주 중요한 보도자료를 배포하는 경우라면 현장 견학 등 초청을 통해 이루어지면 더욱 실감나게 기사화될 수 있는 강점이 있지만, 대개 기자들의 바쁜 일정 때문에 응해 줄지는 미지수이므로 사전 정지작업 등의 노력이 필요하다.

　다음은 보도자료 제공 테크닉이다. 같은 뉴스라도 특정 언론사의 단독취재냐 풀취재냐에 따라 뉴스 비중이 달라지듯 자료 제공 방법에 따라 뉴스의 크기가 달라진다. 가장 흔한 방법으로 풀자료 제공이다. 이는 모든 언론사를 대상으로 차별 두지 않고 배포하는 형태다. 풀자료 형태라면 그다지 빅뉴스가 아닌 한, 모든 언론사에서 다뤄지기를 기대하는 건 쉽지 않다. 그만큼 기사의 크기도 작아진다. 아니면 전혀 다뤄지지 않을 수도 있다. 다만 세일 과정에서 반응이 있다든가 기자와의 유대가 있다면 나올 확률을 고려해야 한다. 따라서 당초의 보도자료에 담겨 있지 않은 내용을 차별화해서 좀 더 구체적인 백데이터를 제공하면 풀자료라 할지라도 기사화해 키울 확률이 높다.

　어느 정도 밸류가 있는 자료로 먹힐 수 있다면 몰라도 풀자료로 배포하는 것은 효과면에서 비효율적일 수도 있다. 이럴 경우에는 아예 몇몇 언론사를 선택하거나 특정 언론사만을 대상으로 조금이라도 기사를 키우는 것이 바람직하다. 풀자료 배포의 상대 개념으로 1:1 제공이 있다. 즉 단독으로 특정 언론사에만 제공하는 형태다. 확실히 자료를 키워야 하는 성격이라면 가장 바람직하다. 이때 해당 기자에게 단독자료 제공임을 주지시키고 시기_{지면 사정이 여유가 있을 때 기자는 출고함}에 관계가 없다면 반드시 키우도록 확약을 받아야 한다. 성격이 맞지 않는다든가 해서 그렇지 않다는 반응이면 즉시 타 언론사로 돌려야 한다. 이때도 조심할 것은 단독자료로 제공하겠다고 말한 최초의 상대 기자에게 반드시 양해를 얻은 다음 타사에 제공하여야 한다.

이어 1:2, 1:3 정도의 이중플레이가 있다. 특정 언론사를 2개사 정도 정해서 제공하는 형태이며, 고도의 테크닉이 필요하다. 자칫 오해를 불러일으키고 상대 기자의 속을 상하게 만드는 결과를 초래한다. 따라서 신문과 방송의 경우라면 신문은 조간신문에, 방송은 당일 저녁 뉴스 시간대에 보도되는 것으로 두 매체가 같은 날 나와야 한다.물론 성격에 따라 다르지만 조간에 나오면 여타 석간신문과 방송도 따라온다. 그렇지 않고 어느 한쪽이 엠바고를 어기고 하루 먼저 기사화하면 낭패다. 그렇지 않은 쪽과는 껄끄러운 관계가 되므로 조심스럽게 접근해야 한다. 만약 같은 신문끼리라면 라이벌이 아닌 독자층을 달리하는 신문사를 선택, 양사 모두에게 정중히 양해를 구하고 자료를 던져 같은 날 동시에 나오도록 해야 무리가 없다.

독자를 달리하는 신문 2개사, 방송 1개사의 경우도 마찬가지다. 이 경우 풀자료로 배포했을 때보다는 기사 크기가 커지고 어느 정도 보도될 확률이 높다는 이점이 있다. 반면 소외된 나머지 언론사 기자들로부터는 한 마디로 찍힐 수 있음을 명심해야 한다. 자료를 차별화해 제공했다는 이유에서다.

그리고 시간차를 두고 자료를 제공하는 방법이 있다. 사실 동일한 내용을 3일이니 1주일 정도의 시간차를 두고 자료를 제공하는 것은 시간을 다투는 뉴스의 속성상 의미가 없어 받아들여지지 않는다. 하지만 행사 등 내용과 성격에 따라 먹힐 수 있는 만큼 한번 던지고 만 자료라 할지라도 홍보 관계자는 꺼진 불씨를 다시 살리려는 자세로 세일에 나서야 한다.

그렇다면 자료 제공 타이밍을 언제로 하는 것이 가장 좋을까. 물론 사회적으로 별다른 이슈가 없는 때다. 또한 언론사의 기삿거리나 광고가 넘치지 않을 때다. 사실 적기에 자료를 던지기란 쉽지 않으며 뜻대로 되지 않는다. 따라서 자료를 제공할 때 서울 자치구의 경우 당시 사회적 이슈는 무엇인지, 서울시에서 어떤 자료를 내놓는지, 해당 언론사 기자와 의논하여 지면 사정을 알아보고 종합적으로 판단하여 릴리스 타이밍을 결정해야 한다. '지피지기知彼知己면 백전백승百戰百勝'이라는 말이 여기에도 해당된다. 아무리 좋은 뉴스라도 빅뉴스가 터져 지면이 없으면 뉴스로서의 가치를 잃는다.

이렇게 하여 자료 제공 시점을 정했으면 엠바고를 지킬 만한 확실한 기자에게는 사전에 검토하고 발제할 수 있도록 메일로 자료를 미리 제공하는 것을 잊지 말아야 한다. 그래야 시간을 갖고 차별화된 기사를 작성하기 위해 보강 취재를 함으로써 기사가 커질 수 있다.

다음은 타이밍을 정해 자료를 제공하고 난 뒤에 할 일이다. 던져놓고 손을 놓으면 안 된다. 전후 진행 상황을 체크하는 등 세일즈에 들어간다. 기자들이 발제를 하기 이전에 1차 세일미리 소스를 준 경우 방송은 하루나 이틀 전 정도, 신문은 하루 전날 오후하고 자료 배포한 날 오전 11시경, 오후 2시경 전화를 걸어 각각 해당 기자의 동태다시 강조함으로써 반향을 알 수 있고 간과했던 것을 각인시키는 계기가 됨를 살필 필요가 있다. 그럼으로써 뉴스 밸류가 약하다고 판단해 그냥 지나쳐 버린 자료가 홍보 관계자가 설명하는 동안 자료 보강을 요구할 수도 있어 다시 살아나는 등 소위 '이삭줍기'를 할 수 있다.

세일은 너무 집요하게 자주 해도 문제, 안 해도 문제다. 상대의 스타일에 따라 적절히 해야 한다. 세일의 가장 중요한 타이밍은 당일 언론사별로 데스크부장에게 그날의 기사를 발제하기 전이다. 매체별로 차이는 있지만 보통 방송은 카메라 확보 등 특성상 미리 발제할 수 있으나,

늦어도 당일 오전 8시 30분 전, 신문은 조간의 경우 대개 당일 오전 9시 30분경 _{석간은 전날 오후 4시경}에 각각 이뤄진다. 각 매체별 당일 첫 편집회의 전 발제가 이루어지지만 이와 관계없이 미리 세일하면 된다. 물론 빅뉴스로 갑작스레 나타난 것이라면 시간과 관계없이 발제가 이뤄지므로 이와 무관하게 세일에 들어가야 한다.

사전 세일에 들어가지 못했는데 발제 후 빅뉴스가 발생했다면 즉시 친한 기자에게 유선으로 내용을 말해 주고 보도자료가 작성되면 바로 보내 기사화될 수 있게 해야 한다. 아무리 좋은 뉴스도 자료 제공 방법과 타이밍이 맞지 않으면 쓰레기통으로 들어갈 휴지조각과 같다. 그만큼 홍보에 있어 릴리스 테크닉이 중요하다.

취재 지원, 최선을 다하라

취재지원은 한 마디로 현장에서의 세일즈다. 확실하게 뉴스(상품) 가치를
높이는 보충 행위로써 홍보 관계자가 간과해서는 안 될 요소다.

보도자료 작성→매체 선택→릴리스 후 '취재 지원'이 매우 중요하다.
한 마디로 현장에서의 세일즈다. 확실하게 뉴스^{상품} 가치를 높이는 보충
행위로써 홍보 관계자가 간과해서는 안 될 요소다. 취재 지원에는 취재
하기 위한 사전 준비단계에서의 각종 자료 제공이 있고, 현장 중심의
지원이 있다. 또 긍정적·부정적 취재 지원, 신문과 방송 등 매체별 취
재 지원이 있다.

먼저 현장 취재 이전, 사전 준비단계에서의 취재 지원이다. 임의 취
재시 또는 보통 릴리스와 병행하여 진행되기도 하며 대개 그 이후에 이
루어진다. 독자적인 임의 취재시 작가, PD 또는 기자들은 자료의 출처
지지체 등 공공기관에 대해 상세히 문의해 온다. 이때 상대방은 이미 내용 파
악을 한 다음 연락을 한 것이므로 설령 홍보 관계자의 의도와 다르게
문의하더라도 취재 방향 등 초점이 무엇인지를 명확하게 파악하고, 일
단 그 방향으로 응대하되 필요한 자료를 요구하면 해당 자료는 물론

참고될 만한 모든 자료를 5분 이내에 응답 또는 지체 없이 송부한다. 특히 자료 요구 단계에서 의도하는 방향과 반대로 켕기는 자료를 요구할 경우에는 초동대처를 잘 해야 한다. 자칫 자료를 낸 기관이 의도하는 내용과 다른 반대 기사를 쓰기 위해 문의 또는 자료를 요구한 경우일 수도 있기 때문이다.

이때는 상대의 의도를 빨리 간파하여 오해하고 있는 부분을 설명, 설득, 이해시키는 과정이 뒤따라야 한다. 그렇지 않고서는 기자가 의도하는 대로 일방적인 꿰맞추기식 기사로 몰고 가는 타깃성 보도가 될 수 있다. 릴리스 후에는 보도자료에 담아내지 못한 내용을 자세히 설명하고 상세한 백자료가 있으면 제공한다. 기자와의 커뮤니케이션 노력이 중요하다.

다음은 현장 취재 지원인데 긍정적·부정적 지원이 있다. 긍정적인 취재는 대개 홍보 관계자에게 사전에 연락이 오지만, 부정적인 비판기사를 다룰 경우는 그렇지 않다는 점에 유의하여야 한다. 긍정적 기사를 다룰 경우 기자들은 시간을 절약하기 위해 사전에 홍보 관계자에게 인터뷰 대상 섭외나 현장 안내를 부탁한다. 신문의 경우는 현장 느낌을 글로써 전달하고 인터뷰를 따는 정도이므로 취재하는 데 불편 없이 원하는 인터뷰 대상을 사전 섭외하거나 친절하게 안내해 주면 된다. 특히 사진기자들이 포토타임을 정히였다면 미리 현장을 답사해 어떻게 하는 것이 효과적으로 전달할 수 있으며 그림이 되는가를 생각해 두었다가 취재 나온 기자와 협의하여 연출하는 것이 좋다.

예를 들어 공룡전시회라면 어린이들을 그 시간대에 방문하도록 한다. 홍보 관계자는 이때 사진부 기자 가운데 선임^{고참}에게 어떻게 해 주는 것이 좋은지 미리 상의한다. 사진기자는 자연스런 상태에서 밝고

환한 메시지가 담긴 모습을 촬영하고자 하지만 쉽지 않으므로 약간 연출을 해서 효과를 극대화시킨다.

방송의 경우는 그림으로 보여 주는 것이므로 여러 군데를 다닐 수 있고 현장 상황이 중요하다. 따라서 사전에 촬영 코스를 정하고 인터뷰 대상자도 현장에서 할 수 있지만 미리 정해 놓는 것이 좋다. 특히 현장 모습을 있는 그대로 촬영한다고 하지만 사실 제대로 그림이 나오지 않을 수 있으므로 성격에 따라서는 취재기자와 상의하지 말고 효과의 극대화를 위해 사실 그대로의 상태를 미리 준비해 놓는 감각도 필요하다. 어차피 취재하기로 한 이상 충실히 내용을 담아 내야 하기 때문이다. 그러나 기자가 눈치 채지 못하도록 하는 것도 중요하다.

방송은 신문과 달리 카메라의 위치 등 각도가 매우 중요하다는 점을 잊어서는 안 된다. 같은 값이면 기관장 인터뷰 때 행사장에 걸려 있는 플래카드를 배경으로 찍도록 카메라 기자를 유도함으로써 효과를 높인다. 또 현장에서 주민을 대상으로 인터뷰할 때 부정적인 답변이 나왔다면 취재기자의 옆구리를 찔러 긍정적인 멘트를 다시 따도록 읍소하는 노력간섭한다는 인상을 주면 곤란도 해야 한다.

참고로 대개 방송 취재의 경우 취재기자나 영상기자 중 고참이 있기 마련인데 카메라기자가 베테랑이라면 그가 현장을 선도해 나가는 경향이 있다. 방송 특성상 취재기자가 뉴스 대본을 작성해 나왔어도 현장이 중요하므로 카메라기자가 구석구석 앵글에 담기 때문에 그만큼 비중이 클 수 있다는 점을 잊어서는 안 된다. 방송은 취재 후 그림을 보며 편집을 하게 되므로 취재기자의 대본과 약간 다르게 기사화될 수 있다.

무엇보다도 원활한 취재를 위해서는 사전에 해당 기자와 충분히 커뮤니케이션을 하고 현장에서 세심한 취재 지원을 하는 것이 중요하다.

특정 행사의 경우 방송과 신문 취재기자, 그리고 신문사 사진기자 등 세 그룹이 모두 나왔다면 홍보 관계자를 모두 동원하여 각 그룹별로 인원을 배치해 균등하게 취재 지원을 해야지 어느 한쪽을 소홀히 해서는 안 된다. 긍정적인 취재를 하러 나왔어도 자칫 상황에 따라 기자의 눈에 부정적인 모습으로 비춰진다면 비판기사로 둔갑해 버릴 수 있다.

비판적인 현장 취재 때도 반드시 지원을 해야 한다. 긍정적인 취재와는 달리 홍보 관계자의 말을 경청하려 들지 않지만, 사실과 다른 취재에 대해서는 현장 취재기자에게 조심스럽게 어필할 필요가 있다. 그리고 미심쩍은 내용에 대해서는 취재 후 곧바로 사실 확인 과정을 거쳐 유선상으로 해명하고 필요한 자료를 송부하는 등 적극적인 노력이 뒤따라야 한다.

기자도 사람이므로 실수할 수 있고 왜곡, 과장 보도를 할 수 있으므로 이를 방지하기 위해 홍보 관계자는 증빙자료를 충분히 제공하여 보도를 완화 또는 킬^{비기사화} 시킬 수 있도록 끝까지 최선을 다하여야 한다. 비판의 강도를 완화시키기 위해 사실 내용을 정확히 판단하도록 도와 기관의 입장이 충분히 담겨지도록 하는 것은 홍보 관계자의 몫이다. 설령 홍보 관계자가 전혀 감지하지 못한 상황에서 비판성 취재를 해 간것을 나중에 알았을지라도 정확한 사실 관계 및 이면의 내용을 파악하여 취재기자에게 기관의 입장을 충분히 전달하고 사실보도를 하게 함은 물론, 보도의 강도를 낮추도록 해야 한다.

8

인터뷰에는 리허설이 필요하다

먼저 긍정적 · 부정적 인터뷰인지를 파악하여 인터뷰 가부를 신속히 결정하고
사전에 질문요지를 파악한 다음 사전연습, 충분한 리허설로 리스크를 대비해야 한다.

기관장 또는 기관 관계자의 인터뷰^{대담} 요청이 왔을 때 어떻게 대처하면 좋을까. 인터뷰는 유선 또는 현장 인터뷰가 있는데, 요청이 오면 먼저 긍정적인 인터뷰냐 부정적인 인터뷰냐를 파악하는 것이 중요하다. 인터뷰는 언론사에서 대상자를 지정하는 경우가 대부분이지만 요청이 온다고 무턱대고 응할 수는 없다. 홍보 관계자는 매체의 성격과 내용에 따라 가부를 결정해야 하며, 비중에 따라 대상자를 선정해야 한다.

인터뷰는 짤막한 전화나 현장 멘트에서 일문일답의 미니 인터뷰, 대담 형태의 20~30분용 방송 인터뷰가 있으며, 매체의 성격과 특정 사안에 따라 형태가 정해진다.

먼저 신문과 잡지 등의 인터뷰다. 이 경우 특정 사안을 갖고 면대면 인터뷰를 제외하고는 대개 전화 인터뷰가 주를 이룬다. 그게 아니면 보도자료에 나와 있는 관계자의 멘트로 갈음하는 경향이 많다. 하지만 기관장과의 직접 또는 전화 인터뷰를 요청하는 경우가 있다. 전화 인터뷰

시 기관장과 연결할 사안이 아니라면 입장을 정리해서 기관장의 멘트를 홍보 관계자가 대신 전하는 방법을 택하되, 그래도 직접 통화를 원하면 사전에 인터뷰 취지 등 질문요지를 파악하여 기관장에게 멘트의 범위를 조언하고 연결한다. 무턱대고 연결하면 자칫 기자의 엉뚱한 유도질문에 실수를 할 수 있기 때문이다. 이때 녹취 등이 이루어질 수 있으므로 조심해야 한다.

이와는 달리 비중이 높은 경우 기자가 기관을 방문해서 직접 기관장 또는 관계자와의 인터뷰 요청을 하는 경우다. 긍정적이라고 판단되면 즉시 해당 기자에게 OK사인을 보내고 날짜와 시간을 정한 다음 바로 필요한 자료를 보내 질문지를 작성하는 데 참고하도록 하거나, 상대방의 양해를 구하고 기관의 입장 및 기자 시각에서 질문 사항을 먼저 작성하여 역으로 참고하도록 할 수도 있다. 이를 좋아하는 기자들도 있다. 무엇보다도 사전에 질문지를 받아 답지를 작성하여 기관장의 검토를 거친 다음 해당 기자에게 미리 송부한다. 인터뷰 당일 핵심적인 질문만 하게 함으로써 불필요한 시간 낭비를 없애기 위해서다. 인터뷰 시엔 홍보 담당자가 배석을 하게 된다. 이때 기관장이 잘못 표현한 것이라든가 기자의 유도질문_{범위를 벗어난 것 등}에 의한 부적절한 답변은 커트하거나 보완 하는 등의 노력을 기울여야 한다.

기관장이 바빠서 면대면 인터뷰가 곤란한 경우, 서면으로 대신하는 인터뷰도 있다. 특히 듣도 보도 못한 신문이나 잡지사 기자로부터 인터뷰 요청이 온다고 해서 반드시 응할 필요는 없다. 소위 영양가가 없으면 할 필요가 없다는 얘기다. 평양감사도 본인이 하기 싫으면 안 하는 법. 홍보 관계자의 판단력이 중요하다. 물론 필요할 때는 홍보 관계자가 미디어 기자를 택해 자료를 제공하고 역으로 인터뷰를 적극 요청하여 소기의 목적을 달성할 수도 있다.

　다음은 방송 인터뷰다. 공중파 등 TV와 라디오가 있고, 녹화와 현장 대담 생방송이 있다. 비중도에 따라 인터뷰 대상을 정한다. 파급효과가 큰 공중파 등은 기관장_{내용을 가장 잘 아는 사람이 해야}이 하고, 그게 아니라면 중간 관리자나 실무자가 하는 것이 좋다. 특히 비판적인 인터뷰일 경우는 가능한 한 실무자 또는 중간관리자가 하고, 얼굴이 나오지 않도록 모자이크 처리나 음성변조 등을 요구하여 최대한 기관을 보호하는 것이 필요하다.

　방송의 경우 기획물이 아닌 한 뉴스 인터뷰는 대개 12초를 넘지 않는다. 짧은 시간에 전달 내용을 함축적으로 표현하기란 쉽지 않다. 핵심 내용만 한 문장이나 두 문장으로 말해야 하므로 사전 연습이 필수다. 미리 해당 기자에게 질문 요지를 받아 답변하도록 해야 한다. 길게 한다고 해서 다 들어가는 것이 아니고 필요한 부분만 편집해서 쓰기 때문에 간결하게 핵심 요지만 밝혀야 한다. 비판기사의 경우에는 더욱더 연습이 필요하다. 부정적 답변만 따서 내보내기 때문이다.

　이와는 달리 방송사 스튜디오를 방문하거나 생방송으로 전화 대담을 할 때는 사전에 충분한 리허설을 갖고 임해야 한다. 답변 자료는 질문지에 없는 사항도 충분히 고려해 작성하는 것을 잊지 말아야 한다. 반드시 질문지대로 진행하지 않을 수도 있기 때문이다. 대개 질문 순서와 내용을 작성하는 주체는 작가나 PD이고, 진행자는 다른 사람이므로 질문지의 내용과 순서대로 묻지 않는 경우가 많고, 앞뒤로 왔다 갔다 질문하거나 예상치 못한 질문을 하는 경우에 대비하기 위해서다.

　따라서 방송 전날 실제 상황인 것처럼 시간을 재며 질문과 답변 연습을 하는 등 대담자가 내용을 완벽하게 숙지하도록 충분히 리허설을 해야 한다. 만일 녹화 방송에서 기관장의 답변 내용이 사실과 달라 그대로 방영되었을 때 시청자를 자극할 수 있는 부적절한 표현일 경우, 배석한 홍보 관계자는 다시 답변^{또는 편집시 삭제} 주문하게 하는 등의 조치를 취해야 한다.

참고로 불시에 전화나 현장 취재 인터뷰 등이 있다. 모든 취재를 드러나지 않게 물밑에서 끝내고 최종 반응 등을 들어보기 위해 홍보 관계자나 기관장 또는 소관 부서 관계자를 찾는 경우다. 고발성 프로그램 기자나 PD가 하는 경우가 많다. 취재 형태를 취해 입장이나 답변을 물어 전화로 녹취하거나 현장을 방문, 상대가 눈치 채지 못하게 소형 녹음기 등을 사용해 얻고자 하는 멘트를 따내는 형태다.

처음엔 핵심을 벗어나 가벼운 얘기부터 터치한다. 그러면서 점차 원하는 답을 유도해 나간다. 그러니 긴장을 늦춰서는 안 된다. 원칙적으로 상대의 동의가 없는 상태에서는 법적으로 녹취가 금지되어 있지만, 지방자치단체 등 공공기관이 그 대상인 경우 공인이고 주민의 알권리가 앞선다는 입장에서 이러한 행태를 취한다. '을'의 관계다. 그렇더라도 꿰맞추기식 인터뷰는 섣불리 응해서는 안 된다. 인터뷰 하기 전에 취재기자와 충분히 커뮤니케이션을 갖고 이해를 시킨 다음 기관의 입장을 반영시킬 것을 전제로 인터뷰에 응하는 것이 좋다.

대개 기관의 입장에서는 불리한 인터뷰는 하지 않으려 한다. 분명한 것은 사실 관계가 명확하고 기피해야 할 이유가 불분명한데도 회피, 뭔가 켕기는 데가 있어 안하는 인상을 주면 '뭔가가 있구나' 싶어 심층 취재의 빌미를 주어, 혹 떼려다 불똥이 엉뚱한 데로 번져 더 커지는 경우가 있다. 인터뷰 요청이 왔을 때 유·불리를 따져 적극적으로 의사를 개진, 기관의 입장을 반영함으로써 좋은 내용은 더욱 부각시키고 나쁜 내용은 진실을 갖고 당당히 대응해 나가는 자세가 필요하다. 은폐, 엄폐한다고 될 일이 아니다. 어차피 보도될 비판적 내용이라면 기자에게 사실 관계 등 기관의 입장을 충분히 설명하여 보도의 강도를 완화시키는 적극적인 노력을 해야 한다.

9

공개적인 릴리스, 기자회견과 간담회

기자회견과 간담회는 기사를 제공하고 공감대를 형성하기 위한 행위이며,
때로는 억울한 일을 소명하거나 급박한 사안이 발생했을 때 열기도 한다.

홍보 주체^{기관} 등가 미디어와의 커뮤니케이션 일환으로 흔히 이용하는
것이 기자회견^{기자설명회} 또는 간담회다. 이는 기사를 제공하고 공감대를
형성하기 위한 것이며, 특히 기관장의 역점시책 설명, 유대강화 등을
위해 주로 활용된다. 때로는 억울함을 소명하거나 급박한 사안이 발생
했을 때 열리기도 한다.

1) 기자회견

약간 비공식적 성격을 띠는 것이 간담회라면 기자회견은 공식적 · 공
개적인 릴리스 행위다. 먼저 기자회견을 하기 전에 과연 기자회견을 할
만한 내용인가를 판단해야 한다. 단순 보도자료 제공이나 간담회 등을
통해 전달할 수 있는 내용인데 굳이 기자회견을 열어 자료를 제공해야

하는지를 판단하라는 것이다. 그만큼 기자회견의 내용은 볼륨이 크고 비중이 있어야 기자들로부터 빈축을 사지 않는다.

기자회견은 특성상 기자들과 면대면 형식으로 이루어지므로 브리핑 후에 질의응답식 토론으로 이어진다. 따라서 기자회견은 통상적인 보도자료 제공에 그칠 경우 이면에 있는 내용 등이 충분히 전달되지 않아 소기의 목적을 달성할 수 없을 때 고려한다. 이를테면 기관장의 역점사업^{공약 등}, 새로운 정책 시행이나 내용이 기술적으로 복잡하거나 배경 설명이 필요한 경우, 현장감 있게 상세히 설명을 해야 할 경우, 비중이 있는 사안으로 부각시켜 꼭 보도를 해야만 하는 경우 등이다. 판단이 서지 않으면 홍보 관계자는 아는 기자에게 자문을 구할 수도 있다. 가끔 별 뉴스 가치가 없는 것을 가지고 기자회견을 남발하여 기자들로부터 외면당하는 경우가 있다.

기자회견을 하기로 내부 방침을 정했다면 그 다음 준비 사항과 체크 포인트를 알아보자. 우선 날짜와 시간을 정한다. 보통 출입처 기자단 간사나 공공기관의 경우 언론담당 부서^{간사와 동시 협의}와 협의하여 정한다. 이때 신문과 방송사의 지면이나 카메라 사정 등을 체크해 볼 필요가 있다. 그리고 사회적 이슈가 있는지를 함께 고려^{빅뉴스가 터지면 찌그러진다}하고 공공기관의 경우는 상급 단체의 주요 이슈 발표와 겹치지 않도록 일정을 잡아야 한다. 서울의 경우 각 자치구의 뉴스보다 서울시의 뉴스를 더 크게 다루기 때문이다.

회견 시간은 다음날 조간신문을 염두에 두고 오전 11시경이 좋다. 장소는 현장 브리핑이 아닌 한 기자들이 모여 있는 곳, 즉 기자실 브리핑룸에서 하는 것이 바람직하며 별도 장소로 초청할 때는 이동수단 제공 등 여건을 종합적으로 고려하여 면밀히 판단해야 한다.

일정이 잡히면 다음은 브리핑 자료 준비다. 파워포인트, 영상자료, 판넬 등 화면으로 보여 줄 시청각 자료와 서브자료를 준비한다. 브리핑 시간은 길지 않아야 한다. 보통 성격에 따라 다르지만 10~15분 정도가 적당하다. 너무 길면 효과가 반감될 수 있다. 프레젠테이션은 짧게 하고 질문과 답변 시간을 여유 있게 갖는 것이 좋다.

프리젠테이션 자료 작성의 원칙은 없지만 가능한 군더더기 없이 일목요연하게 어려운 표현전문용어 풀어 줌을 피하고 쉽게 기술한다. 이를테면 새로운 정책 시행일 경우 도입 배경→현재 실태 및 문제점→그간의 추진 경위→새로운 제도 시스템 설명→시스템을 설득력 있게 보충할 수 있는 근거법, 외국사례 등→강점예상되는 문제점→기대되는 효과 순으로 작성한다. 여기서 굳이 예상되는 문제점을 거론할 필요가 있느냐 하겠지만, 어차피 질문 등 토의에서 나올 얘기라면 아예 드러내 놓고 자신 있게 치고 나가는 것이 낫다.

파워포인트 자료 등은 당일 기자들에게 배포한다. 아울러 보도자료도 함께 보낸다. 파워포인트 등 설명 자료와는 달리 홍보 주체의 의지를 담아 기사체로 작성한다. 보도자료에는 설명자료에 담겨 있는 시스템 체계도, 사진 등을 첨부하여 기사화할 때 사용하도록 한다.

무엇보다 기자회견을 통해 효과를 극대화하려면 내용도 중요하지만 사전에 해당 기자들이 발제할 수 있도록 브리핑 할 소스를 미리 줘야 한다. 신문은 전날 오후에, 방송은 하루 전에 알려 주되, 엠바고라는 것은 없으므로 제목 등 대강의 내용을 구두로 설명이렇게 소스를 주다 보면 저녁에 써버려 다음날 아침 기사화되면 낭패를 보게 되는 경우도 있음해 주는 것이 좋다.

기자회견 직후 잘 아는 사람 또는 기관장이 매체 기자와 인터뷰를 갖는다. 그리고 기자회견이 끝났어도 회견 도중 궁금해하는 쟁점이 발생하였다면 추가 자료를 제공하여 이를 해소해야 한다. 회견 후 오찬으로 이어지는 경우라면 식사 도중 자연스럽게 질문이 이어질 수 있으므로 내용을 잘 아는 관계자를 반드시 배석시킨다.

기자회견	간담회
- 기자회견을 할 만한 내용인가 판단 - 일정 확정 / 브리핑 자료 준비 - 브리핑 소스 사전 제공 및 보충자료 제공	- 공식/비공식 간담회 - 우호적 관계형성 및 보도거리 제공 - 수위조절, 술자리 에티켓, 뒷마무리 철저

2) 간담회

간담회는 대개 홍보 주체가 원해서 하는 경우가 많으나 상대가 요청해 오는 경우도 있다. 간담회는 여러 언론사 기자들을 대상으로 하는 공식적인 경우와 특정 언론과 유대 차원의 비공식 간담회가 있다. 형식은 티타임이나 식사 등이 있다.

공식적인 간담회에서 밝힌 내용은 성격에 따라 당연히 기사화될 수 있다. 또한 의례적인 비공식 간담회에서 나온 얘기일지라도 바로 다음 날 기사화될 수 있음을 명심해야 한다. 다만 간담회 개최 성격과 주최자의 레벨, 내용에 따라 달라진다. 특히 기관장이 간담회에서 발언한 내용은 기사화될 확률이 매우 높으므로 발언 수위를 사전에 정하고 나가야 한다. 오프더레코드는 없으니 말조심을 해야 한다.

유대 형성 차원의 비공식 간담회는 하기 전에 해당 매체의 그날의 기사나 기획시리즈 등이 있으면 숙지하고 나가 대화의 소재로 풀어 나가는 것도 공감대 형성에 좋고 분위기를 격의 없이 이끌어 갈 수 있다.

기관의 최고관리자가 나가는 간담회는 가능한 뉴스가 될 만한 소스를 갖고 가는 것이 좋다. 자칫 알맹이 없는 간담회가 되기 쉽기 때문이다. 사적 성격의 간담회일지라도 기사화되지는 않지만 그날의 발언 내용이 데스크에게 보고된다는 것을 알아야 한다.

기타 홍보 관계자 등 실무선에서 상호 유대를 갖고자 식사 성격의 단순 간담회 자리가 있다. 홍보 실무자와 언론인 간에 인간적 유대를 쌓는 유일한 통로다. 평소 기삿거리를 가지고 만나다가 편한 마음으로 상호 유대를 돈독하게 쌓는 시간이기도 하다. 중요한 것은 진실되게 인간적으로 접근하고 나이 어린 기자라 하여 함부로 대하면 안 된다. 깍듯이 예의를 갖고 존중해야 하며, 간담회 자리에서 '기사 잘 써 달라'는 애기, 기자 앞에서 술 잘 먹는다는 애기, 술 취했다고 반말 투로 상대방을 깎아내리는 듯한 태도 등은 절대로 안 된다.

간담회는 보도자료 제공, 기자회견 등을 통해 밝힐 수 없는 내용을 의도적으로 흘리는 성격으로 이용하는 경우도 있다. 사안이 발생할 때마다 수시로 가질 수 있고, 신년이나 송년, 취임 100일이나 1주년 등과 같이 시점을 정해 가질 수 있다. 홍보 관계자나 기관장은 간담회를 통해 기자를 자기 사람으로 만들어 가는 인간적 유대쌓기의 장이 되어야 한다. 주의할 것은 아무리 격의 없는 간담회라도 처음과 끝이 같도록 흐트러짐이 없어야 한다. 특히 술자리를 겸한 자리는 더욱 마무리를 잘 해야 한다.

비판보도와 오보 대처방법

비판보도는 사전예방이 최고다.
비판보도 후 대응은 해당 기자와 접촉하여 사실보도 여부를 확인한다.
대 언론 관계는 다툼(송사) 이 능사가 아니다. 예방홍보 및 데미지를 최소화하는 것이 최선이다.

보도는 항상 긍정적인 것만을 기대할 수는 없다. 때론 예기치 못한 비판기사를 얻어맞을 수도 있다. 홍보 관계자가 동행하는 취재 지원 형태는 대개 긍정적인 보도 성격을 띠지만, 비판보도는 기자들의 자유로운 임의 취재 형태가 주를 이룬다. 물론 임의 취재라 해서 다 비판보도는 아니다. 비판보도는 사회적 문제로 부각될 소지가 매우 높고 홍보를 백번 잘 했어도 한방에 이미지가 추락하는 치명적인 속성을 갖고 있어 홍보 관계자를 가장 곤혹스럽게 만든다.

비판보도에는 부지불식간에 터지는 사건 사고 등 불가항력적인 것도 있지만 예고된 것도 있다. 갑작스런 사고는 몰라도 대개 사건 등 비판성 보도라도 취재 과정이 어떤 식으로든 노출될 수 있어 원천적으로 문제가 있는 것이야 어쩔 수 없겠지만 홍보 관계자가 주의를 기울이고 잘 대처하면 이를 막거나 완화시킬 수 있다. 비판기사는 시민이나 단체의 제보, 언론사 간부 등 데스크의 지시, 일선 기자의 발제 등에 의해 취재가 이루어지며 기사화된다.

　비판보도 후의 대처요령은 무엇보다도 초동대처가 중요하다. 앞서 언급한 대로 취재 단계에서 노출될 수도 있다. 조직이라면 구성원들의 언론 동향 보고 체계를 확실히 해 두면 포착이 가능하다. 소위 낌새를 알아차릴 수 있다. 물론 내용과 성격, 볼륨에 따라 달라지지만 적어도 비판기사를 쓰려면 해당 기자는 상당시간을 갖고 자료 축적을 하고 현장을 스케치하기 때문이다. 비판보도 취재 때는 홍보 관계자에게 문의하는 경우는 드물고, 해당 부서 직원에게 기자임을 밝히지 않고 우회적으로 떠본다거나 제3자를 통해 알아보는 경우가 있다. 뭔가 미심쩍다 싶으면 홍보부서에 문의하도록 시스템을 갖춰 두어야 한다.

　홍보부서에서는 문제의 내용을 정확히 파악, 예상되는 문제가 도출되면 빨리 진화하는 노력이 뒤따라야 한다. 추가 취재나 비판보도를 대비하여 명확한 사실 관계와 근거, 반박 자료를 준비해야 한다. 단서가 있다면 해당 기자를 수소문해 전화 또는 방문하여 이를 제시하고 이해를 시켜야 한다.

　물론 처음부터 모든 내용을 이실직고할 필요는 없다. 자칫 기자가 모르는 내용까지 까발려 취재를 돕는 꼴이 되면 안 되기 때문이다. 기자가 어디까지 알고 있는지 체크하여 양파껍질 벗기듯 단계적으로 접근하는 노련함을 보여야 한다. 중요한 것은 은폐, 엄폐는 의혹만 증폭시키는 결과를 가져올 수 있으므로 사실에 근거해 읍소하는 것이 오히려 바람직할 수도 있음을 알아야 한다.

　간혹 데스크에게 발제를 하지 않은 상태에서 기자 스스로 뉴스거리를 찾다가 '얘기가 되는데…' 하고 자세히 취재하는 경우도 있다. 이때는 홍보 관계자가 사실 관계를 설득력 있게 설명하거나 증빙자료를 제시하면 백지화될 수 있다. 뭔가를 감추거나 소홀히 대처하면 기자가 그리는 그림대로 부정적 기사가 될 확률이 높으므로 적극적인 대처가 필요하다.

비판보도는 우스갯소리로 보도자료, 즉 뉴스거리를 원활히 제공하지 않아도 소위 '거리'를 찾아 기자들이 두드리는 경우가 있다. 그래서 꾸준히 보도자료를 발굴 제공하는 것도 비판기사를 줄이는 처방이다. 평소 기자와 뉴스가 되든 안 되든 '거리'를 갖고 지속적인 커뮤니케이션을 갖는 것이 중요하다. 출입처 기자뿐만 아니라 사회부, 경찰서 출입기자들도 비판기사를 다룰 수 있으므로 이들과의 교감도 필요하다.

다음은 보도 후의 대응이다. 비판보도나 오보誤報가 나갔을 때 어떻게 대처할 것인가. 잘못된 보도가 나오면 홍보 관계자는 스트레스를 받는다. 이럴수록 당황하지 말고 냉정해야 한다. 이때도 초동대처를 잘 해야 한다. 빨리 진화하는 것이 중요하다. 그냥 내버려 두면 일파만파가 될 수 있다. 먼저 오보로 인한 파급력의 경중을 따져야 한다. 중요한 것은 보도 내용의 사실 여부다. 전혀 사실이 아닌 허위보도, 사실에 근거한 부분적 왜곡, 과장 보도 등을 따져 어떻게 대응할 것인지를 판단해야 한다.

오보의 종류는 여러 가지가 있다. 기사 전체, 부분적 오보, 내용은 잘못이 없으나 악의적인 제목, 딱히 제목과 기사의 잘못은 없으나 전체 뉘앙스가 억울한 편파적 오보 등이 있다. 홍보 관계자는 오보의 종류에 따라 대응 수위를 조절해야 한다. 경미한 것을 가지고 언론과 일전을 벌여 선을 그을 필요가 없다는 얘기다. 우선 오보를 접한 홍보 관계자는 '해명자료 작성→해당 기자 유선 접촉 또는 방문→데스크 유선 또는 방문' 등의 순으로 경중을 따져 단계를 밟아 나간다. 특히 특정 언론의 오보로 인해 파장이 크고 데미지가 심각하다고 판단되면 또 다른 오보 타 언론사의 기사화 방지를 막기 위해 해명자료를 전 언론사에 신속하게 배포해야 한다.

지금은 일부 몇몇 신문에 불과하지만 아직도 오후 6시 이후 광화문 지하도 근처에는 익일자 가판기사가 배포되므로 홍보 관계자는 사전에 이를 검색하여 대처해야만 독자의 손에 오보가 전달되는 것을 방지할 수 있다. 오보 시정이 여의치 않을 때는 반론기사가 함께 보도되도록 노력하여야 한다.

유형별 오보 대처 요령을 살펴보자. 전체가 오보일 경우에는 즉시 기사를 쓴 해당 기자에게 연락하여 상세히 설명하고, 받아들여지지 않으면 곧바로 데스크와 접촉하여 조치를 취한다. 그래도 반응이 신통치 않고 받아들여 주지 않으면 해당 언론사를 찾아가 직접 설명하는 노력을 편다. 그래야 다음 판부터 문제의 기사를 보완하든가 아니면 들어내고 대체 기사를 싣든가 하여 오보를 막을 수 있다.

다음으로 기사 내용 중 일부 오보는 잘못된 내용을 정중히 전달하는 노력만으로 다음 판부터 시정할 수 있다. 내용은 맞는데 악의적인 제목은 치명적이다. 독자들은 대부분 제목과 소제목을 먼저 읽기 때문이다. 제목은 편집부 기자들이 소관사항이다. 그렇더라도 편집부 기자들과 접촉하지 말고 일단 해당 기자와 상의하고 그래도 안 되면 데스크, 또는 그 윗선과 접촉을 시도하되 이때는 신중을 기해야 한다.

반면 제목은 좋은데 기사 내용이 잘못된 경우다. 자칫 제목을 고치려다 오히려 혹을 붙이는 경우가 있으므로 크게 잘못된 내용이 아니라면 그냥 넘어가는 것도 좋다.

그리고 제목과 내용 모두 허위보도는 아니나 전체 기사 내용의 뉘앙스가 편파적인 경우다. 이때는 기자의 감정 등이 개입, 주관적 시각으로 균형감을 잃고 한쪽에 치우쳐 쓴 기사로 딱히 오보가 아니라는 측면에서 대개 받아들여지지 않을 수 있다. 그렇더라도 해당 기자를 찾아가 시정하는 노력이 필요하다. 파급력이 큰 온라인상에서도 이렇게 대처해 나가면 무리가 없다.

이러한 홍보 관계자의 노력에도 억울한 비판보도를 맞았다면 다음 순서는 1차로 해당 기자 및 언론사를 상대로 정정보도나 반론보도를 요구하는 것이다. 이를 받아들이지 않을 경우에는 2차로 언론중재위에 중재신청을 한다. 무턱대고 중재신청을 하는 것은 바람직하지 않다. 이때는 사실이 아닌 부분에 대해 조목조목 근거를 제시하여 반박하고 이를 증빙하는 근거자료를 첨부한다. 필요하다면 민·형사상의 법적 책임을 묻는 소訴를 제기하는 등 모든 대응방안을 강구해야 한다. 그러나 언론과의 다툼이 능사가 아니라는 점을 항상 인식해야 한다.

11

기자, 제대로 알자

기자는 있는 그대로 진실성을 갖고 대하면 된다.
무엇이 옳고 그른지를 객관적으로 정확히 판단해서 기사화하기 때문에
굳이 은폐, 엄폐를 한다 한들 아무 소용이 없다.

1) 기자정신

앞에서 '기자란 누구인가'를 통해 기자에 대한 속성을 이해하였을 것
이다. 그럼 기자를 어떻게 이해하고 접근하며 대할 것인가. 소위 홍보
맨의 주관적 시각에서 기자를 어떻게 대할 것인지 살펴보자.

누구에게나 자기 직업에 대한 투철한 사명감이 있게 마련이다. 특히
기자는 철저히 기자정신이 요구되는 직업이다. 기자정신은 기자근성과
일맥상통한다. 기자의 근성은 여러 가지가 있겠지만 내가 느끼고 보아
온 바로는 첫째, 특종을 노린다. 둘째, 비판적 시각을 갖고 있다. 셋째,
끊임없이 의혹을 갖고 뭔가를 알아내려 한다. 넷째, 뉴스거리를 찾아
헤매고 단서를 잡으면 끝까지 파헤친다. 다섯째, 힘센 사람에겐 그렇지
않은 사람보다 '더 세게 대한다' 등이다.

한 마디로 기자는 뉴스에 목말라 있다. 그래서 늘 뉴스거리를 찾아

나선다. 특히 기자라면 한 번쯤 특종을 노린다. 그것이 비판적이든 좋은 미담 기사든 간에 말이다. 이때 비판적 시각은 기자로서 당연히 가져야 할 기본이다. 사물의 양면을 꿰뚫어 보듯, 기자는 보이는 면보다는 그 이면에 있는 무엇인가를 순간적으로 읽고 찾아내려 한다. 그러다보니 의혹에 의혹의 꼬리를 물고 끝까지 파헤치려는 탐정가와 같다. 이들은 선배들로부터 이 같은 훈련을 받으며 기자정신을 키운다.

그렇다면 이러한 기자정신을 가진 사람들을 어떻게 대할 것인가. 홍보맨의 가장 중요한 자세는 첫째, 진실을 갖고 대하라. 둘째, 기자도 우리와 똑같은 사람이라는 생각을 갖고 기피하지 마라. 셋째, 뉴스로 접근하라. 넷째, 인간적 관계를 형성하라. 다섯째, 저널리스트라는 자존심을 세워 주라. 여섯째, 맺고 끊음을 분명히 하라. 여섯째, 감사의 말을 잊지 마라, 일곱째, 떠난 기자를 소홀히 하지 마라 등이다.

홍보맨과 기자와의 관계에서 불문율처럼 하는 말이 있다. 불가근불가원不可近不可遠. 이 말은 '너무 가까이해서도 멀리해서도 안 된다' 는 것이다. 그러나 이제 이것은 진부한 옛 얘기다. 즉 요즘 시대에 기자에게 무엇을 감춘다고 해서 가려질 수 있는가. 손바닥으로 하늘을 가릴 수 없다는 얘기다. 기자를 대할 때 있는 그대로 진실성을 갖고 대하면 된다. 무엇이 옳고 그른지를 객관적으로 정확히 판단해서 기사화하기 때문에 굳이 은폐, 엄폐를 한다 한들 아무 소용이 없다. 오히려 감추면 감출수록 기자는 후벼파게 된다는 점을 명심해야 한다.

그리고 기자가 비판적 시각으로 접근한다 하여 기피해야 할 이유가 없다. 그럴수록 정확한 사실에 근거해 인간적으로 접근해야 한다. 물론 기자가 묻지도 않고 잘 모르는 내용인데 미리 매를 맞는다는 요량으로 모든 내용을 이실직고할 필요는 없다. 적절한 대처요령이 필요하다.

기자도 사람이다. 그렇기 때문에 뉴스를 갖고 기자의 시각과 입장에서 인간적으로 접근하고, 설령 어떤 사안을 파헤치려 추궁한다면 성실히 있는 그대로^{각종 근거자료} 이해시키고 설득하여야 한다.

간혹 기자가 작정하고 덤비는 경우가 있다. 기자 스스로 또는 데스크나 외압^{민원}에 의해 치고 들어오는 경우다. 이럴 때는 아무리 설명을 하고 이해를 시켜도 소용없다. 어쩔 수 없이 비판기사를 맞을 수밖에 없다. 먼저 타깃을 정하고 들어오기 때문에 어지간해서는 기사의 강도를 완화시킬 수 없다. 아무리 설명을 잘 해도 들을 때는 이해하고 기관의 입장을 헤아려 주는 듯한 인상을 주지만, 결국 취재기자는 당초 의도한 대로 기사화한다.

이때 홍보 관계자는 당황하지 말고 자신 있게 있는 그대로 진실을 밝혀야 한다. 무작정 기자의 의도대로 끌려가서는 안 된다. 해당 기자와 분명히 선을 긋고 대화를 가진 후 그 다음 취재에 임해야 한다. 그들은 처음부터 마이크와 카메라를 들이댄다. 그래서는 곤란하다. 사전 조율이 필요하다. 아니면 취재와 인터뷰 자체를 거부할 수도 있으나 그렇다고 기사화를 막을 수는 없다. 어차피 비판기사로 내보낼 경우인데 굳이 마찰을 감수하며 그럴 필요가 없다. 최대한 기관의 입장을 반영하는 노력이 필요하다.

'벼는 익을수록 고개를 숙인다'는 말처럼 노련하고 '뜬 기사' 일수록, 소위 '기자정신'을 겉으로 드러내지 않는다. 그러나 대개는 은근히 자존심을 내세우기도 한다. 따라서 기자에 대한 자존심, 즉 저널리스트라는 자존심을 세워 줄 필요도 있다. 이를 무시하면 기자의 존재가치를 꺾어 버린다는 자격지심이 들어 괘씸죄에 걸리기도 한다. 하지만 때로는 얼토당토않은 폼을 잡거나 이것저것 주문을 하는 사이비성 기자 행태를 보이는 경우가 가끔 있다. 이런 경우는 당당하고 정중하게 거부하는 등 맺고 끊는 자세가 필요하다. 특히 지자체 홍보 관계자들은 일부 지역 언론인 등에게 어쩔 수 없이 질질 끌려다니는 경우가 있다. 비판 기사 등 후환이 두려워 벙어리 냉가슴 앓듯 수세적 자세로 임하고 있다. 마음고생이 심하다는 얘기다.

이럴수록 원칙을 세워 나가고 '아닌 것은 아니다'라고 당당하게 대처해 나가야 한다. 일전전쟁이 필요하다면 불사해야 한다. 비온 뒤 땅이 더 굳어지듯 냉각기를 통해 관계를 더 낫게 형성할 수도 있다. 마냥 끌려다녀서는 여러 사람 피곤하다. 이때 해당 기자선에서 끝내는 것이 아니라 종합적으로 판단, 해당 언론사에 이러한 사실을 알리고 이해를 구하는 등 객관화할 필요가 있다. 이젠 지방자치단체와 언론이 '갑'과 '을'의 관계인 시대는 지났다. 인간적 이해를 시키는 등 홍보 관계자의 단계적 노력에 의해 얼마든지 동반자로서의 새로운 질서를 만들어 나갈 수 있다고 본다.

지금이야 그런 일이 없지만 간혹 홍보 관계자들은 촌지나 거마비를 생각하는 경우가 있다. 그래서는 한계가 있다. 자칫 버릇만 잘못 들여 관례화된다. 요즘은 많이 바뀌어 이런 것이 통하지 않는 세상이다. 모든 것이 투명하게 집행되기 때문에 그럴 수 있는 여력도 또한 없다. 건전하게 얼마든지 돈독한 관계를 맺을 수 있다. 즉 뉴스로, 인간적으로 진실을 갖고 승부를 걸어야 생명력이 길다. 기자들은 홍보 관계자의 작은 마음 씀씀이에 고마워하는 경우가 많다. 생각지도 않은 일에 성의를 보이면 감동을 줄 수 있다.

그들도 아쉬운 경우가 있다. 그때 성의있게 대해야 한다. 이를테면 기자 본인도 겸연쩍어하며 어렵사리 말을 꺼내는 경우다. 구독 확장기간이라든가 광고 등 어쩔 수 없는 상황에서 민원성 부탁을 한다. 이때는 가능한 거절하지 않고 기분 좋게 해결해 주는 요령이 필요하다. 마음에서 우러나 상대를 배려하는 성의, 그것이 바로 기자를 사로잡을 수 있는 길이다.

특히 기자가 궁금증을 갖고 물어올 때 신속하고도 시원한 해결, 기사에 목말라 있을 때 기삿거리 제공, 어렵사리 뭔가를 부탁할 때 흔쾌히 수락, 종종 잊지 않고 전화 또는 미팅 등을 갖는 자세가 필요하다. 또 친분 있는 기자의 기사를 보고 관심을 표명하는 것도 필요하며, 원하는 기사가 났을 경우 반드시 전화를 걸어 감사 표시를 하는 것도 잊어서는 안 된다.

무엇보다도 기자는 뉴스가 되는 소스를 제공하는 것을 가장 좋아한다는 점과, 기자도 사람이므로 진실을 갖고 인간적으로 접근하라는 점을 다시 한번 강조한다.

기자정신	기자도 인간이다
- 특종을 노린다. - 비판적 시각이다. - 뭔가를 알아내려 한다. - 단서를 잡으면 끝까지 파헤친다. - 힘센 척하면 세게 대한다.	- 진실을 갖고 인간적으로 대하라. - 뉴스로 접근하라. - 저널리스트라는 자존심을 세워 줘라. - 맺고 끊음을 분명히 하라. - 고마우면 반드시 감사의 인사를 하라. - 떠난 기자를 소홀히 하지 마라.

2) 이런 사람이 사이비 기자다

홍보 업무를 하다 보면 겉으로는 기자 같아 보이는데 그들의 보편적 행태를 크게 벗어나는 사이비 기자를 접하게 된다. 홍보 관계자들은 이런 사람들로부터 시달림을 당하면서 이러지도 저러지도 못하고 끙끙 앓는 경우가 많다.

사이비 기자는 두 가지 유형으로 분류된다. 첫째, 겉으로는 분명히 기자임에도 실제로는 기자의 본분을 망각하고 있어 기자라고 볼 수 없는 사람, 둘째, 아예 기자도 아니면서 기자를 사칭하며 기자 행세를 하는 사람이다. 언론전문지 〈미디어 오늘〉 2001년 5월 24일자 사설에서 사이비 기자를 △권력과 금력에 결탁한 자, △언론을 돈벌이로 이용하는 자, △촌지와 향응을 탐닉하는 자, △진실 · 정의 · 양심에 위배된 기사를 작성하는 자 등으로 정의하였다. 사이비 기자란 한 마디로 '기자윤리강령을 저버린 자' 다.

중앙 매체나 지방의 유력 일간지와는 달리 영세한 일부 지역 언론은 사실 기자윤리강령을 외면할 수밖에 없는 처지다. 다 그런 것은 아니지만 이러다 보니 군소 지역의 언론사 사주나 기자들이 이러한 행태를 보이는 경우가 있다. 서울의 경우 서울 및 수도권을 취재권역으로 하는 일간지 형태의 광역 로컬지와 자치구나 인근 2~3개 구를 취재권역으로 하는 주간 형태의 지역신문 80여 개를 포함, 전국을 상대로 하는 특수 일간 및 주간 신문 등 1백여 개가 넘는 언론이 난립해 있다.

전국적으로는 헤아릴 수 없이 많다. 한정된 시장에서 흑자를 내며 건전하게 지역 언론을 운영하기란 그리 쉬운 일은 아니다. 그래서 때론 비정상적 방법으로 생존 방법을 찾을 수밖에 없다. 최근 언론보도를 통해 알 수 있듯 아직도 일부 사이비 언론사, 사이비 기자가 엄연히 존재하고 있는 것이 현실이다. 물론 어려운 여건에서도 건전하게 정도의 길을 걷고 있는 언론도 있지만 말이다.

내가 경험한 사이비 기자와 사이비 언론사의 행태를 예로 들면, 먼저 고압적이다. 거드름을 핀다. 한 마디로 '내가 기자인데' 라는 폼을 있는 대로 잡는다. 실무자는 상대하려 하지 않고 최고관리자나 윗선을 찾는다. 명함에 최소한 ○○부장 등 고위직 타이틀을 넣는 경향이 많다. 유력인사를 들먹인다든가 기관장을 거론하며 잘 안다는 식으로 접근한다. 편파 왜곡 보도를 일삼는다. 듣도 보도 못한 언론사의 공문을 들고 와서 처음부터 구독 얘기를 꺼낸다. 유료 신문임에도 수년간 무료로 투입한다. 그런 후 일정기간이 지난 후 구독을 강요한다.

그리고 전화로 다짜고짜 '공공기관에서 법을 어기면 됩니까' 등 협박성 선제공격으로 기선을 제압하려 한다. 처음 보는 사이인데도 반말을 섞으며 뒷말을 잘라 말한다. 이곳저곳 다니며 쓸데없는 정보를 수집해 은근히 흘리고 다닌다. 기사는 한 줄도 안 쓰면서 카메라를 메고 취재현장을 바삐 다닌다. 실무부서나 홍보파트를 제쳐두고 기관장실에 가 기관장 면담을 요구한다. 자신의 이름으로 기사를 쓰지 않고 비실명으로 보도한다.

또 기관이 원하지도 않는데 소위 공짜 광고인 '대포광고'를 내주겠다고 접근한다. 다른 기관은 기관장 동정 등 보도자료를 다 보내오는데 왜 여기만 보내지 않느냐며 크게 선심이라도 쓰는 양 위세를 부린다. 자신의 생각대로 안 되면 비판기사를 통해 길들이기를 시도하기도 한다. 뜻대로 안 되면 '선넌선' 운운하고 으름상을 놓으며 협박한다.

환경이나 건축분야 등 현장에 나가 '취재를 하고 있는데 문제가 있다'며 전화를 걸어 큰소리친다. 자신의 언론사에 기사가 제보되었는데 기사화되면 시끄러울 것 같다며, 기자와의 이해관계가 있는 민원임에도 기자 신분을 이용해 무마하려 든다.

부탁도 하지 않은 기사를 써 주고 반드시 전화를 걸어 생색을 내며 거드름을 피운다. 기관장 인터뷰 요구를 하며 접근하여 기사를 내보낸 후 정기구독 또는 광고 등을 은근히 강요한다. '자신이 쓴 기사를 왜 스크랩하지 않느냐'며 화를 내거나, '기관장에게 보고가 되었느냐'며 따진다. 홍보 관계자 또는 출입처 직원들에게 돈을 꾸고 갚지 않는다. 취재하려면 비용이 든다며 거마비 운운한다. 친분도 없는데 처음부터 향응 등을 은근히 내비친다.

자신이 있는 신문사의 잡지에 기관의 의사와 관계없이 게재 후 구독할 것을 압박한다. 기자가 기사로 말하면 될 일을 '기사화하겠다'며 흘리면서 은근히 협박한다. 기사를 좋게 써 주겠다고 접근하며 향응을 요구하는 뉘앙스를 풍긴다. 기사화되는 것을 무마하겠다며 경비가 필요하다는 식으로 돈을 요구한다. 신문사 대표가 각종 이권에 개입하거나 보도 유무를 전제로 압력을 행사한다.

이외에도 사이비 언론 및 기자에 대한 사례가 많다. 그것을 한 마디로 종합하면 사이비 기자는 '기자의 본분을 망각하고 기자로서 하지 말아야 할 일을 사사로움에 눈이 어두운 나머지 도덕적으로 거리낌 없이 행하며 자신의 잇속을 채우려 한다.'

다음은 내가 실제로 경험한 사례다.

언젠가 나이든 기자분이 출입하게 되었다며 찾아왔다. 직함도 부사장인가로 되어 있었다. 처음 방문한 그는 구청장 동정과 보도자료를 팩스로 보내 줄 것을 요구했다. 또한 대포광고를 내주겠다며 선심을 쓰는 척했다. 한 마디로 잘라 말했다.

"요즘 어느 시대인데 자료를 팩스로 보내느냐. 모든 보도자료는 홈페이지 보도자료실에 있으니 뉴스거리가 되면 알아서 기사화하면 된다.

온라인 시대다. 우리는 기사화되고 안 되고에 일희일비하지 않는다. 그리고 대포광고를 내주면 그 다음에는 인정상 돈을 주고 광고를 해야 하지 않느냐. 그런 것 원치 않는다. 또한 이러이러한 신문 외에는 아예 스크린 자체를 하지 않는다.”

그러자 당황하는 기색이 역력했다. 대부분의 홍보맨들은 기자에게 공손하게 대한다. 그 기자는 다른 기관의 홍보 관계자들에게 하던 방식대로 내게 접근했으나 먹히지 않는다는 것을 느꼈을 것이다. 목적은 신문 구독과 광고 유치다. 다음에는 어떻게 나올지 모를 일이지만….

이후 그는 관계를 트려고 수차례 출입했으나 별 진전이 없자 내게 앙심을 품고 ‘기자수첩’란을 통해 보복기사를 썼다. 제목은 ‘구청장의 눈과 귀를 막는 ○모 공보팀장’이란 제하에 인격적 모욕을 가하는 등 사실과 다른 보복성 기사였다. 그리고 기사가 난 신문을 기관장에게 등기우편으로 발송하는 꼼수를 보였다. 나를 공보팀장 자리에서 끌어내리겠다는 의도로 해코지를 한 셈이다.

그러기를 두 차례. 해당 기자와 통화를 하였다. 아니나 다를까 “어디 그 자리에 얼마나 버티는지 두고 보겠다”며 협박을 하였다. 내가 볼 때 그는 사이비 기자였다. 그렇지만 나이도 있고 해서 그냥 접으려 했으나 한 번도 아니고 수차례에 걸쳐 사실과 다르게 악의적인 보도를 하고 게다가 기관장에게 보낸 신문 상단에 ‘몇 면 관련기사 있음’이라고 굵은 사인펜으로 적어 보내는 등 불쾌하기 짝이 없었다.

이쯤 되면 대개의 홍보맨은 움찔하게 된다. 사실 관계야 어찌 되었든 무엇을 얼마나 잘못해서 이런가 하고 주위를 의식하기 때문이다. 안 되겠다 싶어 기관장에게 ‘그냥 놔둬서는 안 되겠다며 허위 및 명예훼손 여부를 검토하겠다’고 보고했다. 이어 채증에 들어갔다. 지난번 전화로 내게 협박한 내용을 다시 반복해서 말하도록 유도하는 통화를 하였다. 물론 녹취를 하였다. 협박이므로 사전양해가 필요없었다. 그간의 행태와 협박근거를 준비하여 해당 언론사 편집국장을 방문, 이러한 사실을 따져 묻고 법적 제재를 가하려는 의도에서였다.

그러던 차에 경찰서 정보과 형사가 '괴롭히는 기자가 없느냐' 며 물었다. 시기적으로 정부가 새로 들어서 사이비 기자에 대한 정보 수집을 하고 있는 중이었다. 당연히 문제의 해당 기자에 대해 소스를 제공했다. 얼마 후 해당 기자의 거주지 경찰서에서 연락이 와 처벌을 원하느냐고 물었다. 답변을 며칠 뒤로 미루고 이러한 사실을 기자들에게 흘렸다. 그후 그 기자는 더 이상 나타나지 않았고 아예 꼬리를 감췄다. 이것으로 소기의 성과를 거둔 것이라 생각하고 없었던 일로 처리하였다.

물론 신문과 사건일지 등 관련 근거는 잘 보관해 두었다. 혹시라도 나중에 또 문제의 기사를 쓴다든가 하면 한데 묶어 근거자료로 제시하기 위해서다. 이처럼 사이비 기자는 기자 신분을 우월적으로 판단하여 자신이 마치 '갑' 의 입장인 양 착각, 편파 왜곡 보도를 일삼으며 업체나 기관의 홍보 관계자를 괴롭힌다. 이들은 소위 '손본다' 는 식의 기사를 쓸 경우, 정확한 사실을 근거로 하기보다는 소위 소설을 쓰는 경향이 많다.

사이비성 기자와의 관계에서 '좋은 게 좋다' 는 식은 곤란하다. 정도를 벗어났다 싶으면 따질 것은 따져야 한다. 대개의 홍보맨은 '어디 무서워서 피하나, 더러우니 접자' 며 그냥 귀찮고 신경 쓰고 싶지 않아 외면해 버린다. 이런 자세는 기자에게 기사를 부탁해야 하는 홍보 관계자를 약자로 보고 더욱 접근의 강도를 높여 나갈 것이므로 되레 혹을 키우는 꼴이 된다.

어차피 인격적으로나 기자로서의 행태가 잘못되었다면 선을 긋는 대담함이 필요하다. 그렇지 않으면 사이비 기자와 악순환이 이어지며 상대는 더욱 기고만장해진다. 불편부당한 요구를 거절하지 못하고 응하다 보면 한번 길들여진 관계는 끊을 수 없게 된다. 그러니 끊을 것은 끊고, 응할 것은 응하는 강단 있는 당당한 자세가 필요하다. 그렇다고 기자와의 관계에서 늘 대립각을 세울 필요는 없다.

다만 사이비성 기자가 사실 보도를 하지 않았을 때는 항상 법적 다툼을 각오하고 임해야만 한다. 여기서 홍보 관계자는 약점을 잡힐 만한 행동 등 빌미를 줘서는 절대 안 된다. 홍보맨은 첫째, 기자와 뉴스를 연결고리로 이어지며, 그 다음 시간을 갖고 인간관계를 맺어야 한다. 그렇다고 질질 끌려다녀서는 안 된다.

이젠 시대가 많이 변했다. 제대로 된 기자라면 기사로써 말해야 한다. 기자와 홍보맨은 '갑'과 '을'의 관계가 아니라 뉴스원과 취재기자라는 상호 동등한 협력관계다. 이러한 건전한 관계를 형성하는 데는 홍보 관계자도 그 한 축임을 잊지 않았으면 한다. 그럴 때 사이비 기자는 설 자리를 잃게 될 것이다.

위기관리에는 왕도^{王道}가 없다

늘 리스크를 최소화하려는 시스템을 갖추고 상황 발생시 최선을 다해 노력하는 것이 중요하다.
특히 홍보 관계자의 노련하고 소신 있는 판단력과 순발력이 필요하다.

홍보맨에게 위기관리야말로 매우 중요한 필수 항목이다. 위기관리는 사건 사고가 벌어지기 전 단계인 사전대처가 있고, 상황 발생 직후인 사후관리가 있다. 앞서 비판보도 대처요령에서 언급한 바와 같이 조짐이 있을 때, 즉 취재단계에서의 초동대처가 위기관리의 관건이 된다. 평소 교육훈련 등을 통해 상시 위기관리 시스템을 가동하는 것이 좋다.

사전대처는 신속 정확하게 이루어져야 한다. 머뭇거리는 사이에 상황은 종료되고 만다. 동향 보고 체계가 그만큼 중요하다. 홍보 관계자는 신속하게 사건 개황을 파악하여 대처 여부와 수위를 판단한다. 즉시 해명자료를 작성, 더 이상 왜곡 보도의 파급을 막고 불필요한 추측성 전파를 차단시켜야 한다.

사건 직후의 위기대처는 미처 사전단계에서 드러나지 않은 비판거리 등 예상되는 문제점을 정밀 분석, 파악하여 이를 제거하는 노력이 필요하다. 즉 진화된 줄 알았던 불씨가 다시 살아나 새로운 뉴스가 가중돼 나타나는 것을 방지하는 데 초점이 맞춰져야 한다. 또한 사실을 정확히 인정하고 사후 노력하는 후속조치 발표 등이 필요하다. 이때 홍보 관계자는 정보를 감추거나 과장해서는 안 되며 철저하고 정확한 자료 수집과 대응논리로 무장, 당황하지 말고 의연하게 대처해야 한다.

급작스런 비상상황이 발생했을 때의 대처요령이다. 첫째, 모든 관련 자료를 빠짐없이 수집한다. 둘째, 정보 제공은 하나의 창구로 단일화한다. 셋째, 사실 관계를 수시로 체크, 중간중간 주요 상황 변화를 언론사에 제공한다. 넷째, 언론인의 문의에 대한 답변은 홍보 관계자^{대변인}가 하고 기자가 접근할 수 있는 관련 대상자를 찾아 사전에 인터뷰 훈련을 시킨다. 다섯째, 불리한 뉴스라도 정확히 전달해 주고 상황 설명을 해준다. 여섯째, 보도상황을 시시각각 잘못된 보도는 신속하게 바로잡는다. 일곱째, 사건의 모든 상황을 채증^{문서, 사진, 비디오 촬영 등}하여 향후 법적 대응 등에 대비한다.

위기관리에는 왕도가 없다. 늘 리스크를 최소화하려는 시스템을 갖추고 상황 발생시 최선을 다해 노력하는 것이 중요하다. '될 대로 되라' '한계가 있다'는 식의 소극적이고 방관자적인 자세는 호미로 막을 것을 가래로도 막지 못한다. 무엇보다도 비상상황 시 홍보 관계자는 정확한 정보가 적기에 대중에게 전달될 수 있도록 하는 한편, 사태의 정확한 자료와 상황을 파악하여 최고관리자에게 판단의 여지를 주는 등 핫라인 관계를 유지하여야 한다. 무엇보다도 위기를 슬기롭게 대처해 나가려면 친분 있는 언론인 등의 자문과 특히 홍보 관계자의 노련하고 소신 있는 판단력과 순발력이 필요하다.

여론조사 ^{Feed Back}, 홍보의 완성이다

홍보에서 간과하기 쉬운 여론조사, 즉 리서치를 통한 피드백 과정은 자신의 얼굴을
거울에 비춰 보는 것과 같이 매우 중요한 요소다. 리서치를 통한 정책 반영이 홍보의 최종 완성이다.

여론 ^{Public Opinion}은 무엇인가. 말 그대로 여론은 대다수 사람들이 갖고
있는 생각, 공중 _{公衆}의 의견이다. 즉 사전적 의미로 '사회구성원 전원에
관계되는 일에 대해서 사회적으로 제시되는 각종 의견 중 대다수의
지지를 받고 있다고 인정되는 의견'이다. 이러한 여론은 고여 있는
물이 아니라 망망대해를 향해 흐르는 강물과 같아 시시각각으로 변할
수 있다.

홍보에서 여론 청취는 상호 커뮤니케이션을 위해 반드시 필요하다.
일방향의 일방적 전달은 홍보가 아닌 공보의 기능이기 때문에 적어도
쌍방향의 홍보를 제대로 하려면 수시로 변하는 여론 청취를 게을리해
서는 안 된다.

이러한 여론을 파악하기 위해 홍보맨은 여론조사 ^{Feed Back} 등 여러 형
태의 리서치를 실시한다. 여론조사는 사회구성원이 각종 사회적 문제
나 정책, 쟁점 ^{issue} 등에 관하여 가지고 있는 신조 _{信條}, 견해, 태도, 의향

등을 밝히려는 목적에서 행하는 사회조사다. 특히 홍보에서 여론조사는 정책 또는 물건을 소비자인 시민들에게 내놓은 후 반드시 그 반향을 체크, 정책에 반영하여 시행착오를 줄여야 하므로 꼭 필요하다.

정부가 새로운 정책을 국민들에게 발표하고 시행하려면 반드시 시행 전, 시행 중, 시행 후 성과 등 단계적으로 리서치를 통한 피드백 과정을 거쳐야만 한다. 마치 기업이 신제품을 출시할 때 반드시 파일럿 시험^{Pilot test}을 통해 반응을 보고 그에 대한 문제점 등을 보완하는 과정을 거쳐 대량생산에 들어가며, 이후 고객 등 시장의 반응을 체크하여 보완, 발전시켜 나가는 과정과 비슷하다.

이러한 일련의 과정에서 반드시 공중의 의견을 체크하고, 필요하다면 여론조사를 실시하여야 한다. 여론조사 시점은 정책을 시행하기 전과 후로 나뉜다. 조사방법은 과학적 조사 방법과 간단한 의견 청취 등의 비과학적 방법이 있다. 최근에는 전화로 의견을 묻는 ARS 설문조사가 주를 이룬다.

홍보에서 여론조사의 주된 목적은, 앞서 언급했듯이 정책이란 상품을 내놓으면 이에 대한 문제점 등 장단점을 파악하고, 수혜자인 국민들의 눈높이에 맞는 상품인가를 파악하기 위함이다. 또 리스크가 있다면 이를 철저히 분석해 사전에 예방하고 바로잡아 정책에 반영, 보다 나은 정책 실현을 하려는 데 있다.

다시 말해 여론조사 없는 홍보는 메아리 없는 산과 같고 나홀로 질주일 뿐이다. 이를테면 공공기관이 주민들의 실생활과 연계된 정책을 수립하고자 한다면 사안에 따라 사전에 여론을 들어볼 필요가 있으며, 결정된 정책을 언론에 배포하여 기사화되었다면 홍보 관계자는 반드시 시민 고객의 반응을 체크해야 한다.

사안에 따라 사전, 사후 등 단계적 리서치가 필요하다. 오피니언 리더를 대상으로 한 의견 청취와 비용을 들여 리서치 기관에 의뢰해 실시하는 여론조사 방법이 있다. 성격이나 필요에 따라 수시로 실시할 수 있으며, 단체장의 성과를 간접적으로 가늠하기 위해 1년 단위로 성과^{선거법 위반 안 되게} 등을 담아 정기적으로 조사를 할 수도 있다.

여론조사 설문 내용은 현재의 문제점을 파악하는 것은 물론 향후 미래를 예측하고 가늠할 수 있는 내용이 포함되도록 한다. 예를 들어 민선 지자체에서 정책 시행에 대한 성공 여부를 판단하고자 한다면, 설문 항목의 방향 설정에 따라 문제점은 물론 단체장의 인기 등 지지도나 향후 예측까지도 가늠할 수 있는 여론조사를 실시할 수 있다. 이를 통해 정책 궤도 수정, 보완, 변경 등 올바른 방향제시가 이루어진다.

홍보 관계자가 먼저 보도자료를 배포하기 전에 미디어 관계자 등 전문가의 의견을 청취하는 것도 일종의 리서치다. 홍보맨은 기사화된 이후 독자 또는 공중으로부터 걸려오는 항의, 칭찬, 격려의 전화도 매우 중요한 리서치 기능이므로 항상 귀를 열고 여론을 수렴하여 이를 정책에 반영하여야 한다.

뉴스를 던져 놓고^{팔아먹고} 손을 놓으면 안 된다. 한 마디로 생산라인^{단위부서}에서 넘어온 제품을 포장^{홍보부서}해서 완제품으로 만들어 중간도매상^{기자}에게 넘기면 소비자^{국민}에게 물건이 팔려나간 이후 반드시 고객의 반응을 체크^{여론조사}하여야 한다.

이러한 과정을 통해 소비자의 입맛을 제대로 간파하였는지를 따져 보고 고객의 눈높이에 맞는 맞춤형 제품을 내놓아야만 시민^{소비자}으로부터 외면당하지 않으며 지속적인 생명력을 유지할 수 있다.

홍보에서 간과하기 쉬운 여론조사, 즉 리서치를 통한 피드백 과정은 자신의 얼굴을 거울에 비춰 보는 것과 같이 매우 중요한 요소다. 리서치를 통한 정책 반영이 홍보의 최종 완성이다.

제4장

비하인드 스토리에 담긴
홍보 테크닉

1

하수관 탐사 로봇 소매치기 검거 (?)

빅뉴스는 마감시간과 무관하다. 하지만 그 자료가 뉴스 가치를 지녔다면
누군가에 의해 뉴스화될 수 있다는 판단을 해야 한다.

언론사 마감 시간은 대개 조간신문은 오후 6시경, 방송은 9시 뉴스의 경우 수 시간최소 취재 시간 포함 전이다. 사건 사고를 제외하고 시간을 다투지 않는 것이라면 하루 정도 여유를 둬야 한다. 그러나 빅뉴스는 마감시간이 없다. 뉴스 밸류에 따라 방송의 경우 뉴스 진행 중에 자막으로라도 나갈 수 있으며, 그 다음 뉴스시간에 내보낸다. 신문도 편집이 끝나 마지막 판을 인쇄하기 직전까지 완성된 기사라면 들어갈 수 있다.

홍보 관계자들은 '오늘은 이미 마감되었으니 다음날 자료를 보내지' 하고 지레 짐을 수도 있다. 하지민 그 자료기 뉴스 가치를 지녔디먼 누군가에 의해 뉴스화될 수 있다는 판단을 해야 한다. 즉 홍보맨이 오후 늦은 시각에 뉴스를 접했는데 제3자가 취재 중임을 알았다면아무도 취재하지 않았으면 몰라도 즉각 사실 검증바쁘다 보면 사실이 아닌 내용을 기술을 거친 후 신속하게 보도자료를 작성한 다음 보도 요청을 해야 한다. 타이밍을 놓치면 버스 지나간 뒤에 손 흔드는 격이 되어 뉴스로서의 가치를 잃어버린다.

중요한 것은 다른 사람에 의해 뉴스가 전해져 취재를 해 가면 홍보 관계자가 의도한 방향과 전혀 다르게 기사화될 수 있다는 점이다. 특히 지자체에서 생산된 뉴스는 아니지만 유관된 경우, 제3자가 주어가 되어 보도될 수 있다. 이럴 경우 지자체에서 한 역할이 있는데도 불구하고 쏙 빠진 채 제3자 얘기만 다루면 얼마나 억울한가. 늦더라도 끝까지 지자체 중심의 자료를 만들어 별도로 자료를 보내고 해당 기자들에게 강조해서 설명하는 것이 매우 중요하다.

빅뉴스는 아니지만 이미 마감되어 보도된 사안을 보완하고 바로잡은 사례가 있다.

초겨울 어느 날, 모 종합병원에서 대기 중인 환자가 손가방을 날치기 당하는 사건이 발생했다. 그런데 달아나던 범인이 뒤쫓는 시민들을 피해 막다른 상황이 되자 직경 1미터의 하수구관 안으로 들어가 버렸다. 이를 본 시민들은 경찰에 신고를 했고, 출동한 경찰은 하수구 속 범인을 입구에서 마냥 기다려야만 하는 상황이 발생했다.

범인이 다른 하수관을 통해 도망칠 것을 우려한 경찰은 관할구청에 하수관 배치 도면을 요청했다. 이때 구청 해당 부서는 도면과 함께 보유하고 있던 하수관로 탐사 로봇을 가지고 나갔다. 로봇을 하수관에 투입, 여러 갈래의 관 내부를 들여다본 결과 차디찬 물 속에 웅크리고 앉아 있는 범인의 모습을 모니터를 통해 확인하였고, 해당 지점 하수관 뚜껑을 열고 범인을 검거하였다. 하마터면 날씨가 추워 범인이 다른 하수구를 통해 달아나지 못한다면 동사하거나 하는 만약의 사고를 로봇이 해결해 낸 것이다. 단연 이날 범인 검거에 결정적 역할을 한 수훈감은 하수관 로봇이었다.

오후 5시경, 기관장이 한 장의 동향 보고 자료를 보여 주며 '이거

뉴스 되겠네' 하는 것이었다. 제목만 봐도 뉴스가 되었다. 자료를 받아 들고 사무실로 와 바로 해당 부서에 전화했다. 내용을 알 만한 직원이 없었다. 경찰에 전화해 전체를 스케치하는 것이 빠르겠다고 판단, 경찰 정보과 직원을 통해 범인을 검거한, 즉 사건경위를 설명해 줄 사람을 찾았다. 지구대 아무개 경찰과 연결이 되었다. 내용을 듣다보니 이미 경찰서 출입기자들이 취재해 갔단다. 아뿔싸! 너무 늦었다는 생각이 들었다. 이렇게 되면 경찰발^{사회부}로만 뉴스가 나가 구청 소유 로봇 이야기는 쏙 빠질 것이기 때문이다. 사실 범인을 잡는 데 일등공신은 ○○구가 보유한 하수관로 탐사 내시경 로봇인데….

'어떻게든 믹스^{경찰발+구청발} 보도가 나가야 하는데' 하며 부랴부랴 보도자료를 작성했다. 그러면서 시청 연합뉴스 기자에게 이 사실을 전화로 알렸다. 대개 연합뉴스 기자들은 가판기사를 체크하고 나서 철수하지만, 혹시 기자실을 떠날 수 있다는 생각에 일단 전화로 소스를 주었다. 그래도 출입기자가 우리 입장을 전달해 믹스된 보도가 나오게 하기 위해서다. 자칫 구청의 로봇이 기여한 뉴스가 빠지고 경찰이 범인을 잡은 내용만 보도되면 허사이기 때문이다.

이미 경찰서 출입기자들이 취재했다면 분명 경찰발로 처리될 것이고, 지자체에서 운영중인 로봇이 범인을 검거했다는 언급은 전혀 없을 수도 있기에 서둘렀다. 정황을 취재하고 자료 작성을 미치니 오후 6시 30분. 맨 먼저 연합뉴스에 로봇 사진과 함께 메일을 전송했다. 이어 다른 신문과 방송사 기자들에게도 보냈다. 그리고 일일이 전화를 걸어 로봇을 강조하며 추가 설명을 했다.

하지만 방송 쪽은 자료를 보낸 시간이 너무 늦어서 다루지 못하거나 설령 다루더라도 경찰발 내용만 나올 것으로 예상됐다. 구가 이미 확보한 로봇 관련 영상화면을 보냈지만 편집을 끝냈을 거라는 생각이 들었다. 8시와 9시 메인뉴스에 이날의 사건이 보도되었다. 예상대로 내가 보낸 영상화면을 써먹으면서 어느 방송사는 화면제공을 ○○구가 아닌 ○○경찰서로 내보냈는가 하면, 마치 경찰서 소유 장비를 투입해 범인을 검거한 것처럼 지자체 내용은 단 한 마디도 없었다. 물론 방송 뉴스 시간에 쫓기다 보니 지자체의 내용은 없고 당초 올라간 경찰발 성격의 사건 중심으로만 다뤘기 때문일 수도 있다.

억울했다. 게다가 지자체의 장비로 범인을 검거하였는데도 오히려 마치 경찰 소유 로봇인 것처럼 둔갑해 버린 어처구니없는 뉴스가 나왔으니. 그래도 다행인 것은 신문보도는 지자체에서 기여한 내용을 2/3 정도 다뤄 주었다. 그건 홍보팀에서 작성한 자료를 보내고 설명을 했기 때문이지만, 중요한 것은 신문의 경우 방송과는 달리 뉴스에 따라 마감시간이 여유가 있었던 것. 무엇보다 각 매체에 뉴스를 제공하는 연합뉴스에는 노력한 만큼 당초 의도대로 정확히 보도되었다. 이는 내가 시청 출입기자에게 보낸 자료를 경찰 출입기자에게 '센터링' 했기 때문에 가능했다.

이와 같이 홍보 담당자는 자료를 보냈다 해서 손 놓고 있으면 안 된다. 반드시 확인 작업이 필요하다. 연합뉴스에서 경찰발로 기사화되면 분명히 지자체 내용이 묻혀 버릴 것을 예상하고 연합뉴스 기자에게 다시 전화해 진행사항을 체크하면서 재차 강조하는 확인전화를 수차례 하였다. 그 결과 다음날 조간신문에는 지자체의 내용이 상당부분 보도되었다. 이것은 밤 10시에 일일이 뉴스를 검색해 잘못 다룬 내용이 있는가를 살펴 해당 언론사 사회부 또는 편집부^{당직자가 있음}로 전화하여 바로 잡도록 요청하였기 때문이다.

아울러 방송사에도 이미 메인뉴스에서 다뤘지만 다음날 아침뉴스를 대비해 시정 조치해 줄 것을 밤 11시 넘어서까지 일일이 건의하였다. 아침뉴스와 신문보도에서 나름대로 성과를 거둬 노력한 보람을 느낄 수 있었다. 홍보 담당자는 시정조치를 할 수 있는 데까지 노력을 하여야 한다.

이날의 사례에서 홍보 담당자는 뉴스 마감 시간이 지났다는 고정관념을 버려야 한다는 것을 깨달았다. 물론 뉴스가 범인 잡은 것에 초점이 맞춰지다 보니 그럴 수밖에 없었고, 특히 경찰이 ○○구청에서 지원된 로봇이라고 강조했을 리 없기 때문에 처음에 이 같은 결과가 나왔다고 본다. 아마도 마감시간을 의식해 그까짓 로봇이 구청 소유라는 얘기가 나오지 않는다고 뭐 대수냐 생각하고 그냥 지나쳐 버릴 수 있다. 하지만 구청이 수질 환경을 개선하기 위해 로봇까지 운영한다는 것을 시민들에게 간접 홍보할 수 있으며, 이로 인해 행정에 대한 신뢰를 쌓을 수 있다는 것 때문에 늦은 밤까지 고생한 것이다.

신문은 밤 11시경 이때도 기자들로부터 조간 기사에 대한 보강 취재 전화를 받는다 에도, 즉 최종판을 인쇄하기 이전 수정과 편집이 가능한 시간대라면 얼마든지 보완 또는 뉴스화될 수 있다. 방송의 경우도 마찬가지다. 다만 방송 특성상 8시 뉴스는 오후 1시 정도에는 소스가 가야 한다. 현장 취재시간 등을 감안해 볼 때 그렇다.

그러나 엄밀히 따지면 신문이든 방송이든 빅뉴스는 마감시간이 없다는 것이다. 새벽 1시에 발생했어도 다음날 아침 일찍 기사화될 수 있기 때문이다. 따라서 홍보맨은 뉴스가 있으면 이를 바로 자료화하여 언론에 제공해야 한다. 빅뉴스의 경우는 더욱 그렇다. 타이밍이 홍보의 생명이다.

2
고구마밭 이야기

현장 확인 없이 자료화하며 망신당한 이야기다.
자칫 이런 자료를 내보냈다가는 비판기사를 세계 얻어 맞을 수 있다.

가을쯤으로 기억된다. 일선 동사무소^{현 주민자치센터}에서 보도자료가 올라왔는데, 유치원 원아들이 고구마밭에서 '고구마 캐기 대회'를 연다는 것. 200평 되는 텃밭에서 주민들과 함께 유치원생, 그리고 학부모들이 심은 고구마를 캔다는 내용이었다. 도시 아이들이 그것도 자신들이 심은 고구마를 캔다니…, 그림과 내용이 되었다. 고사리손으로 고구마를 캐는 모습 등.

동장과 통화를 하였다. 자료 내용대로 그렇단다. 일단 신뢰가 가는 분이라서 믿고 방송과 사진용으로 작성하여 자료를 배포했다. 그런데 이게 웬일인가. 취재 온 KBS 기자에게서 전화가 왔다. 다짜고짜 "지금 장난하는 겁니까?"하고 화를 냈다. 순간 '그림이 안 되는구나'라는 생각이 머리를 스쳤다. 기자는 "모포 몇 장 펼쳐 놓으면 딱 맞는다"며 "고구마밭 면적이 어른 몇 사람 들어서면 꽉 차겠다"고 했다.

상상을 해 봤다. 손바닥만한 면적에 사람들이 꽉 차니 사진을 찍을 수 없었을 것이다. 아마도 당일 취재 지원을 후배가 아닌 내가 나갔더라면 황당한 일이 벌어졌을지도 모른다. 현장 확인 없이 자료화하여 제공한 것이 문제였다. 이를 믿고 취재 나온 기자에게 망신을 당한 것. 결국 취재를 하지 못하고 떠났다.

사실 방송의 경우 멀리서 차량과 카메라 등 최소 3명의 인원이 한 조가 되어 움직인다. 실수를 한 것이다. 다행히 친한 기자라서 적정선에서 넘어갔지만, 이처럼 현장을 모르는 상태에서 자료화하면 낭패를 본다는 것뿐만 아니라 해당 기자에게 미안하다는 생각을 지울 수 없는 사건이었다. 자칫 그런 자료를 내보냈다가는 취재 의도와는 달리 뒤집어 쓰게 되는 비판기사를 맞거나, 장난쳤다고 후일 괘씸죄에 걸려 비판기사를 세게 얻어맞을 수 있다.

방송용 자료의 경우 사전에 반드시 현장 확인을 해야 한다. 홍보 관계자는 뉴스거리를 잡으면 먼저 그림^{방송용}이 되느냐를 따져 봐야 한다. 방송용 보도자료를 만들기 위해서다. 그렇지 않다면 신문용 자료로 작성해야 한다. 이러한 자료를 방송기자에게 보내 봤자 묶어서 취재하거나 단신 또는 온라인 기사로 처리한다. 그나마 이것도 다행이지만. 그렇다면 어떤 것이 방송용이고 신문용 자료인가를 판단해 보자. 물론 둘 다 해당되는 자료도 있다.

우선 방송용 자료를 판단하는 첫째 요소다. 앞서 말한 대로 그림이 되어야 한다. 소재도 참신해야 하고 시청자에게 메시지를 분명히 전할 수 있는 것이어야 한다. 그림이니만큼 동적인 것과 정적인 것이 곁들여져 있어야 살아 있는 뉴스가 될 수 있어 더욱 좋다.

둘째, 방송용 보도자료는 그림을 의식하여 소위 야마를 잘 잡고 리드^{자료의 첫째 단락}에 그림이 될 수 있다는 것을 확실하게 치고 나가야만 기자의 시선을 끌 수 있다. 그래야 궁금증을 갖고 다음 내용도 읽어 보기 때문이다.

셋째, 자료를 만드는 홍보맨들은 대개 자리에 앉아서 전화로 확인하는 습관이 있다. 자료 내용대로 그림이 되는지 현장에 나가 실제 눈으로 파악해야 한다. 그래야 기자가 취재 현장에 나왔을 때 동선취재 순서 및 흐름 관계 등을 미리 파악, 취재 안내를 원활히 할 수 있고 배포한 보도자료 내용과 현장이 일치할 수 있다.

넷째, 방송매체와 기자의 선택이다. 성격에 따라 모든 방송사에 풀자료로 제공할 수 있으나 시각에 따라 뉴스 밸류가 약하면 한 군데에서도 받지 않을 수 있으므로 가능하면 믿을 만한 기자에게 넌지시 내용을 던져 봄으로써 뉴스 가치를 가늠할 수 있다. 이를 통해 풀로 자료를 뿌릴지 여부를 판단할 수 있으며, 단독으로 특정 매체에 줄 경우엔 자료의 성격 등을 고려하여 선택하고 가능한 평소 친분이 있는 기자와 접촉해 단독자료임을 강조하며 키워 줄 것비중 있게 다뤄 줄 것을 부탁하는 것도 잊지 말아야 한다.

다음으로는 현장 취재 나왔을 때 홍보 관계자의 취재 지원이 무엇보다 중요하다. 기자는 이미 발제를 하고 데스크로부터 OK사인을 받아 취재 방향을 설정해 나왔지만 필드의 사정은 잘 모를 수 있으므로 취재 지원 시 적절한 설명과 안내가 필요하다. 이때 주의할 점은 지나치게 간섭하는 인상을 주는 것은 금물이다. 상대 기분을 상하게 해 역효과를 가져올 수 있다. 카메라 기자와 취재기자가 하는 대로 지켜보면서 방해가 되지 않도록 해야 한다. 특히 원활한 취재를 위해 무엇을 도와줄 것인지를 물어보는 것이 좋다. 분위기를 봐가며 간간이 자료에 나와 있지 않은 사실들을 부연 설명해 주는 한편, 빨리 끝내려 하면 "이런 것도 있고, 이렇게 하면 어떻겠느냐"고 정중히 물어보며 홍보효과를 극대화할 수 있도록 유도하는 센스도 필요하다.

또 촬영을 마치고 돌아갈 때는 반드시 '고생했다'는 인사를 잊지 말고 '잘 부탁한다'는 말과 함께 '다음에 좋은 기삿거리 있으면 연락하겠다'는 말을 곁들이는 것도 상대 기자에게 좋은 인상을 남기는 요소다. 가능하면 현장에서 언제 뉴스가 되는가를 물어보는 것보다는 회사에 들어갈 시점에 전화로 "녹화를 해야 하는데 몇 시에 방송되는가" 정중히 물어보는 것이 좋다. 왜냐하면 당초 취재 나올 때 어느 정도 뉴스시간대가 정해지지만 현장에 나와 취재하다 보면 뉴스 가치가 달라질 수 있으며, 방송사로 향하는 차 안에서 데스크에게 전화해 비중 있게 보고하다 보면 메인뉴스에 나올 수 있기 때문이다. 그리고 촬영해 간 것이 당초 메인뉴스로 예정되어 있던 것도 당일 사건 사고 등 비중 있는 뉴스가 많으면 다음날 아침뉴스로 밀릴 수도 있기 때문이다.

3

라이브 방송, 방송사고를 막아라

홍보맨은 모든 경우의 수를 꼼꼼하게 예측하고 챙겨야 한다.
대 언론 관계에서 결과에 대한 최종 책임은 홍보맨에게 있다.

휴~ 안도의 한숨을 내쉬었다. 2분 전 스튜디오에 도착하여 가까스로 방송사고를 막은 적이 있다. 생방송으로 진행하는 한경 와우 TV의 20분짜리 '부동산 초대석' 코너에 기관장이 출연했을 때 일이다.

앵커와 대담 형식으로 진행되는 이 프로그램에 출연 일정이 촉박하게 잡혔다. 담당자가 전화를 받아 내게 건넸다. 일자와 프로그램명, 대담시간, 성격^{주제 및 방향} 등을 파악하고 내부 여건과 물리적 상황^{기관장 일정} 등을 체크하여 출연 여부를 결정, 통보했다.

준비 시간이 출연 당일을 빼고 이틀밖에 없어서 방송사에는 당일 저녁까지 질문지를 달라고 재촉했다. 이와 함께 담당 작가에게 야마^{주제}에 부합되는 내용을 사전 브리핑했다. 그리고 질문지를 작성할 때 참고하도록 우리 기관의 여건과 현황, 최근 관련 정책과 추진 방향, 이슈, 기관 자랑 등 이런저런 소스를 전해 주었다.

이럴 경우 내용이 훨씬 풍부해진다. 물론 언론사에서도 대담 대상

기관에 대한 스크린을 거쳐 실정에 맞게 질문지를 작성하지만, 언론사에게만 맡기면 때로는 난해하거나 동떨어진 내용이 들어 있을 수 있기 때문에 사전 스케치를 통해 정보를 주는 등 악센트는 필수다. 그래야 출연하는 쪽의 입장이 최대한 반영되고 이왕이면 우리 의도대로 대담 내용을 매끄럽게 끌고 갈 수 있다. 이는 출연 요청 때 밑그림 단계에서부터 소스를 주어야만 그림을 잘 그릴 수 있다는 것이다. 방송 출연 제의나 취재단계 등 처음 접점 단계에서 반드시 챙겨야 할 체크 포인트다.

퇴근 무렵 메일로 질문지가 왔다. 항목별 질문 내용을 소관부서에 보내 다음날 오전까지 제출할 것을 주문했다. 이와는 별도로 홍보팀 나름대로 항목별 답변 작성에 들어갔다. 그래야 차질 없이 기관장에게 보고할 수 있으며, 각 부서에서 만들어 오는 백자료를 마냥 기다리다가는 리허설 시간이 부족하기 때문이다. 일정이 다소 촉박하다는 생각은 했지만 다음날 비서실과 리허설 스케줄을 조율해 보니 시간이 없었다. 할 수 없이 출연 당일 오후 1시 30분_{출연 오후 5시/방송사까지 1시간 이상 소요}에 리허설을 잡았다. 적어도 리허설을 하고 나서 휴식을 취한 다음 대담에 나가는 것이 좋다.

그런데 기관장의 오전 스케줄에 차질이 생겨 당초 정한 시간에 리허설을 하지 못했다. 겨우 방송사 출발 1시간 30분을 남기고 마지막 질문의 답을 완성하던 중 극도의 피로를 호소하던 기관장이 10분만 눈을 붙여야겠다고 하여 어쩔 수 없이 기다렸다가 다시 질문지 작성에 들어간 시간은 출발 40분 전. 조급해지기 시작했다. 기관장은 8개 질문 중 7개 항에 대한 답을 수험생처럼 적어 나갔다.

기관장의 리허설 스타일은 입으로 되뇌이며_{머릿속 정리 병행} 굵은 사인펜으로 또박또박 논리정연하게 적어 나간다. 게다가 여유가 있을 때는 정리 후 일일이 실제 대담처럼 질문을 던지고 이에 답하는 방식으로 리허설을 마무리한다.

사람마다 준비 스타일이 다르지만 방송 인터뷰의 경우엔 철저한 사전준비가 필요하다. 예상 밖의 질문도 가끔 튀어나오기 때문이다. 적어도 여의도까지 가려면 1시간 전에는 출발해야 하는데 속이 탔다. 두 번에 걸쳐 떠날 것을 종용하였으나 45분 정도 남겨놓고 출발해도 된다며 계속 작성해 나가다 비서진이 생방송이라 빨리 출발해야 한다고 독촉을 하자 부랴부랴 승용차에 올랐다. 여기서 돌발사건이 발생하였다. 사전에 녹화라 보고해 놓고 '생방송'이라는 얘기가 나왔던 것이다.

극도로 긴장이 되었다. 시간 내에 도착하지 못하면 방송 펑크가 나기 때문이다. 출발하며 시계를 보니 40분 안에 달려가야만 했다. 차는 밀리고 아무리 계산해 봐도 스튜디오에 들어갈 시간 전에 도착할 것 같지 않았다. '방송사고'라는 단어가 떠올랐다. 망신도 망신이지만 업무를 책임지고 있는 입장에서 결과적으로 데미지를 입는 것은 당연하고 기관장을 잘못 모신 꼴이 되니 말이다.

원인을 생각해 보니 이러한 결과는 누구의 잘못도 아니었다. 어디 하소연해 봐야 소용없는 일이다. 사실 미리 예상해 리허설 시간을 충분히 확보했는데도 당일 오전 스케줄에 차질이 생기는 바람에 생긴 일이다.

방송국으로 향하는 차 속에서 미리 도착해 있는 후배^{실무자를 먼저 보냄}에게 전화를 걸어 "극심한 정체로 차가 막혀 방송시간에 맞출 수가 없으니 대체 프로그램을 준비할 수 있도록 관계자에게 언질을 주라"고 했다. 입술이 타들어 갔다. 중간에 '오토바이를 빌려 타고 가야 하나'하는 생각까지 들었다. 10년 넘게 이 업무를 해 오면서 처음 겪는 일이었다.

초조와 긴장 속에 운전자는 기관장을 태우고 가면서 끼어들기 등 교통법규 위반까지 하였다. 상황이 그럴 수밖에 없었다. 부랴부랴 달려 15분 정도를 남기고 여의도가 바라보이는 마포대교에 들어섰다. 다소 마음이 놓였다. 허겁지겁 방송사 현관에 도착, 초스피드로 분장을 마친 후 스튜디오에 도착하니 2분 전. 절묘하게 시간을 맞추었다. 여유가 없던 조금 전까지의 상황과는 달리 기관장은 선수답게 능수능란하게 스튜디오 문을 열고 나왔다. 대담을 마치고 나오는 기관장에게 "퍼펙트했습니다'라고 말하자 여유로운 표정을 지어 보였다.

이날 일을 돌이켜보면 사전에 담당자가 전해 준 내용대로 녹화 대담인 줄 알았는데 생방송인 것을 못 챙겨 더욱 당황스러웠다. 홍보맨은 모든 경우의 수를 미리 꼼꼼하게 예측하고 챙겨야 하는데도 간과한 면이 있었음을 반성하며, 모든 것은 출연자 쪽에서 주도적으로 챙겨야 한다는 교훈을 준 사건이었다.

예를 들어 타이핑한 사람이 글자를 잘못 쳤다고 말할 수는 없다. 즉 오타가 나 내용이 잘못됐는지에 대해선 서류를 받아 윗사람에게 보고하는 사람의 책임이다. 책임은 최종 보고자에게 있다. 마찬가지로 대언론 관계에서 결과에 대한 최종 책임은 홍보맨에게 있다.

김빠진 기자회견의 역전 홈런

홍보는 입체적이어야 한다.
그래야만 원만한 브리핑을 통해 소기의 목적을 달성할 수 있다.

한 달 전에 잡은 서울시청 출입기자 대상 기자회견. 브리핑 날짜를 이틀 앞두고 사건(?)이 터졌다.

출근과 동시에 일일 보도 스크랩을 보는 순간 깜짝 놀랐다. 언론 업무를 맡은 지 11년 만에 발생한 기가 막힌 사건이다. 사연은 이렇다.

기관장을 모시고 서울시 출입 기자실에서 뉴스 브리핑을 하기로 되어 있는데, 이틀 전에 브리핑 할 내용「시세징수교부금제도 이대로 좋은가!」이 조간신문에 단독 보도된 것. 그러니 브리핑은 하나마나다. 다른 언론 매체에서 이미 기사화된 내용을 받을 리 없으니 기자회견을 할 이유가 사라진 것이다. 그야말로 허탈하기 짝이 없었다. 도둑맞은 기분이었다. 부랴부랴 담당 부서에 전화해 소스가 새어나간 원인을 추적해 나갔다. 그랬더니 사전에 브리핑 내용을 뒷받침하기 위해 각 자치구에 설문조사를 실시하였는데 그 내용이 ○○자치구의 모 사무관을 통해 특정 언론사 기자에게 흘러들어간 것이었다. 누구의 잘못도 아니었다. 즉시 구청장에게 보고했다. 판단은 세 가지다. 오늘 바로 기자실에 가서 브리핑을 하느냐, 아니면 일정대로 이틀 후에 하든가 장기 보류냐다.

구청장은 당장 하자고 했다. 그럴 경우 기자들에게서 욕을 먹을 것은 불 보듯 뻔했다. 물먹은 기사를 하루 있다 써줄 리 만무하고, 이는 더욱 기자들을 화나게 만드는 것이다. 시청 기자실 간사와 의논했다. "이래저래 욕을 먹을 것"이라고 했다. 일단 당일 기자회견에 대한 브리핑 승낙을 받았다. 그리고 나서 시 언론담당관실과 브리핑 시간을 조율한 다음 서둘러 보도자료와 파워포인트 자료를 챙겨 시청 기자회견장으로 출발했다. 전철 안에서 각 언론사 기자들에게 일일이 전화를 걸어 갑자기 브리핑을 하게 된 경위를 설명하고 오찬 간담회로 이어지니 꼭 참석해 달라고 부탁했다. 그도 그럴 것이 김빠진 내용을 가지고 브리핑을 한다니 냉담할 수밖에.

기자들과 인사를 나누고 예정된 브리핑이 시작되었다. 생각보다 많은 기자들이 와 주어 안심이 되었다. 기자설명회 자리에 5~6명밖에 앉아 있지 않으면 어쩌나 걱정했는데, 기우였다. 신문기자뿐만 아니라 브리핑 룸 뒤편에 방송사 카메라도 줄지어 있었다. 다음날 기사발이 얼마나 먹히느냐는 나중 얘기고, 일단 여기까지는 성공이었다.

브리핑 후 방송사 인터뷰도 이어졌다. 관심도가 높았다. 설명회는 성공적으로 마무리되었다. 마이크를 잡고 안내 멘트를 했다. 정성껏 오찬을 준비했으니 한 분도 빠짐없이 함께 식사를 하자고. 오찬 간담회도 예상과는 달리 20여 명의 기자들이 참석했다. 구청장은 오찬 간담회를 마치고 매우 흡족해했다. 일단 여기까지도 성공적이었다.

문제는 다음날 신문과 방송에서 얼마만큼 다뤄 주느냐다. 이런 경우 4~5개 신문과 공중파 등 방송에서는 저녁뉴스나 아침뉴스에 내보낼 수 있다는 생각이 들었다. 일정을 마무리하고 사무실에 돌아와 브리핑 당시 질문을 던지고 관심을 보였던 기자들에게 확인 전화를 잊지 않았다. "사회적 이슈화를 통해 구조적 문제점을 개선하는데 언론에서 터치해 줘야 한다"며 다시 한번 강조했다. 이럴 때 잊고 있던 기자도 한 번 더 챙겨보게 된다.

아니나 다를까, 몇몇 기자가 반응을 보였다. 궁금한 사항을 추가로 질문했다. 5분 내로 답변해 주었다. 그리고 연합뉴스 등 통신사를 검색했다. 연합뉴스는 약간 비판적으로 다뤘다. 다음날 아침, 생각보다 많은 지면 할애가 있었다. 조간신문으로 조선, 한국, 한겨레, 서울신문, 서울경제 등 5개 중앙일간지에서 다뤘고, 석간으로 문화일보, 내일신문 그리고 무가지 노컷뉴스에서 박스기사로 다뤘다. 기사발도 2~3단 박스기사 등 비중 있게 처리했다. 공중파는 MBC 아침뉴스, YTN 저녁뉴스, KBS, SBS 단신뉴스, 기타 KBS, TBS 등 각 라디오에서 다뤘다. 이것까지도 성공을 거뒀다. 결론은 물먹은 기사 내용을 갖고 이 정도면 대성공을 거둔 셈이었다.

오전 10시경, 기사를 다뤄 준 기자들에게 감사 메시지를 보냈다. 한 일간지 기자에게서 답이 왔다. '없는 지면에 기사 구겨 넣느라 애먹었다' 는 것. 그래서 다시 '정말 황송합니다. 감사합니다' 라고 답을 보냈더니, '원래 구청장 멘트를 넣었는데 빠졌다, 미안하다' 고 답이 왔다. 정말 감사하고 고마운 기자로 기억에 남는다.

원래 중요한 보도자료를 뿌리거나 브리핑^{정상적인 경우}을 하고 난 다음날 각 일간지 지면을 분석해 보면 기사가 어떻게 들어갔는지, 그리고 왜 빠졌는지, 해당 신문의 지면 사정을 파악할 수 있다. 갑자기 광고가 들어올 수도 있고, 기획기사 또는 외부에서 갑자기 들어온 기사에 밀릴 수도 있으니 기자가 그 기사를 넣기 위해 얼마나 애썼나를 알 수 있다. 또 데스크에서 기사가 얼마나 잘렸는지 등을 파악할 수 있다. 기사를 써 준 기자에 대한 감사함을 늘 가져야 한다.

이날의 뉴스 브리핑은 타이밍 측면에서 다행스런 날이었다. 그날도 서울시에서 뉴스 브리핑이 있었지만 시 관련 기사는 일간지 두 군데서 다뤘을 뿐, 오히려 ○○구가 배포, 브리핑한 자료가 먹혔다. 예정된 브리핑 날짜를 변경해서 물먹은 기사, 김빠진 브리핑을 해야 했을 때의 걱정을 날려버린 성공적인 케이스로, 패색이 짙은 9회말 역전 홈런을 날려 승리한 쾌감을 맛본 순간이었다.

여기서 이날 있었던 부수적 체크 포인트는 브리핑실 이용 일자와 오찬장소 등 당초의 계획이 갑자기 변경되었으니 모든 것을 다시 순식간에 잡아야 한다. 홍보 관계자가 순발력을 발휘해야만 하는 상황이다. 사전에 기자회견 가능 여부, 간사와의 조율, 기자회견 스케줄 확정, 오찬장소 확보, 각 언론사 기자에게 상황 설명을 위한 사전 통화, 기관장 기자회견 동선 확정 등을 챙겨야 한다. 홍보는 입체적이어야 한다. 그래야 원만한 브리핑을 통해 소기의 목적을 달성할 수 있게 된다.

참고로 보도자료를 배포하거나 기자회견을 할 때 타이밍이 매우 중요하다는 것은 앞서 언급했지만, 다시 강조하면 ○○구청에서 비중 있는 자료를 발표하는데 시청이나 도청에서 더 큰 뉴스를 낸다든가, 대학수능시험일이라면 밀리든가 지면이 없어 기사 밸류가 아무리 커도 찌그러지든가 '킬' 될 수밖에 없다는 것이다.

5

휴지통에서 진주를 건지다

묻혀 버리거나 사장되어 휴지통에 버려질 뻔한 일과성 뉴스를
다시 요모조모 살펴 빛을 발하게 한 뉴스의 대박이었다.
홍보맨의 마인드, 집념, 순발력이 휴지조각에서 진주로 탈바꿈시켰다.

　하루는 직원이 '주간동아' 기자가 기관장과의 인터뷰를 원한다면서, 전화상으로 꼬치꼬치 캐묻는 등 약간 부정적인 것 같다고 전했다. 나는 즉시 자세한 내용을 파악해 보라고 주문했다. 그런데 알고 보니 당시 행자부^현 행정안전부에서 전국 232개 기초자치단체를 대상으로 생활지표 실태를 조사한 결과 노원구가 전국 1위이며, 1위를 차지한 노원구청장과 꼴찌인 신안군수와 인터뷰를 한다는 것이었다. '아니, 웬 호재!' 라는 생각이 들었다.

　기자에게 전화를 걸어 무조건 OK사인을 보냈다. 구체적인 내용 파악은 다음이고 직감적으로 '호재' 라는 생각에서였다. 구청장에게는 사후 보고하기로 하고 즉시 인터뷰 일자와 시간을 물었다. 그리고 비서실과 인터뷰 시간을 조율한 다음 일정을 잡아 통보하면서 질의 내용을 파악하는 한편, 기자가 궁금해 할 사항구청장 프로필, 구정 주요 현황 및 그간의 역점사업과 성과 등 관련 자료를 보내겠다고 하고 구두로 참고가 될 만한 정보를 설명해

주었다.

　전국 1위, 참으로 듣기 좋은, 반가운 소식이다. 호재 치고는 대형 호재다. 그러나 아쉬운 것은 주간동아 한 군데만 단독으로 보도되는 것이었다. 몇 번을 생각해 봐도 아까운 일이었다. 그렇다고 그들이 행자부로부터 단독 입수한 자료를 달라고 해서 노원구청발로 보도자료를 만들어 전 언론사에 뿌릴 수도 없는 노릇이었다.

　며칠 후 처음 통화했던 기자가 아닌 다른 기자가 전화로 궁금한 사항을 물어왔다. 일전에 연락했던 선배 기자는 신안군수 인터뷰를 하게 되었고, 자기가 노원구청장을 인터뷰하기로 했다며 자신도 노원구 주민이라고 소개했다. 순간, 구워삶아서라도 세부 백자료를 손에 쥐어야겠다는 생각을 갖고 있던 차에 주민이라는 말이 여간 반갑지 않았다. 주간동아에 기사화된 후 원래의 소스를 받아 재생산하려는 생각에서였다. 구청에서 21만부를 발행하는 타블로이드 신문에 자랑스러운 전국 1위 내용을 1면 전면에 실어, 지역민들에게 자긍심을 심어 주기 위함이었고, 가능하다면 여타 매체를 이용하여 널리 확산시켰으면 하는 욕심에서였다.

　정한 날짜에 인터뷰가 진행되었다. 1시간여 인터뷰가 끝난 후 저녁식사를 하였다. 이면에 있는 내용과 인터뷰 때 미진한 부분을 보충 설명히면서 친분을 다지는 시간이다. 물론 이런 기회를 만들기 위헤 인터뷰 시간을 저녁식사로 이어지도록 오후 5시로 잡은 것이다. 소주를 한잔하며 행자부 소스를 달라고 청했더니 흔쾌히 '그러마' 했고, 주간지가 나온 날 만나서 전해 주겠다고 약속까지 했다. 일이 술술 잘 풀려갔다.

　인터뷰 다음날 필요한 사진과 보완 자료를 보냈다. 그후 일주일 정도 지난 저녁, 아직 시중에 배포되지 않은 주간지를 건네받기 위해 해당 기자와 만났다. 말 그대로 커버스토리에다 상당히 많은 페이지를 할애하여 비중 있게 다뤄 주었다. '전국 살기 좋은 도시 1위 노원구'라는 타이틀과 함께 노원구가 역점을 두고 인프라를 잘 구축한 시책을 소개하는 사진과 구청장 인터뷰도 실렸다. 홍보 관계자로서 여간 뿌듯한 기사가 아닐 수 없었다.

주간동아에서 커버스토리로 비중 있게 다룬 내용을 간단히 소개하면 이렇다. 행자부가 대통령의 지시로 한국지방행정연구원에 의뢰, 1년여에 걸쳐 '전국의 기초자치단체 지역 생활여건 실태분석 및 개선방안 연구'를 하였는데 주간동아가 이 보고서를 단독 입수, 의미를 부여해 보도한 것이다. 즉 전국 시·군·구를 대상으로 지역별 교육, 문화, 복지, 주거, 의료, 환경, 기초 인프라 등 7대 생활 서비스 실태 조사를 통해 각 부문별 4등급(++, +, -, --)으로 나눠진 것을, 주간동아가 이를 4,3,2,1점으로 나름의 점수를 부여해 합산, 서열화한 것이다.

이렇게 계량화한 점수가 28점 만점인데, 노원구가 25점으로 서울에서 잘나간다는 소위 빅 3인 강남, 서초, 송파구를 앞질러 당당히 단독 1위가 된 것. 중요한 것은 기사 내용보다는 원 소스를 받는 것인데, 이날 노원구를 취재한 기자는 회사 입장에서 자료는 대외로 내보내기 어려워 가지고 오지 못했다며 이해를 구했다. 잔뜩 기대를 하고 있었는데 허탈했다.

그러나 포기하지 않았다. 다음날 해당 기자의 선배에게 전화를 걸어 부탁을 했으나 불가 입장을 밝혔다. 그래서 할 수 없이 원래의 소스원을 추적해 보기로 하고 행자부, 용역기관인 한국지방행정연구원, 그리고 서울시 해당 부서의 담당자를 알아냈다. 나중에 용역 결과 책자가 각 지자체에 배포되었다는 것을 알았으나 자치구에는 내려오지 않았는지 찾을 길이 없었다. 그렇게 해서 행자부 담당

사무관과 업무를 총괄한 용역기관의 박사를 알아냈고, 결국 거꾸로 추적해 원재료를 손에 넣을 수 있었다.

보도는 이미 주간지에 나왔다. 좋지만 다소 아쉬웠다. 여러 매체에 나온 것만큼 파급력이 약했다. 원 소스를 가지고 노원구청발로 다시 자료를 만들어 언론에 재배포^{주간동아 기자에게 양해를 구함}하기로 하고 취재에 들어갔다. 한국지방행정연구원 박사와의 인터뷰도 세 차례 시도한 끝에 밤 10시가 넘어서 성공했고, 행자부 관계자의 멘트도 따냈다.

문제는 보도자료 작성 방향이었다. '주간동아에 따르면'으로 구청발 보도자료를 내보내면 다른 매체에서 받지 않을 것은 기정사실이다. 그래서 점수 산정을 주간동아와 차별화해서 분석했다. 노원구청발로 보도자료 작성을 마치고 어떻게 자료를 소화^{플레이}해야 할지를 판단했다. 언뜻 떠오른 것이 맨 처음 주간동아에서 다뤘으니 동아일보와의 단독 보도를 시도했다. 당시 기자는 시큰둥했다. 동아일보가 다루려 하지 않으니 조간신문은 포기했다. 타깃을 석간으로 돌렸다. 우선 문화일보에 단독자료임을 강조하고 던졌다. 내일신문에도 보냈다. 물론 석간 자료를 해당 언론사에 던지는 동시에 연합뉴스 기자에게도 소스^{석간에 자료를 준} ^{사실}를 줬다. 별 반응이 없었다. ^{원래 연합에서 먼저 다루지 못하고 석간에 나면 물먹게 되어 서로 껄} ^{끄러운 사이가 될 수 있다.}

나음날 문화일보에 4단 크기로 '전국서 가장 살기 좋은 곳 노원구'란 타이틀로 보도되었으며, 내일신문도 5단 크기로 대문짝만하게 다뤄 주었다. 당일 점심시간. 막 밥을 먹으려 하는데 연합뉴스 기자가 전화로 버럭 화를 내며 소리쳤다. "그럴 수 있느냐⋯. 부장한테 박살났다. 앞으로 노원구 기사 다루지 않기로 했다"는 것이었다. 어이가 없었다. "무슨 소리냐. 어제 소스를 줬는데 그때는 별 반응이 없었지 않았느냐. 이제 와서 그러느냐. 기껏 정보를 주니까 딴소리냐"고 맞대응했다. 사실 노련한 기자 같으면 사전에 홍보 관계자가 소스를 흘릴 때 재차 물어 체크했어야 했다. 그러면 물먹을 일이 없었을 것이다. 연합뉴스에 사전에 자료를 보내 주면 될 일이고 석간신문이 대개 12시경 나오니까 오전 10시경 연합에 뜨면 되니까.

그 기자는 자신이 건성으로 들어넘겨 벌어진 잘못임에도 오히려 내게 화를 냈다. 물론 바빠서 그럴 수도 있지만, 뉴스원을 대하는 자세에 문제가 있다는 생각이 들었다. 석간신문이 나가자 2위, 3위 그룹에 해당하는 지자체에서 전화문의가 쇄도했다. 그리고 서울시 행정과에서도 경위를 묻는 한편, 왜 그런 자료를 냈느냐고 항의를 하는 등 전화통에 불이 났다. 그럴만도 했다. 소위 잘나가는 강남, 서초, 송파 등 자치구에서는 영문도 모르고 있었으니 당연하다. '어떻게 노원구가 살기 좋은 도시 1위가 될 수 있느냐'는 의아함과 배 아픔 때문이었지 않았나 생각된다.

그러나 이건 사실이었다. 이어서 다음날 일부 조간신문이 석간 내용을 받았고, 공중파에서도 받았다. 한국일보, 서울경제, KBS, MBC, MBN, 라디오에서 뉴스로 다뤘다. 성공이었다. 주저주저하며 시도한 것이 가시적 성과를 거둔 좋은 사례였다. 홍보맨의 집요함이 빛을 발한 것이다. 이후 구청 청사 전면과 지역 곳곳에 이 사실을 알리는 대형 플래카드를 걸었다. 주민들의 자긍심 또한 굉장했다. 보도가 나가고 며칠이 지나 지방에 사는 지인이 전화로 그 사실을 말하는 것이었다. 전국적으로 어지간히 홍보가 된 것을 느꼈다. 그야말로 묻혀 버리거나 사장되어 휴지통에 버려질 뻔한 일과성 뉴스구에서 원래 생산한 자료가 아님를 다시 요모조모 살펴 빛을 발하게 한 대박 뉴스였다. 지금까지 홍보 업무를 하며 이렇게 가슴 뿌듯한 적이 없었다.

　이러한 자료는 행자부에서 공식적으로 풀자료로 전 언론에 배포했어
야 했다. 그러나 위화감을 조성한다 하여 쉬쉬하였던 것이다. 이 일은
홍보 관계자의 마인드, 앞서가는 사고와 집념, 순발력이 얼마나 필요한
가를 절실히 느끼게 한 사례였다.

6

악명도 명성이다

홍보맨은 화약을 안고 불섶에 뛰어들듯, 보도자료를 내 뒤집어 까일 각오도 해야 한다.
일을 저질러야 뉴스가 된다. 뉴스는 타이밍이다.

홍보하는 사람 입장에서는 당연히 좋은 뉴스만을 생각한다. 그러나 미디어를 통한 홍보는 광고와는 달리 의도한 대로 나오지 않는다. 때로는 까이는^{비판} 기사도 나오고, 소위 빨아주는^{칭찬} 기사도 나온다.

노원구청 청사는 1,2층을 리모델링하여 갤러리로 꾸며 연중 전시회를 연다. 공공청사의 주민활용도를 높이고 부족한 문화공간을 확보하기 위해서다. 이곳에서 '서울 프리미엄 아파트 전시회'가 열렸다. 구청사가 마치 아파트 모델하우스처럼 꾸며졌다. 전시장은 실제 축소 모형 아파트단지가 등장하는 등 내로라하는 건설회사에서 참여하여 모델하우스를 방불케 했다.

행사 개막을 앞두고 신문을 겨냥해 미리 예고용 보도자료를 4일 전에 뿌렸다. 제목은 좀 야하고 시선을 끌기 위해 '구청서 아파트 모델하우스 전시회!'라고 한 발 앞서 부풀려 달았다. 예상대로 반응은 신통치 않았다. 서울신문과 문화일보, 무가지 AM7 정도가 기사를 다뤘다. 하기야 중앙 일간지에서 자치구가 하는 전시회를 그다지 비중 있게 볼 리가 없었다. 1라운드는 실패였다.

신문은 그렇다 치고 어떻게든 남은 기간 홍보를 해야 한다는 압박감이 들었다. 2라운드 타깃은 방송과 사진부였다. 그림이 되니까 행사 당일 방송과 일간지의 사진부를 끌어들일 생각이었다. 당시는 노원구 아파트값이 계속 오를 때였다. 단기간 아파트값 상승이 전국 최고여서 정부가 나서 부동산 투기지역으로 묶는 상황이 벌어지고 있는 시점이었다. 그러니 이 같은 보도자료는 십상, '구청이 나서서 아파트값을 부추긴다'고 언론과 시민들이 곱지 않은 시선으로 볼 것이며, 그만큼 언론으로부터 깨질 가능성이 매우 높았다. 조심스런 보도자료여서 이걸 염두에 두고 구사해 나갔다.

그렇다고 구더기 무서워 장을 담그지 않을 수는 없었다. 어떻게든 홍보를 해야 했기에 방송에 타진_{방송 특성상 다음날 스케줄이 보통 하루 전에 잡히기 때문에 이틀 전에는 소스를 줘야}했다. 반응이 왔다. 구청에서 그런 걸 왜 하느냐며 관심을 가졌다. 취재를 나온다는 거였다. '아뿔싸! 까이는구나' 하는 느낌이 왔다. KBS, SBS였다. 물론 각 일간지 사진부에도 하루 전날 오후에 당초 보도자료와는 달리 사진기사발이 받게끔 제목을 바꿔 달아 포토타임_{사진부에 보내는 자료는 한 장으로 압축, 자료 보낸 후 전화로 확인하며 세일}을 정해 팩스로 보냈다. 행사 당일 양 방송사에서 취재를 나왔고 사진부 기자들이 몰려왔다. 사진발이 잘 받도록 그림이 되게 약간의 연출_{왜냐하면 하루에도 수많은 사진을 각 언론사 사진부 기자들이 찍어 오는데 다음날 신문에 사진기사로 채택되려면 그림이 좋아야 하니까}을 했다.

그런데 문제는 방송이었다. 잘 아는 기자가 오지 않고 모르는 기자가 나왔다. 그래서 아는 기자에게 전화를 해 살살 다뤄 줄 것을 주문하며 엄살을 떨었다. 그랬더니 "뉴스가 되려면 좀 뒤집어야 한다"고 말했다.

그러지 말고 반반씩 가자고 했다. 사실 내용을 소개하며 이 같은 전시회의 필요성을 주민 목소리를 통해 반, 비판성으로 반 하자고 부탁했다. 그러면 의도한 대로 이를 널리 알리는 데는 성공할 것 같았다.

사실 민선 구청장 입장에서 그렇게 방송이 된다면 손해 볼 것이 없었다. 즉 이 지역의 아파트를 프리미엄 아파트로 만들기 위해 기업의 모델하우스에서나 볼 수 있는 행사를 구청 청사에서 열며 아파트값을 올리는 데 구청이 앞장서고 있다고 보도한들, 이 지역 주민들이 볼 때 구청장에게 박수를 칠 것이기 때문이다.

행사장 이곳저곳을 카메라에 담고 주민 인터뷰를 따고 취재를 마친 기자는 마지막으로 청사를 배경으로 스탠딩 멘트를 하기 위해 섰다. 야마가 어떻게 되느냐고 슬쩍 물었다. 비판보도로 간다고 말했다. 마지막 멘트 내용을 물었다. 고맙게도 내용을 알려 주었다. 그래서 내 생각을 말했다. 노원, 도봉, 강북구 '아파트값 상승의 진원지 노원'으로 표현해 달라고 간곡히 주문했다. 실제 그렇게 멘트를 했다.

취재를 마치고 회사로 들어가고 있는 기자에게 전화를 해 중간 체크를 했다. 살살 다뤄 달라고. 그러면서 몇 시 뉴스냐고 물었다. 오늘 저녁 9시 예정이란다. 야! 메인뉴스에 들어가다니… 희비가 교차했다. 깨지는 기사가 메인뉴스에…. 뉴스는 멋지게 나왔다. 당초 예상한 대로 '구청이 부동산 투기 부채질', '모델하우스로 변신한 구청 청사'라는 제하로 두 방송사의 메인뉴스를 탔다. 그러면서 노원구의 입장이 대변되었다. '성냥갑식 아파트를 벗어나기 위해 이 같은 전시회를 열었다고….' '이제는 디자인이 경쟁력으로 새로운 주거문화를 보여 주기 위해 마련한 자리라고….' 예측한 대로 반반씩 나온 것. 그러면서 구청장 인터뷰^{사실 기관장을 인터뷰해도 편집과정에서 빠지기 일쑤다}가 두 방송에 모두 나왔다. 방송은 성공을 거뒀다.

역시 다음날 조간신문에도 사진기사가 떴다. 동아일보, 한국경제 등 7개 신문에서 다뤄 주었다. 이렇게 2라운드는 대성공을 거뒀다. 방송과 사진보도가 나가자 전시장은 수많은 인파가 북새통을 이뤄 발디딜 틈조차 없었다. 반향도 신선하고 컸다. 사실 중앙정부 차원에서나 할 법한 전시회를 연 것은 신선한 충격이었다. 아파트 설비수준의 고급화, 필로티, 게이트, 옥상, 정원, 실내 인테리어, 건물 외관, 조명 등 프리미엄 아파트의 가이드 라인을 제시하는 전시회였기 때문이다.

사실 전시회는 두 가지 목적이었다. 성냥갑식 획일적 아파트 지양, 앞으로 노원구는 이러한 프리미엄 아파트를 짓겠다는 기관장의 의지 표명, 노원구의 브랜드 가치 상승 등. 당시 아파트값이 한창 뜨고 있는 시점에서 안 좋은 보도가 나갔다고 하지만 실은 노원구를 대외에 더욱 부각시킨, 그리고 구청장은 노원구의 브랜드 가치 향상을 위해 더욱 노력하는 사람으로 비쳐진 매우 긍정적인 사건(?)이었다.

한 마디로 악명惡名 뉴스도 명성名聲이 됨을 보여 준 대표적 사례다. 적어도 9시 메인뉴스에 들어가려면 밋밋해서는 안 되고 아침뉴스로 밀렸을 것은 뻔했다.

이 전시회와 관련해 참고가 될 것 같아 뒤집어 까인 기사를 하나 더 소개하고자 한다. 기사는 얼마 전, '전국 살기 좋은 도시 1위 노원'과 관련된 보도자료로 인해 물먹었던 모 기자가 앙금(?)을 가지고 쓴 보복성 기사다. 구청이 앞장서 아파트값을 부추긴다며 역시 세게 썼다. 여느 때 같으면 사실 보도에 충실했을 텐데 강남구 및 서울시 관계자와 주민 멘트까지 동원해서 까려는 의도가 역력했다. 문제는 비판의 대상인 노원구의 입장은 단 한 마디도 없었다. "구청이 앞장서 부동산값을 부추기는 보도자료를 쏟아내고 있다"는 제목과 함께 사실과 다르게 비판 보도했다.

그러나 그 기자 또한 악명도 명성인 것처럼 비판기사를 썼지만 앞서의 보도처럼 구의 입장에서는 이슈를 더욱 부각시켜 준 고마운 사람이었다.

홍보맨은 비판성 보도가 우려되는 보도자료를 작성할 때 조심해야 하나 너무 움츠러들면 아무것도 못한다. 과감히 대시하다 보면 당초의 목적을 달성할 수 있다. 홍보맨은 때론 화약을 안고 불섶에 뛰어들듯, 보도자료를 내 뒤집어 까일 각오도 해야 한다. 일을 저질러야 뉴스가 된다. 멈칫거리는 사이 버스는 지나가고 뿌연 흙먼지만 날린다. 뉴스는 타이밍이다.

호미로 막을 일 가래로도 못 막은 사건

홍보맨은 최고관리자와 핫라인을 형성해야 위기 상황에서 기관과 기관장을 보호할 수 있고,
뛰어난 감각적 마인드로 무장해야 순간순간 벌어지는 상대 취재기자의 취재 의도를
파악, 방향타를 읽고 방어 홍보를 할 수 있다.

수년 전 어느 구청에서의 일이다. 있을 수 있는 일이지만 흔하지도 않은 일이 발생했다. 일개 자치구청장의 해외연수에 공중파 방송사, 즉 KBS와 MBC가 현지 동행 밀착 취재하여 양 방송에서 일요일 저녁 메인뉴스에 내보낸 사건이다.

타이틀은 '지방자치단체장의 호화 외유.' 내용은 이렇다. 구청장과 구 간부, 그리고 지역 중소기업 상공인들이 해외 자매도시를 방문하는데 방송사가 따라붙은 것이다. 구 입장에서야 당연히 상호 우호 및 교류 증진을 위해 어느 자치단체처럼 일상적인 방문이었다. 공무원을 포함해 십수 명이 움직였다. 문제는 기업인들과 동행하며 외유성으로 비쳐진 것이다. 보기 나름이지만 이 정도의 해외 자매도시 방문은 있을 수 있다. 하지만 이러한 해외 방문을 곱지 않은 시선으로 보고 누군가가 언론에 소스를 흘렸지 않았겠느냐는 소문이 나돌았다.

구청장이 해외로 출발한 다음날, 난데없이 YTN 기자로부터 전화가

왔다. "혹시 구청에서 해외에 나가며 기자들을 데리고 갔느냐"고. "그런 일 없다"고 대답하고 끊었다. 전화를 받고 나니 약간 미심쩍었다. 그래서 즉시 해외방문 추진부서에 확인을 했다. 그렇지 않다는 것이었다. 약간 쉬쉬하고 있다는 느낌이 들긴 했지만 더 이상 묻지 않고 돌아왔다. 마음이 편치 않았다. YTN 기자의 전화, 해당 부서의 뭔가 감추는 듯한 자세 등, 혹시 하는 의구심홍보 담당자는 만약에 있을 일에 대비하기 위해 모든 것을 알고 있어야 논리무장이 되고 예방 및 방어홍보를 할 수 있다이 들었다.

관광성 외유에 대해 종종 비판 뉴스를 봐 온 터라, 설령 그렇지 않더라도 현장에 따라간 수행 직원에게 이러한 분위기를 전해야겠다는 생각이 들었다. 사실 홍보맨은 오너가 움직이는 사항을 자세히 알고 있어야 한다. 그런데 기업인 동행, 해외방문 인원 등을 나중에서야 알았다. 사전에 정확히 알고 있으면 당당하게 대처할 수 있고 감을 빨리 잡을 수 있다. 또 현지에 전화를 걸어 '이상한 전화가 왔으니 조심하라' 고 강도 높게 주문할 수도 있다.

하여튼 느낌이 좋지 않아 채널을 가동하여 연합뉴스와 YTN 기자에게 분위기를 떠봤다. 그랬더니 정확한 사실이 안테나에 잡혔다. '기자들이 공항 티켓팅을 했다는 것까지는 확인됐으나 누가 따라갔는지는 모른다' 는 것이었다. 순간 엄청난 소스가 포착된 것이다.

새로운 소스를 토대로 윤곽이 드러난 것은 구청장 일행의 해외방문에 기자 누군가가 취재차 따라갔다는 것이 분명해졌다. 그렇다면 왜, 무슨 이유로 따라갔느냐는 것이다. 큰일났다 싶었다. 이를 모르고 있는 해외방문단이 본래 일정에 없는 행선지를 다닐 경우 분명 낭패를 볼 것은 뻔하다.

해당 부서 팀장을 만나 이 사실을 알리고 방문단 수행 직원에게 연락하여 조심하라는 소스를 주라고 주문했다. 나중에 들은 얘기로는 수행자에게 이 사실을 전화로 귀띔해 주었으나 '구청장의 기분을 망칠 일 있느냐'며 핀잔을 줬다는 말을 전해 들었다.

얘기가 있은 후 며칠 잠잠하게 흘렀다. 그러다가 구청장이 돌아오기 이틀 전쯤 됐을까, 갑자기 기자 두 명이 공보팀을 방문했다. 처음 보는 기자였다. 그냥 들렀다는 것이다. 소파에 앉아 대화를 나누다 '요즘 지방자치단체에서 해외연수를 많이 나가지 않느냐, 해외연수 현황을 알려고 왔다'며 자료를 요구했다.

분명 처음 인사를 건넬 때 인근 경찰서 출입기자냐고 물었더니 우물우물 그렇다는 식으로 답변해 별 의심을 하지 않고 대했으나 해외여행 일정표에 대해 질문을 던지는 등 대답을 유도하는 것 아닌가! 순간, 최근 구청장 해외연수와 연관이 있다는 판단이 들어 긴장을 했다. 결국 이들이 구청을 방문한 목적은 최근 구청장의 해외연수 일정표를 보고자 하는 데 있음을 눈치 챌 수 있었다.

이들이 몰래 녹취를 하고 있지 않나 하는 의심이 들었다. 왜냐하면 '이들이 현장 취재를 가서 야마에 맞게 외유 현장을 카메라에 담아 온 뒤, 과연 당초 여행 일정을 어떻게 짜났나 확인하며 앞뒤가 맞지 않는 엉터리 일정이라는 식으로 보도하기 위해 확인 사살하러 나온 것'이라 캐치할 수 있었다.

안 되겠다 싶어 대화중에 공보팀 직원을 불러 응대하도록 하고 슬며시 자리를 빠져 나와 해외추진부서 팀장에게 전화를 해 사실을 전하고 대비하도록 알렸다. 전화통화 직후 해당 팀장은 아무리 찾아도 없었다. 알고 보니 병원에 간다며 자리를 비우고 아예 사라져 버렸다.

당시 상황에서 어쩔 도리가 없는 노릇이었다. 두 개의 일정표를 짜

놔도 소용없는 일이었다. 이미 저들 손에 사전에 입수한 일정표가 들어가 있을 테니까. 만약 현장을 다녀왔다면 손바닥 보듯 일정을 꿰뚫고 미리 앞서 목적지에 도착해 여유 있게 촬영하였을 것이다. 그리고 이제 와서 시치미를 떼고 아무것도 모르는 것처럼 궁금하다는 식의 너스레를 떨고 있다.

잠시 후 이들의 정체가 드러났다. 수위실에서 카메라 기자가 청사를 촬영하고 있다는 전화가 왔다. 감으로만 생각하고 있는데 정확히 맞아떨어지는 순간이었다. 그래서 이들에게 다가가 앉으며 "그럴 수 있느냐"고 하자 "무슨 말이냐"며 시치미를 뗐다. "왜들 그러느냐? 밖에 카메라까지 대동하고 와서…." 그제서야 자리에서 일어났다. 카메라 기자는 이미 구청장실을 촬영하기 위해 부속실 직원들과 실랑이를 하고 있다는 얘기가 들려왔다. 그 말을 건네자 해당 기자는 겸연쩍어하며 정체를 드러냈다. 나중에 보도를 보니 이들이 바로 그 멀리까지 가서 구청장 일행을 몰래 취재해 온 사람들이었다.

이들이 다녀간 후 즉시 부구청장에게 사실을 보고했고 대책회의를 열었다. 뾰족한 대안이 없었다. 다음에 벌어질 상황을 예측했다. 이렇게 된 마당에 분명 이들은 공항에서 빠져 나오는 구청장에게 다가가 마이크를 들이대며 해외 성과를 물을 것이고, 그런 뒤 브라운관을 통해 거짓말하는 구청장에 대해 생생한 현장 화면을 보여 주며 시청자들에게 고발할 것이다. 이러한 내용은 충분히 예상되는 그림이었다. 당시 구청장은 공항에서 기자들과 마주쳤고 해외 방문 목적과 성과에 대해 당당하게 인터뷰를 하였다. 나중에 보도를 보면 그 말이 앞뒤가 맞지 않음이 드러났다. 그래서 나는 인터뷰를 하지 말고 건의했었다.

구청장이 돌아오던 날 공항에 나간 공보과장에게서 전화가 왔다. 어디 가지 말고 대기하라고. 그리고 오후엔 기관장 해외 순방시 동행했던 모 과장이 찾았다. 해외방문 시 우리 기업체들과 방문도시 간에 상호 합의한 성과^{수출하기로 한 실적}를 보도자료로 만들어 신문에 뿌리라는 것^{소위 방송이 나오기 전 물타기 작전인 셈}이었다.

대충 성과(?) 내용을 듣고 메모한 뒤 "모든 것을 다 알고 있어야 대비를 할 수 있으니 일정을 자세히 알려 달라"고 했다. 그랬더니 "기껏해야 어디어디밖에 안 갔다"고 말했다. 후에 알고 보니 방문 내용 중 문제가 될 만한 결정적 내용은 숨기고 말해 주지 않았던 것이다. 보도자료를 작성, 다음날 시청 기자실을 방문해 친분 있는 기자들에게 일일이 기관장의 해외 성과를 설명하며 보도를 부탁했다.

여기서 우스운 것은, 이미 기자들은 다 알고 있는 내용을 보도해 달라고 읍소하고 다닌 내 모습이 어떻게 비쳤겠는가다. 다행히 다음날 3개 조간신문에서 사진과 함께 다뤄 주었다. 이어 공보과장과 함께 양방송사를 방문해 현장 취재기자를 찾았다. 없다고 했다. 그래서 차장이나 부장을 만나 읍소를 할 생각으로 사무실로 올라갔다. 그랬더니 해당 기자는 자리에 버젓이 앉아 있었다.

그때 나눈 대화는 이렇다. "단독보도냐, 그렇다. 너무 억울하다. 어디 지자체의 해외방문이 우리뿐이냐. 공공의 목적으로 해외에 가지만 꼭 그렇게만 할 수는 없지 않느냐. 일행이 밤에 밖에 나가 술 한잔 하자고 하면 나갈 수도 있지 않느냐. 타깃성 보도가 아니냐. 아니다. 그러면 화면을 한번 볼 테냐. 그러지 말고 순화시켜 달라. 그리고 묶어서^{단독보도가 아닌 타 지자체와 섞어서} 내보내 달라. 모자이크 처리 가능 부분은 소화해 달라" 등등.

사실 구청장의 방문지를 정확히 알았더라면 해당 언론사를 찾아다니며 완화^{막는다는 것은 불가능하나 그래도 단독보도 안 되게 희석시키려}시키기 위해 노력하는 과정에서 헛소리는 하지 않을 텐데, 감^{기자가 취재한 핵심}도 못 잡고 임한 꼴이었다. 그러니 화면에 담긴 내용을 볼 테냐고 말한 것이다.

그렇게 읍소와 항의성 방문 후 여러 날이 지나도 방영된다는 날짜에 나오지 않고 계속 미뤄졌다. 보도는 한참 지나 일요일 저녁 양 방송사가 서로 맞춘 듯 같은 날짜 메인뉴스에 나왔다. 보도 내용은 해당 기자를 찾아가 읍소해서인지는 몰라도 당초 단독보도라고 했던 뉴스가 2/3는 우리 구 내용이, 나머지는 타 지자체가 끼어 들어갔다. 그리고 일부 모자이크 처리해 내보냈다.

어찌됐건 간에 톡톡히 망신을 당했다. 늦은 시간 호텔을 빠져 나가는 구청장의 뒷모습과 함께 쇼핑과 게임장 등 외유성으로 일관했다는 식의 화면을 내보내며 공항에 내린 구청장이 해외 방문 성과가 있었다는 인터뷰 모습을 대비시켰다. 시청자들은 호화성 외유 모습을 보고 난 후 공항에서 가진 구청장의 해외 성과를 묻는 질문에 태연히 성과가 있었다는 식의 발언을 보면서 어찌 생각했을까. 이러한 장면이 전국으로 리얼하게 내보내졌으니 홍보 담당자로서 비참한 참패를 당한 거나 다름없었다. 감각 없는 사람들로 인해 '호미로 막을 수 있었던 것을 가래로도 못 막은 사건'이었다.

홍보 담당자는 인적 네트워크^{기자와의 인맥 형성}가 잘 되어 있어야 어떤 취재가 이루어져도 안테나를 세워 냄새를 맡을 수 있으며, 뛰어난 감각적 마인드로 무장해야 순간순간 벌어지는 상대^{취재기자}의 취재 의도를 파악, 방향타를 읽고 예측이 가능해 방어 홍보를 할 수 있다.

이 사례를 통해 홍보 관계자는 최고관리자와 핫라인을 형성해야 위기상황에서 기관을 보호하고 기관장을 보호할 수 있음을 절실히 깨달

앉다. 초동단계에서 예방할 수 있었던 일을 안이한 대처로 인해 톡톡히 망신당한 꼴이 되었다. 적어도 홍보맨의 말에 귀 기울였으면 위기를 넘길 수 있었는데 하는 아쉬움이 들었다. 또 하나 단체장의 홍보 마인드 결여가 아쉬움으로 남았다.

8

아마추어는 목이 쉬지 않는다

홍보맨은 내부의 정형화된 자료에만 의지해서는 안 되고, 외부에 눈을 돌려 자료를 발굴,
업그레이드하여 유무형의 부가가치를 이끌어 내야 한다.

홍보 업무를 하다 보면 단위부서에서 생산되는 보도자료를 포장해 릴리스하는 것이 전부인 것으로 착각을 한다. 사실 따지고 보면 홍보팀은 생산라인에서 발생한 원래 소스를 가공해서 언론 매체물론 다양한 홍보기법으로 여러 수단을 통해 널리 알리는 데 목적이 있지만 1차적으로 미디어를 통한 홍보의 영향이 크니까에 전달, 보도화하는 역할이 전부라 해도 과언이 아니다. 여기에 추가한다면 비판보도를 하기 위해 취재할 경우 기자에게 기관이나 회사의 입장을 전달하고 이해시켜 완화 또는 막는 데 그 책무가 있다.

그러나 이러한 홍보팀의 역할은 기본적이고 피동적인 것에 불과하다. 눈에 보이는 것, 손에 쥐어진 것만 가지고 홍보를 하면 누구나 다 할 수 있다. 보다 공격적이고 눈에 보이지 않는 것 등을 찾아 회사 또는 기관 등 영역이 미치는 곳이라면 모두 찾아내어 부가가치를 높이는 노력을 해야 한다. 이러한 노력 뒤에 숨겨진 홍보맨의 어려움이 있음을 소개하겠다.

"직업이 강사나 교사입니까?"

"아닙니다. 공무원입니다."

"성대 결절이 심합니다. 그러나 간단히 수술하면 됩니다."

어느 날 아산병원 이비인후과 의사와 나눈 얘기다. 목소리가 허스키해지고 말하는 데 힘이 들어 동네 병원을 다니다가 종합병원을 찾았다. 강의를 하는 사람도 아니고 오죽 말을 많이 했으면 성대 결절이 생겨 수술을 받지 않으면 안 되는 상황까지 와 있겠나. 성대가 이 지경이 된 데는 관리 문제도 있지만, 사실 노원구 하면 서울 25개 자치구 중 지역 이미지가 안 좋아 이를 바꿔 보려는 욕심에서 생긴 일이다.

○○구에서 노원구로 전입해 왔을 즈음, 서울시 출입기자들과 만났다. 그들은 이렇게 말했다. "저녁에 시청에서 택시를 타면 상계동^{노원구}은 차가 들어가지도 않는 동네"라고. 즉 당시 상계동 하면 못사는 달동네를 연상하고, 집값 싼 동네라고 인식이 되어 있었다. 그만큼 부정적 이미지가 강했다. 이를 바꿔 보겠다는 의욕에서 궁리 끝에 탈부정적 이미지 콘셉트를 '교육'으로 잡고, 지역 내 50여 개 중고등학교의 입시 결과를 파악하여 기획 보도자료를 만들다 보니 성대 결절이 생긴 것이다.

보통 입시철이 되면 각 학교에서는 대입 및 특목고 합격자를 발표한다. 모든 결과가 나오길 기다리면 너무 늦기 때문에 당시 나는 발표시점에 맞춰 3일 정도 가 학교 3학년 진학부장 또는 교감선생과 통화를 해 자료를 입수, 분석한다. 이렇게 합격자 결과를 파악하던 사흘째 되는 날 오후, 목이 마르고 말하는 데 굉장히 힘이 들었다. 그도 그럴 것이 구청에서 왜 이런 조사를 하는지 배경 설명을 하고 실랑이를 하며 각 대학별 합격자 인원을 받아 메모하고, 특이사항을 묻고 이를 분석하는 질문을 던지는 등 같은 말을 계속 반복, 이 학교 저 학교 선생님들과 열변을 토하다 보니 침이 마르고 목안이 건조해진 것이다. 이러니 성대가 부어오른 것이고 허스키해질 수밖에. 이후 하루 병원에 입원하여 수술을 받았다.

이러한 노력을 통해 각급 학교 입시 결과중학교는 특목고, 고등학교는 서울대, 고대, 연대 등 명문대와 서울 소재 4년제 대학 합격자 수를 데이터베이스화해서 학교당 서울대 평균 합격자와 연고대 및 서울 소재 4년제 대학 등을 나눠 분석한 보도자료를 매년 언론에 제공하였다. 중요한 것은 이 자료의 배포 시점과 방법이다. 성격상 풀자료로 배포하는 것이 적당치 않아 특정 언론 2개사를 정해 제공했다. 그랬더니 '강북 8학군'강남 8학군에 대칭되는 말이라는 타이틀로 보도되었다. 즉 노원구 하면 으레 못사는 달동네 상계동이 연상되었는데, 어느 날 갑자기 노원구가 대외적으로 '강북 8학군'이라는 신조어와 함께 이 지역이 괜찮은 학교들이 많은 곳으로 서서히 인식이 바뀌는 계기가 되었다.

이후 구 홍보팀에서는 입시 결과를 매년 분석해 보도자료를 언론에 제공하다 보니 노원구는 '교육특구'라는 애칭이 따라 붙었다.후일 정부로부터 국제화 교육특구로 공식 지정되었다. 드디어 한 사람의 노력목이 쉬고 붓고 결절이 생기는지도 모르고 오직 지역 이미지를 바꾸어 보려는 집념이 가시적 성과로 나타났다. 보도가 나갈 때마다 여기저기서 "실제 그러냐?"며 묻기 시작하였고, 처음에 "그런 것구청에서 대학입시 및 특목고 합격자 수 파악까지 구청에서 조사하느냐"며 퉁명스럽고 부정적이며 비협조적으로 나오던 학교들조차 앞다퉈 합격자수의 변동이 생기면 한 명이라도 더 추가시키고자 진학부장들은 전화로심지어 저녁에 휴대폰으로까지 연락해 오는 열성을 보였다.

구 홍보팀이 자체에서 생산된 뉴스만을 소화한 것이 아니고 눈을 외부로 크게 돌려 지역의 핸디캡을 극복하려는 의도에서 '교육'이라는 콘셉트에 착안해 자료화하고 수년간에 걸쳐 이를 미디어를 통해 홍보함으로써 '노원 하면 교육'이라는 등식이 성립될 정도로 성공을 거뒀다.

사실 현재 노원구는 교육 경쟁력 면에서 서울 어느 자치구에도 밀리지 않는다고 본다. 한 마디로 기획홍보가 지역 이미지를 바꾼 대표적인 성공 케이스이며, 일개 홍보 담당자의 노력이 엄청난 부가가치를 창출했다고 생각한다. 돈 들여 광고를 한다 해도 이처럼 지역 이미지를 바꿀 수는 없다. 중요한 것은 아무리 노력해도 뉴스가 안 되고 나아가 언론에서 다뤄 주지 않으면 무용지물이다. 강남구에서 이런 자료를 냈다면 언론에서 다뤄 주었을까. 강북 지역, 특히 노원구에서 냈기 때문에 뉴스 가치가 있었던 것이라고 기자들은 말했다.

여기서 얻은 교훈은 '미디어를 통한 행정홍보가 지방자치 발전에 미치는 영향이 얼마나 큰가'이다. 그리고 홍보 관계자는 내부의 정형화된 자료에만 의지해서는 안 되고 범위를 지역 전체는 물론 소소한 것까지 발굴, 업그레이드하여 유무형의 부가가치를 이끌어 낼 줄 알아야 한다는 것이다. 홍보맨은 약장수다. 홍보맨은 목적 달성을 위해 마치 약장수가 열심히 약을 파는 것처럼 소스를 찾고 자료화하여 세상 사람들에게 널리 알리려 부단히 노력한다. 아마추어는 목이 쉬지 않는다.

소셜 어젠다화로 중앙정부를 움직이다

9

세상에 알려져 한방에 해결할 수 있는 방법이 있다면 바로 그 방법을 선택해야 한다.
미디어를 통한 홍보는 사회적 이슈화가 되어 정책의제로 채택되고
사회의 구조적 모순을 해결하는 첩경이다.

꿈쩍도 않던 중앙정부(외교통상부)를 움직였다. 보건복지부, 기획예산처, 청와대까지 움직였다. 결론은 일개 자치구에서 언론의 힘을 빌려 중앙정부를 움직이게 만든 것이다.

민선 4기가 시작된 2006년 7월 오전 8시, 구청장 취임 첫날. 집무실로 향하던 구청장은 민원실에 줄지어 선 주민들 곁으로 다가갔다. 무슨 연유로 이렇게 아침 일찍부터 줄지어 서 있는지 궁금해서였다. 매일 아침 여권을 발급받으려는 사람들로 북새통을 이룬다는 것. 그 자리에서 구청장은 이 장면을 동영상에 담아 중앙정부에 건의하도록 지시했다.

발상의 전환이었다. 일반적 생각으로는 상급기관에 인원이나 장비를 늘려 달라고 공문으로 건의할 것이다. 물론 이전에 공문으로 여러 차례 건의했다. 며칠 후 풋풋한 고발성 동영상이 제작되었다. 비디오 장면은 새벽 5시부터 민원인들이 나와 의자에 앉아 대기하며 졸고 있는 모습을 비롯해 대기번호표를 받으려고 추석 명절 열차표를 끊는 것처럼 꼬

리에 꼬리를 물고 서 있는 긴 행렬 등을 담았다. 이것은 민원인과 일선 여권업무 대행기관이 겪고 있는 불편과 고통의 현장을 눈으로 보고 개선해 달라는 6분짜리 생생한 실태를 담은 영상 메시지였다.

이렇게 제작된 영상을 CD에 담아 중앙정부와 청와대, 국회 등에 공문과 함께 발송했다. 홍보팀에서는 보도자료를 만들었다. 동영상을 보고 실태와 문제점을 파악한 뒤, 줄지어 선 성난 주민들의 목소리를 취재하고 주관부서의 의견을 청취해 리얼한 현장 모습을 담았다. 마침 여름 휴가철이고 방학까지 겹쳐 시민들은 물론 학생들도 해외에 나가다 보니 여권 발급 수요가 폭발적이었다.

당시 성난 주민들은 "지금이 6·25 전쟁 피난 시절도 아니고…"라며 전쟁에 비교할 정도로 여권 발급 받기가 심각한 지경이었다. 보도자료를 작성하며 과연 받아 줄까, 먹힐까 하는 생각이 들었다. 서울 시내뿐 아니라 전체적으로 이러한 상황인 터에 며칠 전 일부 언론에서 터치를 했던 시점이기 때문이다. 그러나저러나 서울시 출입기자들에게 보도자료를 던졌다. 반응이 왔다. 아침 간부회의 중에 아는 기자한테서 전화가 왔다. "형님, 이거 얘기가 되는데…"하며 이것저것 물어왔다.

잠시 후 이러고 있을 상황이 아니라는 생각이 들어 회의장을 빠져 나와 전화로 세일에 들어가기 시작했다. 쉽게 말해 홍보 담당자 입장에서는 던진 낚싯밥을 고기가 물은 격이었다. 며칠 전 모 일간지의 유사한 보도가 있어 과연 먹힐까 의구심을 갖고 있던 터에 반응이 왔으니 신이 났다. 그렇다면 확 당겨야 하는 법. 서행 운전하다 갑자기 액셀러레이터를 세게 밟은 격이었다.

다음날 조간에 일제히 보도되었다. 여기저기 신문 사설에까지 강도 높게 다뤘다. 조간에서 세게 다루니 공중파를 비롯 방송사에서 앞다퉈 현장 취재를 나왔다. 이어 방송사 기획 프로그램에서도 따라왔다. 노원구 민원실은 연일 촬영 장비를 든 기자들의 발길이 이어졌다. 노원구청발 보도자료는 그야말로 대박이었다.

정치권에서도 난리가 났다. 여당은 당정회의를 하는 등 시민 불편·대책을 내놓았다. 당시 야당인 한나라당은 모처럼 여당이 한나라당 구청장의 주민사랑 아이디어를 받아들여 잘하고 있다며 칭찬하는 브리핑을 했다는 뉴스도 나왔다. 잔잔한 호수에 엄청난 파도를 몰고 왔다.

당시 KBS 9시뉴스에서는 관련보도를 하며 외교통상부 관계자에게 전화를 걸어 대책을 물으려 했으나 인터뷰에 응하지 않았다는 보도를 내보냈다. 후일 당정회의서 외통부 고위관료가 참석해 깨졌다는 얘기를 전해 들었다. 여당에서는 주민자치센터에서도 여권 발급을 해야 한다는 얘기가 나왔다고 한다. 이후 청와대, 외교통상부, 기획예산처에서 고위 공무원들이 노원구청을 방문해 의견 청취를 하였다. 말 그대로 야단법석이었다.

이 결과 그해 말 여권 발급기관은 서울의 경우 10개 구청서 8개 구청을 추가, 18개 구청으로 확대되었다. 이듬해엔 전 구청으로 확대하였다. 꿈쩍도 않던 외교통상부가 백기를 든 것이다. 이 같은 성과를 거둘 수 있었던 데는 언론의 힘이 무엇보다 컸다. 전달 방법을 동영상당시는 보편화되지 않았음이라는 이색 수단을 통해 사회적 이슈로 집중 부각시킨 것이 적중한 것이다. 지난해에도 그러한 현상은 있어 왔고 앞으로도 그런 현상은 있을 것이다. 케케묵은 문제를 누구 하나 나서서 해결하려 하지 않았으며 해당 부처는 미온적 자세로 이를 묵살해 왔던 것이었는데, 워낙 언론과 정치권으로부터 세게 두들겨 맞으니까 손을 들었던 것이다. 이러한 일을 공문으로 올려 백날 건의해 봐야 소용이 없었으나, 바로 소셜 어젠다화^{사회적 의제}를 통해 언론의 힘을 빌려 정책의제로 채택하도록 성공을 거둔 대표적 케이스였다.

참고로 당시 보도자료를 보내놓고 여권 발급 문제점을 미리 보도한 바 있는 모 일간지 기자에게도 똑같이 강조해 세일했으나 퉁명스럽게 "우리가 며칠 전에 다룬 것 모르냐"며 전화를 끊었다. 그 기자는 보기 좋게 물먹었다. 뉴스원이 강조할 때는 거들떠보지 않았기에 자신의 신문만 다루지 못했기 때문. 이를 만회하기 위해 그 기자는 이와 관련한 서울시의 대책 마련 내용이 있었는데 이 내용을 타사보다 앞서 보도해 빈축을 샀다는 후문이다.

또 하나의 일.

매년 예산편성 시기가 되면 예산편성조차 하지 못한다며 노원구가 구조적 문제를 개선해 줄 것을 촉구하고 나서 역시 중앙정부를 움직인 사례다. 요지는 기초생활수급권자 등 사회복지비의 과중한 분담비율이 문제였다. 정부, 서울시, 자치구가 각각 50 : 25 : 25%를 매칭 부담하도록 획일적으로 정해 놓은 비율 때문이었다. 자치구, 특히 전국에서 이러한 수혜자가 가장 많은 노원구의 경우엔 여기에 투입해야 하는 자체예산 부담 때문에 새해 예산을 편성할 수 없을 정도로 감당하기 힘들어 개선을 촉구하고 나섰다.

2006년 11월, 노원구는 법령 개정 촉구와 함께 구청장이 해당 중앙 부처를 방문하는가 하면 서울시 출입기자를 상대로 기자회견을 열어 언론에 대대적으로 불합리성을 알렸다. 결과는 성공이었다. 사회복지 재정 분담비는 특정부처에 한정된 것이 아니라 행자부^{현 행안부}, 보건복지부, 기획예산처 등이 연결된 것이었다. 오히려 당시 관련 부처의 모 장관은 자치구에서 힘껏 쳐 달라는 뉘앙스를 구청장에게 던졌다는 얘기이고 보면, 이 문제가 여러 부처가 연결된 것이었음을 짐작할 수 있다. 특정 부처에서 해결한다고 될 문제가 아니었던 것이다.

노원구 주도로 국회에서 공청회를 열었다. 그 결과 이듬해 5월 행자부에서 차등보조금제 시행이란 제도적 보완 대책을 발표하기에 이르러 현재 전국적으로 확산 시행되고 있다. 노원구는 이 제도 시행으로 1백억원에 가까운 예산이 절감되고 있다. 일개 자치구에서 언론을 통해 문제제기한 것이 결실을 거둔 것이다.

기업도 마찬가지다. 문제가 있으면 움츠릴 것이 아니라 과감히 언론의 힘^{쿠션}을 빌려 소기의 목적을 달성하려는 의지가 홍보에서도 절대적으로 필요하다.

언급한 사례의 경우 대개의 홍보팀은 껄끄러운^{정부 내지는 상급기관과의 마찰} 상대를 해야 하기 때문에 부메랑이 되어 돌아오지 않을까 최고관리자에게 '보도자료화하지 말 것'을 건의할 수 있으나, 상황 인식을 정확히 하여 적절히 언론을 활용하는 노련함도 갖추어야 할 것이다. 아무리 열심히 일하면 뭐하나? 성과가 없는데…. 세상에 알려져 한방에 해결할 수 있는 방법이 있다면 바로 그 방법을 선택해야 한다. 그 방법은 미디어를 통한 홍보다.

⑩
10점 만점 과녁에 20점을 맞히다

홍보담당자는 정형화된 마인드가 아닌 럭비공 마인드로 임해야 한다.
겉으로 드러난 현상만 보아서는 결실을 거둘 수 없다.

○○구에서의 일이다. 여름철이 되면 '장애인 래프팅'을 떠난다. 가을엔 '유아마라톤대회'가 열린다. 흔히 홍보 담당자는 뉴스거리를 접하게 되면 보이는 현상만 갖고 쉽게 자료화한다. 특히 자신의 기관이 주관하지만 타 시·도 등 지리적으로 멀리서 치러지는 행사는 스트레이트 자료로 던지고 그것으로 끝내려는 경향이 높다. 지레 기자들이 그 멀리까지 따라오겠느냐는 생각에서 포기하기 때문이다. 여기서 홍보 테크닉을 발휘한 사례를 소개한다.

#1 여름 장애인 래프팅. 먼저 강원도 영월 동강에서 열리는 정신지체 등 몸이 성치 않은 사람들이 장애를 딛고 급류를 헤치며 수킬로미터를 도전한다는 내용이다. 당시 사회복지과에서 보도자료가 왔다. 지역 내에서 하는 행사도 아니고 난감했다. 그냥 스트레이트 자료로 내보낼까 하다가 2단계 전략을 짰다. 1단계로 행사 일주일 전 스트레이트 자

료를 배포했다. 예고자료였다. 그리고 2단계로 행사 당일 사진자료로 내보내는 것과 그림이 되니 공중파 TV를 끌어들이고, 신문사 사회부 기자를 현장에 데리고 가자는 계획을 구상했다. 속을 들여다보자는 것이었다. 참가 장애인들 가운데 재미있는 스토리를 찾아내면 기사발이 받을 것이란 생각에서다.

문제는 사진기사의 경우 시간과의 싸움이었다. 행사장면을 촬영해 언제 인화하고 스캔해 전송하느냐는 것. 마감시간을 어떻게 맞추느냐는 고민이었다. 당시엔 디지털 카메라와 무선 노트북이 있는 것도 아니고 동강 현장에서 찍은 사진을 언론사 마감시간 전에 어디 가서 어떻게 제공하느냐가 관건이었다. 사진이 들어가야 기사가 커지니까 욕심을 부릴 수밖에 없었다. 사실 일반인이 래프팅 한다면 기사가 되겠는가! 장애인들이 울긋불긋 조끼를 입고 고무보트를 타고 급류를 가르며 즐거워하는 모습은 사진기사가 된다. 그림^{방송용의 경우 필수}이 되고 내용이 있으면 공중파도 따라온다.

참가 장애인들이 몸담고 있는 복지관에 일일이 전화해 스토리를 찾아냈다. 스트레이트 보도자료를 미리 던지고 난 후 몇몇 신문과 방송사 기자에게 이 같은 비하인드 스토리를 얘기해 주며 미끼(?)를 던졌다. 사실 서울시 출입기자 입장에서는 아무리 좋은 뉴스라 해도 강원도 영월 동강까지 간다는 것은 쉽지 않은 일. 강원도 출입기자가 소화하면 될 일이다. 그런데 반응이 왔다. H사, D신문사, KBS, YTN 기자가 관심을 보였다. 물론 신문기자에게는 취재 편의를 위해 승용차를 제공하겠다고 했다. 행사 당일 D사 기자만 못 오고 방송 2개사와 신문기자 1명이 취재에 합류했다. 이날 미리^{방송의 경우 보트 대열보다 앞서 카메라 기자와 취재기자가 보트를 탄 채 현장을 스케치해야 하니 혹시 물에 젖을 것에 대비} 전화로 발 사이즈를 물어 샌들과 반바지를 준비하는 등 취재 지원에 최선을 다했다.

2개 방송과 현장 취재 신문기사가 나가고, 마감시간 이전에 사진 촬영한 것을 보내 기사화되면 성공이라는 생각이 들었다. 승용차에 H사 기자를 태우고 따라오는 방송사 차량 2대를 에스코트하며 현장으로 달렸다. 휴게소에서 취재 차량에 간식도 챙겨 넣어 주었다.

현장에 도착했다. 이날 주인공인 장애인들은 형형색색의 구명조끼를 착용하고 조 편성을 마친 후 래프팅에 들어갔다. 동행한 기자들도 각자 취재에 임했다. 그 사이 순간적으로 현장중계를 해 줘야 한다는 생각이 들었다. 먼저 이날 참가한 장애인에게 다가가 참가 동기와 소감을 물었다. 그 부모에게도 느낌을 물었다. 들어보니 얘기가 되었다. 이 내용을 함께 오지 못한 D사 기자에게 알렸다. "어떠냐고, 직접 전화 통화를 해 인터뷰하는 것이…." 그렇게 해 달라고 했다. 이렇게 해서 D사 기자에게는 당초 보낸 스트레이트 자료에다 현장 참가자를 연결시켜 전화 인터뷰를 했으니 이제 남은 건 사진만 찍어 보내 주면 현장에 오지 않고도 현장 취재기사와 다름없는 보도를 할 수 있게 되었다.

이어 전날 각 신문사 기자들에게 현장 사진을 찍어 보낸다며 사진이 들어갈 지면을 할애해 달라고 부탁해 놨으니, 다음은 장애인들의 래프팅 장면을 카메라에 담아 최대한 빨리 메일로 전송하는 일만 남아 있었다. 문제는 사진을 보내는 방법이었다. 인근 관공서를 생각해 냈다. 그곳 공보팀에 가서 전송하면 될 일이었다. 114 안내를 받아 가까운 단양군청 공보팀을 연결해 협조를 구했다. 그렇게 하라는 OK사인을 받았다. 동강에서 단양군청까지는 시간이 꽤 걸렸다. 부랴부랴 사진을 찍어 동행한 공보팀 사진촬영 직원과 함께 승용차로 달렸다. 적어도 기자들이 보내 달라는 시간인 오후 2시, 늦어도 3시 이전에 사진을 전송하는 일이 급했다. 단양군청 인근 사진관에 도착해 인화해서 스캔을 뜨고 사진 캡션을 달아 송고하고 해당 기자에게 일일이 전화해 전송했음을 알렸다. 내일 조간에 꼭 소화해 달라는 부탁의 말과 함께.

사진을 보내고 다시 동강 도착지점으로 돌아오니 H사 기자는 그 사이 기사를 다 작성해 송고했다. 방송사 기자들도 촬영을 마치고 떠나려 하였다. 다음날 아침 D신문과 H신문에 사진과 함께 박스기사로, 다른 신문에서는 사진기사가 쫘악 실렸다. 그런데 항의전화가 왔다. 당시 동행 취재한 YTN 기자에게서. "그럴 수 있느냐, 힘들여 현장까지 취재 간 사람은 뭐냐고." 그도 그럴 것이 현장에 간 사람이나 가지 않은 기자나 별 차이 없이 기사가 나왔으니 말이다. 오히려 가지 않은 사람이 현장에 간 YTN 뉴스보다 조간에 먼저 소개되었으니 화가 날 만도 했다.

사실 이건 보도와 관련한 일련의 과정을 보면 장애인들만의 잔치로 그냥 묻혀 버릴 행사가 빛을 본 좋은 사례였다. 이날 행사를 마련한 자치구에서는 장애인들을 위해 다양하고 좋은 정책을 편다는 내용이 전국에 소개되었으며, 장애인들에게는 할 수 있다는 자신감과 성취감을 맛보게 한 보람 있는 행사로 시청자나 독자들은 기억할 것이다. 당시 ○○구는 장애인 정책에 강한 면모를 보이고 있었다.

#2 가을 유아마라톤대회. 취학 전 만 5~6세 유치원 및 유아원생들이 올림픽공원 평화의문 광장을 출발해 몽촌토성을 돌아오는 1㎞ 구간에서 매년 가을 마라톤대회가 열린다. 빨주노초파남보 일곱 색깔 무지개 티셔츠를 입고 젖 먹던 힘을 다해 달리는 것. 일단 얘기가 된다. 그림으로. 사진용은 100%다. 방송도 따라온다. 그런데 신문용 기사는 두 단락이면 끝난다.

그렇더라도 일단 예고용 스트레이트 자료를 만들어 행사 일주일 전에 뿌렸다. '제2의 황영조를 꿈꾸며, 젖먹던 힘을 다해…' 라는 타이틀로. 역시 비중 있게 다룰 리가 없었다. 기사를 키워야겠다는 생각이 들었다. 유치원 명단을 받아 원장들과 일일이 전화해 특징 있는 선수들을 찾았다. 스토리를 찾아내려는 의도에서다. 의도한 대로 안테나에 잡혔다. 반신불수 유아가 참가한다. 그래서 마라톤 대회를 앞두고 연습하느냐고 물었더니 한강고수부지에 가서 엄마와 함께 달린단다.

또 여기저기 유치원별로 집단 연습을 한단다. 얘기가 되었다. 미리 배포한 보도자료에는 이런 내용이 담겨 있지 않았으니 스케치한 내용을 숨겨놓고 당일 사회부 기자들을 현장 취재에 끌어들여야겠다는 생각을 했다. 일일이 시 기자들과 경찰 출입 사건부 기자들, 그리고 방송사 기자들에게 맨투맨으로 연락했다. 반응은 재미있다며 얘기가 된다는 것이었다. 생각대로 기자들이 빨려 들어왔다. 그렇게 행사 당일 현장 취재를 유도하고 하루 전 사진부와 각 방송사, 그리고 시 출입기자들에게 업그레이드된 보도자료를 팩스로 보냈다.

행사 당일, 카메라를 든 14명의 사진부 기자들이 출발선 앞에 장사진을 치고 있고, 6대 방송사공중파 3사, YTN, EBS, iTV 등 카메라 기자와 취재기자, 사회부 및 시청 출입기자 등 수십 명의 기자들이 북적댔다. 정신이 없었다. 공보팀 직원이 모두 동원되어 스토리가 있는 아이들 위주로 취재 지원을 했다. 사실 보도자료를 배포해 기자들을 초대해 놓고 취재 지원이 엉성하면 서운해하고 그 감정이 남아 미운털이 박혀 다음에 불리한 경우가 발생한다. 그래서 열심히 취재 지원을 했다.

하지만 무리를 지어 있는 사진부 기자들에게 갔더니, "왜 신경을 써주지 않느냐, 공보담당자가 바뀌었느냐"며 핀잔을 주었다. 사진을 잘 나오게 찍을 수 있도록 주문이 있는 경우가 있다. 그래서 홍보 담당자는 사전에 사진부 기자 중 가장 고참으로 보이는 사람에게 다가가 슬쩍 그림이 어떻게 하면 잘 나올 수 있는지, 즉 "어떻게 도와주면 좋겠느냐"고 물어보는 것도 좋다. 사진의 경우 출발하는 장면과 들어오는 장면을 찍을 수 있는데 대개 출발하는 장면을 찍는다.

그리고 방송의 경우엔 사전에 섭외된 유아에게 방송용 카메라가 따라붙는다. 이때도 홍보 관계자가 동행 지원할 필요가 있다. 이렇게 해서 행사는 마무리되고 다음날 박스기사와 사진, 방송 뉴스로 소개되는 등 대박을 터뜨렸다. 단순 사진기사나 뉴스로 끝날 내용을 홍보 담당자의 적극적 자세로 이면에 숨겨진 스토리를 찾아내 키운 사례다.

두 사례를 통해 홍보 담당자는 알아야 할 것이 있다. 그냥 지나쳐 버릴 자료는 하나도 없다는 것. 만들면 어지간한 것은 뉴스가 된다는 것이다. 홍보맨은 정형화된 마인드가 아닌 럭비공 마인드로 임해야 한다. 겉으로 드러난 현상만 보아서는 결실을 거둘 수 없다. 이면에 숨어 있는 내용을 찾아내면 두 배의 값진 결실, 즉 10점짜리 과녁에 정확히 맞혔지만 실제 10점에다 무형의 10점이 보태져 20점짜리 값진 뉴스로 포장된다는 사실이다.

둠벙에서 대어를 낚다

'교육'이라는 콘셉트를 잡고 기획홍보를 한 것이 지역 이미지와 부가가치 상승이라는
두 마리 토끼를 다 잡았다. 홍보담당의 열정과 집념이 지역의 위상을 높이고
유무형의 부가가치를 창출한 것이다.

　　○○구에서 노원구로 와 보니 뉴스거리도 약했다. 그저 평범한 뉴스
밖에 없었다. 그만큼 홍보 담당자로서 재미가 덜했다. 게다가 시청 기
자실에서 그 좋은 ○○구를 놔두고 후진 동네로 갔느냐며 핀잔 겸 위로
의 말을 했다. 별로 듣기 좋은 소리가 아니었다. 내심 자존심이 상했지
만, 대외적으로 노원구의 이미지가 좋지 않은 것은 사실이었다. 성냥갑
식 아파트 동네, 베드타운 등의 부정적 이미지가 워낙 강했다.

　　고민 끝에 이미지를 반전시킬 아이템을 찾기로 했다. 그러던 차에
기관장이 중계동 은행사거리에 학원가가 형성되었다는 말을 했다. 이
때가 2001년 말. 곧 여기저기 수소문해서 정보를 수집했다. 이듬해 2
월 현장 취재를 나갔다. 알아보니 고작 200m도 안 되는 거리에 80여
개^{현재는 200여 개, 노원구 전체 1,300여 개}의 크고 작은 학원이 밀집되어 있었다. 강남
의 유명 학원 분원이 모두 들어와 있었다.

　　원인을 따져 보았다. 그리고 실태를 알아보러 현장에 나갔다. 우선

부동산에 들러 이 지역에 학원가가 형성된 이유를 물었다. 이런저런 얘기를 듣다보니 '아! 바로 이거다'라는 생각과 함께 무릎을 쳤다. 이것이 현재 서울의 대표적 트라이앵글강남 대치동, 양천구 목동, 노원구 중계동 중 한 곳인 중계동 은행사거리 학원가가 언론의 집중 조명을 받게 된 시발점이다.

부동산을 나와 제법 규모가 있는 학원 세 곳을 찾아가 원장들을 대상으로 심층 취재에 들어갔다. 부동산에서 들은 이야기와 학원장들과 나눈 대화를 통해 확실히 뉴스가 될 수 있다는 판단이 섰다. 세 군데 학원을 나와 바로 은행사거리 한복판에 서서 약도를 그렸다. 건물 하나하나에 들어 있는 학원 이름과 공공시설 등 위치도를 작성했다. 그리고 사무실로 돌아와 학원가 반경 1㎞ 이내에 학교가 몇 개나 있는지, 그리고 주변에 대형 평형의 아파트가 얼마나 되는지 등을 분석노원구는 주택공사에서 지은 소형아파트가 많은데 그 주변 일대는 큰 평형의 민영아파트가 많다는 특징, 교육 수요의 원인 등해 봤다. 그곳에 오래 산 직원들의 귀동냥도 참고했다.

이어서 '땅거미 지는 오후 6시…'로 시작되는 기사성 보도자료를 만들어 나갔다. 기사나 다름없는 보도자료를 작성한 것. 시의성을 다투는 자료도 아니어서 좀 더 키울 요량으로 자료제공 타이밍을 봤다. 유력 일간지에 던질 생각을 하고 있던 차에 H사 기자들과 기관장이 참석하는 오찬 간담회를 가졌다. 할 말도 없고 해서 그 자리에 참석한 시청 반장출입사의 2진이 대개 해당 언론사의 반장에게 넌지시 "○○구에 있다가 노원구로 와보니 중계동 은행사거리라는 곳에 학원가가 형성돼 있는데 얘기가 되는 것 같더라. 취재 한 번 해 보는 게 어떠냐?"며 소스를 던졌다. 해당 기자는 별 반응을 보이지 않고 그냥 지나쳐 버렸다.

그러나 점심식사를 하고 돌아오는데 그 밑에 있는 기자한테서 연락이 왔다. "아까 한 얘기 스케치 좀 해 달라"는 것. 역시 기자는 기자였다.

뉴스가 되는 것을 그냥 놓치지 않고 식사 자리에서 나온 얘기를 기억하고 있다가 전화를 준 것이다. "무슨 얘기냐, 현장 취재를 나오지 않고. 오늘 저녁에 취재하고 저녁에 소주나 한잔 하자"고 했으나 "우선 스케치를 해서 보내 달라"고 했다. 속으로 '스케치는 무슨 스케치, 이미 보도자료 다 써 놨는데…' 하며 반응을 보이지 않고 하루를 넘겼다. 그랬더니 독촉전화가 왔다. 사실은 자료를 다른 언론사^{왜냐하면 파괴력이 있는 신문사} ^{기자에게 주려고 마음먹고 있었기 때문}에 주려고 생각했던 터라 이미 만들어 놓았지만 주지는 않았다. 자기네가 임의 취재하면 몰라도….

어쩔 수 없이 고백했다. "사실은 자료를 다 써 놨다고." 그리고 보내 주었다. 그랬더니 잠시 후 학원 한 군데만 연락처를 알려 달라는 전화가 왔다. 순간 '취재를 나오지 않고 그냥 보내 준 자료를 가지고 사진기자만 현장에 보낸 뒤 전화로 학원 멘트만 따서 기사화하려는구나!' 하는 생각이 들어, "정말 현장 취재 안 나올 거냐…"고 볼멘소리^{전화로} ^{학원장 등 관계자 인터뷰만 하고 기사 작성하려느냐는 뜻}를 하였다. "알았으니 일단 전화번호를 부탁한다"며 서둘러 전화를 끊었다.

다음날 취재를 나오기는커녕 예상대로 길쭉하게 학원가를 배경으로 학생들의 모습을 담은 사진을 싣고, 보내 준 자료를 토대로 B4 크기보다 약간 작게 박스기사가 나갔다. 이날의 기사가 중계동 은행사거리가 학원가로 유명세를 타는 진구곡이있다. 이후 조선, 스포츠서을^{저면할애}, 동아, KBS 등 유력 일간지 및 방송 등에서 집중 보도하기 시작하였다. 이때 신조어로 등장한 것이 '강북의 대치동 중계동 은행사거리 학원가' 다.

노원구 중계동 은행사거리 학원가는 매스컴의 집중 조명^{2년간 신문 방송보도} ^{80여 회}을 받으며 전국적으로 유명세를 탔다. 2년 정도 줄기차게 학원가를 지렛대로 활용해 노원구의 이미지를 탈바꿈시키고자 열정을 다해 홍보한 결실이 나타나게 된 것이다. 이렇게 학원가 보도가 이어지며 주변 아파트 가격도 뛰기 시작했다. 1년 정도 지났을 무렵 중계동 은행사거리 주변 아파트값이 1억가량 올랐다는 소리가 들리더니 2년 정도 되니까 더블로 뛰었다는 얘기가 들렸다. 그곳은 현재도 노원구에서 가장 비싼 아파트군이다.

이 시점에 은행사거리 지역은 또 하나의 호재가 나타났다. 노원문화예술회관 준공이었다. '강북의 작은 예술의전당'이란 타이틀로 중앙일보_{2면 헤드, 박스 5단 기사}, 동아일보 등 전 언론에서 대대적인 보도를 하였다. 사실 자치구의 무슨무슨 회관 건립은 뉴스가 안 된다. 이렇게 문화 인프라가 구축되어 보도가 되니 이 지역의 브랜드 가치는 더욱 치솟았다. 학원가와 문화 인프라가 어우러져 매스컴을 타며 이 지역 일대 부동산 가격은 2년 새 상당히 올랐다. 의도적인 것은 아니지만 지역의 부가가치를 미디어를 통해 창출한 대표적 사례다. 그야말로 이름 없는 둠벙에서 대어를 낚은 격이었다.

이래저래 노원구 중계동 은행사거리는 학원가 명성과 함께 날개를 달고 세상에 회자되기 시작했다. 어느 날 서울시공무원교육원에서 강의를 듣다 보니 외부 강사가 '중계동 은행사거리 학원가'를 언급하고 있었다. 이쯤 되면 대내외적으로 노원구 중계동 은행사거리가 알려질 만큼 알려진 것을 실감할 수 있었다. 성공이었다. 부정적 이미지를 바꿔 보려고 시도한 작은 생각이 먹혔던 것이다. 순간 더 이상 은행사거리 학원가를 홍보하다가는 '공공기관인 구청이 앞장서 사교육을 부추긴다'는 비판을 받지 않을까 하는 우려가 들었다.

그래서 홍보 콘셉트를 전환했다. 바로 공교육이다. 먼저 고등학교

입시 결과를 분석하여 보도자료화하기로 했다. 이 지역 학교의 우수성을 알리기 위해서다. 서울대 등 입시 결과를 입수, 이를 자료로 만들어 특정 언론에 배포했다. 말뉴스거리이 되었다. 강남지역에서 입시율이 높다면 기사발이 안 먹히겠지만 서울의 변방 노원구에서 명문대 합격률이 높다고 하니 얘기가 됐다. 유력 일간지 사회면과 종합면에 이 내용이 소개됐다. 그것도 박스기사로. 이때 엠바고를 깨고 보도했다 하여 해당 언론사 교육부 출입기자가 실제 기사를 쓴 서울시 출입기자를 대신해 기자실 출입정지를 먹었다. 왜냐하면 당시 학교 간 서열화 보도는 고교평준화에 위배된다 하여 영원한 엠바고였기 때문이다.

그러거나 말거나 이듬해부터는 그것 말고도 더 추가해 지역 내 중학교의 특목고과학고, 외고, 민사고 입시 결과를 일일이 분석하여 보도자료로 배포했다. 매년 이 같은 방식으로 업그레이드된 보도자료를 내보냈다. 노원구만의 특화된 기획 보도자료였다. 이렇게 3년 정도 홍보하다 보니 노원구는 '교육특구, 강북 8학군'이라는 수식어가 따라붙었다. 사실 학부모들의 최대 관심사는 아이들 교육. 그래서 이 지역은 교육특구로 더욱 유명세를 탔으니 자연 학부모들의 시선을 끌 수밖에 없었다. 당시 서울시 교육청 발표에서 노원구는 위장전입자 수가 서울에서 가장 높았다. 이 지역 중고등학교에 입학하기 위해서다. 자연스레 지역의 부가가치는 올라갔다.

오늘의 노원구는 교육이라는 징검을 가지고 이미지를 확고히 굳혔다. 사실 교육을 주제로 하는 홍보가 있기 전에 이 지역의 고학력 젊은층 학부모들은 자녀들이 고학년중학교 1,2학년 정도이 되면 강남의 학교에 보내기 위해 이사하는 것이 흔한 현상이었다. 그러나 지금은 오히려 강남보다 집값이 싸고 교육여건이 좋으니 이곳으로 다시 U턴, 학부모들이 몰리고 있다. 교육이라는 콘셉트를 잡고 기획홍보를 한 것이 지역 이미지, 부가가치 상승이라는 두 마리 토끼를 다 잡은 셈이다.

이처럼 노원구가 교육이라는 콘셉트를 치고 나가자 수년 뒤 서울의 각 자치구에서도 덩달아 '교육 1등구', '교육 1등 도시'라는 슬로건을 내거는 등 벤치마킹을 했다. 상품으로 치면 대박을 터뜨린 것이다. 한 마디로 지역의 작은 장점을 찾아 더욱 강점으로 부각시켜 지역 이미지를 바꾼, 즉 진흙 속에 묻혀 있던 잠재적 가치를 수면 위로 끌어내 성공을 거둔 대표적 사례다. 아마도 유무형의 부가가치를 환산해 본다면 수백억, 수천억대가 될 것이다. 홍보가 지방자치 발전에 미치는 영향이 굉장히 크다는 사실을 일깨워 준, 지금까지 홍보 업무를 하며 가장 가슴 뿌듯하게 보람을 갖게 한 사례였다.

한 마디 덧붙여야겠다. 혹자는 우스갯소리로 "그쪽中계동 은행사거리 지역 아파트값을 그렇게 많이 올려놨으니 학원과 인근 주민들이 얼마씩이라도 걷어서 줘야 한다"고 했다. 또 지인들은 "그럴 것 같았으면 당신 집이나 그쪽에 미리 사 놓고 올리지"하며 "이젠 중계동 홍보 그만하고 상계동 쪽도 홍보해 달라"고 농담을 했다. 여담이지만 정작 나는 노원구 아파트값이 전국에서 가장 빠른 상승률을 보인 시기에 이사해 지인들로부터 구박을 받았다. 재테크와 홍보는 무관하다는 것을 알았다.

홍보맨은 종합병동(?)

흔히 홍보맨을 '술상무' 라 부른다. 아마 기자들과 자주 자리를 함께 하기 때문인 것 같다. 밥만 먹고 헤어지면 민숭민숭해서 유대가 쌓이지 않는다는 생각에서 술을 마신다. 사실 남자들 세계에서는 술잔이 오고 가야 끈끈한 대화를 나누게 되고 인간관계도 더 돈독해진다.

기자는 마치 굶주린 사자가 먹이를 찾아 나서듯 늘 취재거리를 찾아 내기 위해 고민해야 하고, 취재하면서 자신의 신념과 맞지 않으면 인간 적 번민에 빠지기도 한다. 게다가 기사 마감시간에 쫓기면서 압박감에 시달리며 사건현장에서 긴박하게 대처해야 하는 등 긴장의 끈을 놓지 못한다. 특히 기자라면 한 번쯤 특종을 쓰고 싶어 하며 이로 인한 스트 레스도 받을 것이다. 이러다 보니 뉴스원과 우호적 관계를 유지하고 보 다 많은 정보를 캐내려면 술이 필요할 때도 있다. 요즘 담배를 피우지 않는 사람이 많아졌지만 옛날에는 많이 피웠다. 몸에 안 좋은 것은 다 한다. 그래서 건강도 별로 좋지 않다. 위염은 기본이다.

그렇다면 기자들과 접촉해야 하는 홍보맨은 어떨까. 열정적인 홍보맨이라면 그들에 버금갈 정도로 심적 스트레스와 술, 담배에 찌들어 있다. 그러니 병을 달고 산다. 그래서 술상무 업무를 기피하며 적당히 하다가 다른 부서로 도망간다.

홍보 업무 3년차 때의 일이다. 위염에 십이지장궤양, 목디스크가 동시에 왔다. 위염이야 한국 사람들에게 흔히 있는 일이라지만 헬리코박터균에 의한 십이지장궤양 때문에 여러 날 병원을 다니며 치료해야 했다. 공교롭게도 목디스크까지 겹쳐 정형외과를 다녀야 했으니 정말 힘든 생활이었다. 원인은 신경성 스트레스. 업무적 압박감과 늘 긴장하고 기자들과의 빈번한 술자리 등이 스트레스가 된 것이다. 또 언론 등 보도가 잘 나오면 다행이지만, 안 나오면 안 나와서, 나와도 비판보도가 나와서 스트레스를 받는다. 기자들처럼 늘 거리^{보도자료 소재}를 찾아 이를 언론에 제공해야 하기 때문이다.

구청의 경우 대개 비슷한 일을 하는데 대동소이 한 행사 뉴스를 타 자치구에서 한 발 앞서 기사화하면 뒷북을 치게 돼 홍보 담당자는 자존심이 상한다. 게다가 큰 것 한방^{비판보도} 맞으면 이를 분석하여 오보라면 법적 검토 등을 거쳐 언론중재위나 민형사 소를 준비해야 하는 등 스트레스는 가중된다. 이래저래 크고 작은 언론과의 마찰, 다툼, 다람쥐 쳇바퀴 돌듯 하는 연속 업무에서 오는 스트레스 때문에 홍보맨도 기자와 마찬가지로 병원 신세를 자주 지게 된다.

5년차 되던 해에는 위궤양이 왔다. 그후 1년에 한 번씩 거르지 않고 위내시경 검사를 받고 있다. 8년차 되던 해에는 성대 수술을 받았다. 업무가 원인이었다. 9년째 되는 해는 연말 안으로 정기 건강검진을 의무적으로 받아야 하기 때문에 시간에 쫓겨 부랴부랴 인근 병원에서 검진을 받았다. 그런데 우편으로 검진 통보가 오지 않고 간호사로부터 전화가 왔다. 결과를 보러 병원에 들러야 한다는 것이었다. '아, 뭐가 있나 보다' 하고 병원에 들렀더니, 초기 암이 의심된다며 큰 병원에 가서 정밀진단을 받으라는 청천벽력 같은 말을 하는 것이었다.

앞이 캄캄했다. 늦둥이와 가족들이 떠올랐다. 일이 손에 잡히지 않았다. 마음은 조급한데 종합병원에서 검사를 받으려면 2주 넘게 기다려야만 했다. 결국 정밀진단을 받았다. 천만다행으로 만성위염으로 판정이 났다. 이후 줄곧 위장약을 먹고 있다. 좀 나아지면 끊었다가 안 좋은 것 같으면 다시 먹고. 병원에 다녀오는 날 한 달치 약봉지를 들고 돌아오는 나를 보고 직원들은 '약을 달고 산다'며 건강을 챙기라고 우려섞인 핀잔을 주곤 했다.

그리고 벌써 노안이 와 안과 신세를 자주 진다. 세월도 무시할 수 없겠지만 이유도 있다. 중요한 보도자료나 칼럼 등을 쓰느라 모니터를 장시간 분석 및 취재 등 응시하다 보면 눈이 침침해진다. 홍보 업무 12년에 머리카락은 다 빠져 버리고, 속은 다 상해 자동차로 치면 여기저기 고장이 난 거와 다름없다. 이제 리모델링을 하는 시간적 여유를 가져야 할 때도 되었다는 생각이 든다.

사실 홍보 담당자가 모두 나처럼 종합병동은 아니다. 얼마든지 자기관리를 하며 일을 즐기고 보람을 느낄 수 있다. 꼭 술을 마셔야만 미디어 관계자들과 접촉하는 것은 아니다. 이젠 술 문화 패턴이 바뀌고 있다. 예전과는 환경이 많이 달라졌다. 기자들은 얼마든지 이해를 해 준다. 최근에는 여성 홍보맨도 늘어가고 있다. 꼭 술을 마셔야 홍보 업무를 잘 할 수 있는 것은 아니다.

분위기를 바꿔 보자. 나의 어두운 이야기와는 달리 홍보 일은 다른 사람들이 느끼지 못하는 매력이 있다. 기업에서 제품을 개발하든, 공공기관에서 행정의 주요시책을 추진하든 세상에 알려야 하는데 이를 포장해서 파괴력이 큰 미디어를 통해 널리 홍보하는 일은 회사나 기관이나 매우 중요한 일이 아닐 수 없다. 그만큼 홍보가 중요하기 때문이다.

몇 년 전부터 정부 각 부처나 공공기관에서 홍보 담당자나 대변인의 직급을 상향조정하고 있으며, 기업에서는 홍보 담당자를 주요 자리에 발탁되는 예가 눈에 띤다. 최근 강조하고 있는 소통 수단 중 가장 강력한 것이 미디어를 통한 홍보다. 프로 홍보맨은 홍보의 달인이면서 자기 건강관리도 잘 해야 한다. 그렇다고 볼 때, 나는 아직 프로가 못 되는 것 같다.

⑬
별 보고 출퇴근하는 홍보맨의 24시

저녁에 조깅을 할 때나 출퇴근할 때는 물론 화장실에 앉아서도 늘 뉴스거리를 찾는다.
홍보 업무는 긴장의 연속이고 보도를 내기 위해 전투를 치르는 것과 같다.

1998년 11월에 처음 공보 업무를 맡았다. 그리고 지금까지 12년 동안 줄곧 한 우물만 팠다. 남들이 2~3년 하면 질려서 도망가는 일을 용케도 해 왔다. 그건 이 일이 적성에 맞기 때문이 아닌가 한다. 그리고 동기부여가 되었다는 것이다.

무엇보다도 홍보 일을 하며 가시적 성과를 가져오는 등 보람을 느낄 만한 일들이 많았다. 여느 행정 업무에서도 보람 있는 일이 많지만, 홍보 업무를 해 본 사람은 이 일에서 얻는 남다른 희열과 매력 때문에 쉽게 그만두지 못할 것이다. 열정을 가지고 구상한 대로 보도가 되면, 야구에서 안타를 쳐 타점을 올리거나 축구경기에서 어시스트를 해 골인이 되거나, 아니면 직접 골을 넣었을 때의 기분에 견줄 만큼 희열을 느끼기 때문에 그런 것 같다.

공공기관에서 일하는 홍보맨의 하루를 소개한다. 대 언론 업무를 3~4년 했을 때의 모습이다. 매일 그날의 신문, 방송 보도를 스크리닝 하기 위해 새벽 6시 이전에 일어나 사무실로 향한다. 겨울에는 어둠이 채 가시지 않은 새벽하늘의 별을 보고 출근한다. 한 시간 정도 걸려 사무실에 도착하면 그날 스크랩 담당 직원이 신문을 샅샅이 훑는다. 이어 빠른 속도로 1차 스크리닝 한 신문을 다시 본 다음 방송 보도를 챙겨 그날의 보도사항을 스크랩 한다. 그리고 아침 8시경 모든 보도사항을 보고한다.

이어 아침을 먹고 오전 9시 직후 그날 기자실에 배포할 보도자료와 첨부할 사진^{지금은 메일 전송}이 있으면 함께 붙여서 인편에 보낸다. 이 일이 끝나면 바로 그날 기관장의 동정을 챙겨서 보도자료로 작성해 전송한다. 자료를 모두 보냈으니 한가할 수 있지만 이제부터 시작이다. 전화통을 붙들고 일일이 언론사 기자들에게 그날 배포한 자료에 대해 설명하며 세일에 들어간다. ^{물론 중요한 자료의 경우 하루 전날 오후에 메일로 보내고 세일한다.}

기자들에게 결론부터 말하고 강조할 부분에 악센트를 준다. 이때 그냥 알았다고 하는 기자가 있는가 하면, 궁금한 부분을 되물어 오는 기자가 있다. 대충 듣는 둥 마는 둥하면 십중팔구 그날 자기네 신문 지면이 부족해 소화할 여력이 없거나 아니면 자료 내용이 약하거나 둘 중 하나다. 또는 기자가 뉴스 밸류에 대해 간과한 경우다. 궁금증을 갖고 되물어 온 경우는 일단 관심을 갖고 있으므로 보도자료에 담지 못한 재미있는 비하인드 스토리를 설명하며 약간 양념을 더 친다. 그렇게 하면 기자는 전문가 시각에서 한두 발짝 더 나아가 홍보맨이 보지 못하는 시각에서 색다른 주문을 한다. 그러면 뉴스 밸류는 더 강화된다.

이렇게 기자들과 일일이 통화하고 요구한 서브자료^{백자료}를 챙기다 보면 오전이 후딱 지나간다. 이때가 가장 바쁜 시간이다. 점심시간을 이용해 기자실 등에서 잠시 눈을 붙인다. 그래야 맑은 정신에 다음날 자료를 작성하고 챙길 수 있다. 이 시간에 혹 기자와 점심 약속이 있으면 낮부터 술을 마시게 된다. 점심이지만 기자들과는 으레 간단히 한잔 하는 게 상례처럼 돼 있다._{물론 그렇지 않은 경우도 있지만.} 석간 기자들과는 오후에 여유가 있어 더욱 그렇다.

오후 2시 정도 되면 다음날 '거리'_{보도자료감}를 챙기기 시작한다. 예측 가능한 자료야 미리 챙기지만 갑자기 발생한 자료는 저녁 늦게까지 작성한다. 자료를 쓰다 보면 전문가도 아니고 주택, 건축, 세무 등_{홍보 담당자는 만능이 되어야 한다.} 행정 공무원이 잘 모르는 내용이 있어 취재를 해 가며 쓰다 보면 몇 시간씩 걸린다.

이렇게 쓴 자료는 다음날 아침 출근하며 전철 속에서 맑은 정신에 탈고를 한다. 자료의 성격에 따라 난해하거나 쟁점의 소지가 있을 수 있는 자료, 매우 중요한 자료는 일차적으로 해당 부서의 검증을 거친다. 이어 저녁에 기자들과 간담회가 있으면 그때는 그야말로 일과를 마쳤으니 여유 있게 식사를 하게 된다. 밤 11시 또는 새벽 1시경 1차, 2차까지 마시고 저녁별 보며 퇴근한다.

집에 가서는 인터넷을 검색한다. 기관 관련 뉴스나 비판보도가 있나 해서다. 물론 이런 일과 중에도 각종 언론사 기자들로부터 걸려오는 전화에 응대해야 하고, 찾아오는 언론인들을 만나야 한다. 그리고 중요한 행사가 있거니 기자들이 현장 취재를 나오면 일일이 따라다녀야_{어느 때는 반나절 이상 취재 지원을 다니는 경우도 있다} 한다.

홍보맨은 일과 후 퇴근해서 관련 기사를 쓴 기자나 당직 기자들로부터 밤늦은 시간 또는 토요일과 일요일, 산행을 할 때도 전화를 받는다. 그러기에 휴대전화를 두 개 가지고 다닌다. 소위 움직이는 홍보실인 것이다. 또한 주말이면 친분 있는 기자의 경조사를 챙겨야 하는 등

바쁘다. 주말엔 주중에 하지 못한 중요한 일을 처리하기 위해 출근해야 한다. 홍보맨이라고 다 그런 것은 아니지만 꼬박 5, 6년을 그렇게 해 왔다.

이젠 좀 여유를 찾았다. 예측 가능한 홍보 패턴을 구사하기 때문이다. 주간 행사표와 월간 행사표가 나오면 금요일 오후나 월말에 팀원 미팅을 거쳐 기획 보도자료, 일반 보도자료를 챙기고, 다음 주나 다음 달에 있을 각종 내용을 체크한 뒤 자료 작성자를 지정하고 배포할 타이밍을 정하는 등 주간, 월간 홍보 전략을 세운다.

나는 저녁에 조깅을 할 때나 출퇴근할 때는 물론 화장실에 앉아서도 늘 팻거리_{뉴스거리}를 찾는다. 그래서 노트가 두 권이다. 사실 신문방송학을 전공한 것도 아니고 누구에게 트레이닝을 받은 것도 아니다. 혼자 홍보 업무를 하다 보니 무슨 뉴스거리가 있으면 어떤 식으로 꾸며야 할지 쉼 없이 구상한다. 특히 칼럼은 야마_{주제}를 잡기 위해 어떻게 끌고 갈 것인지를 많이 고민한다.

홍보 업무는 긴장의 연속이고 보도를 내기 위해 전투를 치르는 것과 같다. 일반 업무야 일상적이거나 오더가 떨어지는 경우 열심히 해서 목적을 완수하면 잠시 숨을 돌릴 여유가 있지만 홍보 업무는 끝이 없다. 하나의 과제가 끝나면 바로 다음 보도거리를 찾아야 하기 때문이다. 그래도 이를 버거워하면 못하지만 즐기면서 먼저 치고 나가면 신이 나서 지칠 줄 모르고 할 수 있다. 나의 경우는 힘들다는 생각을 하지 않고 지금까지 12년을 달려왔다고 자부한다. 문제는 소신껏 역량을 발휘할 수 있는 여건_{기관장의 배려, 홍보 관계자의 소신과 의지}이 조성되었던 것이 중요한 원동력이었다.

지금도 최고관리자와는 긴급한 보고사항 등 의중을 받아야 하는 경우엔 시간에 구애됨 없이 자유롭게 의견을 개진한다. 핫라인이 형성되어 있다. 기관과 지역의 이미지 메이커^{홍보맨}로서 영역에 관계없이 프리토킹 한다. 적어도 유능한 홍보맨을 양성하려면 이러한 여건이 조성되어야 한다. 홍보맨은 최고 정책결정권자의 입이요, 이미지 메이커이기 때문이다.

돌발사태(?)

아무리 노련한 사람이라도 예상치 못한 일이 일어나면 당황하기 마련이다.
대개 이런 일은 급작스레 일어나 미처 손쓸 겨를도 없이 벌어진다.

홍보 업무를 하다 보면 뜻하지 않은 황당한 일이 발생하곤 한다. 아무리 노련한 사람이라도 예상치 못한 일이 일어나면 당황하기 마련이다. 대개 이런 일은 급작스레 일어나 미처 손쓸 겨를도 없이 벌어진다.

그동안 그렇게 많지는 않지만, 잘 하는 모습을 널리 알리기 위해 보도자료를 냈다가 낭패를 본 사례 등 내가 겪은 돌발사태를 소개함으로써 타산지석으로 삼는 계기가 되었으면 한다.

1) 유가족 두 번 울린 ○○구청

1999년 6월, 경기도 화성의 씨랜드 놀이동산에서 발생한 화재사건이다. 어린이들이 자는 방에 피워 놓은 모기향이 모기장에 옮겨 붙어 ○○구 소재 유치원생 등 23명의 목숨을 앗아간 화재사건이 발생해

당시 세상을 떠들썩하게 만든 뉴스다. 화재 안전 불감증에 대한 언론의 질타가 연일 지면을 장식했다.

오전 8시 30분경 기관장 주재로 전 직원이 정례 조례에 참석하고 있는데 모 신문사 기자라며 전화가 왔다. 다급한 목소리로 공보과장을 바꾸라는 것. 조례 참석중이라고 하자 공보팀장을 바꾸라는 것이었다. 역시 없다고 말하며 무슨 일이냐고 물었더니 "유가족들이 구청 대강당에 빈소를 차리겠다"고 했는데 구청 관계자가 "검은 상복을 입은 사람들이 들락거리면 민원인들이 많이 왔다 갔다 하는데 보기가 좋지 않다라는 말을 했다는데 사실이냐"고 따져 물었다. 아무 영문도 모르고 있는 상황에서 자세히 알아보고 바로 연락하겠다며 서둘러 전화를 끊었다.

통화 후 뭔가 이상하다는 생각이 들었다. 그땐 언론 업무를 시작한 지 얼마 안 되어 감을 잡는 데 익숙하지 않았으나 왠지 비판기사를 쓸 것 같은 생각이 들었다. 역시 그날 오후 배달된 신문에 '유가족 두 번 울린 ○○구청'이란 제하에 대문짝만하게 보도되었다. 당시 유가족들은 빈소를 교육청에 차렸다. 후일 생각해 보니 빈소를 구청에 설치하려 했으나 여의치 않아 교육청에 차린 것이었다.

하여튼 어제까지 어린이들의 목숨을 빼앗아간 어른들의 총체적 안전 불감증에 대한 메시지를 강하게 풍기던 뉴스가 난데없이 구청을 질타하는 내용으로 기사화되었으니 황당하기 짝이 없었다. 기사 내용대로라면 일반 시민들로부터 비난을 받을 만했다. 즉 구의 이미지가 훼손되는 보도였다. 우선 제목부터가 그랬다. 내용을 검토해 보니 사실이 아닌 오보가 있었다. 보도 내용에 대해 사실 확인 작업을 거쳐 언론중재위원회에 정정보도를 요청할 생각으로 준비했으나 해당 기자에게 항의하는 선에서 끝내고 말았다.

이 사건을 통해 데드라인^{마감이 임박한 시간대}에 쫓긴 기자의 취재를 조심해야 한다는 것. 이를테면 하나의 팩트를 갖고 초점에 맞춰 기사를 쓰기 위해 취재를 몰고 가는 것이다.^{기자의 의도일 수 있지만 취재기자의 뜻과는 관계없이 데스크에서 방향타를 정해 줘 말이 되게 몰고 가는 경우도 있다.} 이런 경우 꿰맞추다 보면 사실과 다른 내용이 들어갈 수 있다. 무엇보다도 비판의 대상이 되는 사람에게 발언의 기회를 주지 않고 한쪽 얘기만 듣고 취재를 할 수 있다는 것이다.

당시 나의 실수는 꺼림칙한 취재라는 느낌을 가졌음에도 취재 후 정확히 확인을 거쳐 바로 대응하지 못한 데 있었다. 사실 홍보 업무를 한지 얼마 되지 않은 상황에서 겪은 일이라 기자의 전화 통화 후 대응^{전후관계를 파악, 자세히 기관의 정리된 입장을 전달해 기자를 이해시키려는 노력}하지 않고 그냥 넘어가 기자의 의도대로 기사화되도록 방치한 꼴이 되었다. 이후 기사 마감시간이 임박한 시점에서의 취재 형태는 아무리 바빠도 끝까지 내용을 정확히 파악해 바로 기관의 입장과 사실을 어필하고 있다.

2) 주최측 줄줄이 인사말 빈축

○○구에서의 일이다. 매년 가을 유아마라톤대회가 열린다. 나약한 도시 어린이들의 체력을 튼튼히 다지는 계기를 갖자는 취지에서 지역 내 5~6세 유치원생 수천 명이 참석해 올림픽공원을 돌아오는 코스다. 젖 먹던 힘을 다해 달리는 천진난만한 유아들의 모습이 얼마나 보기 좋은가. 그러니 행사가 열리면 으레 방송사를 비롯 신문사 사진부 기자들이 총집결한다. 이 광경을 촬영하기 위해 이미 공중파 3사 등 방송사 기자들이 와 있었다.

그런데 문제가 생겼다. 아이들이 행사장에 집결할 때는 멀쩡하던 날씨가 행사 시작 30분 전부터 먹구름이 끼더니 막 행사가 시작되자 조금씩 비가 내리기 시작했다. 걱정이 되었다. 기관장 인사말을 비롯 국회의원 등 내빈들의 인사가 이어졌다. 방송사 취재기자 한 명이 내게 찾아와 "비가 오는데도 이 행사를 계속 하느냐?"고 물었다. 난감했다. 이미 행사는 시작되었고 비도 그렇게 많이 오지는 않았다. 그런데 방송 카메라가 본부석을 촬영하고 있었다. 문득 오늘의 취재 초점은 빨주노초파남보 일곱 색깔 무지개 티셔츠를 입고 뛰는 아이들의 모습이지 본부석 내빈들의 축사 모습은 아니었다. 그런데도 본부석 내빈들을 계속 촬영하고 있었다.

아니다 싶었다. 아이들은 비를 맞으면서 줄줄이 이어지는 내빈들의 축사를 듣고 있었다. 문제는 아이들은 비를 맞고 있는데 행사를 강행했고, 축사를 하는 내빈들은 참모들이 받쳐 든 대형 우산으로 비를 피하고 있었다는 것. 순간 '깨지는구나' 하는 생각이 들었다. 부랴부랴 공중파 3사 취재기자를 찾아 일일이 설명했다. "행사 시작 전부터 비가 내렸으면 행사를 취소했을 텐데… 잠시 후 비가 멎을 것 같다"고.

사실 설명하는 입장에서도 궁색했다. 다행히 두 방송사 기자는 아는 사이라서 이해를 해 주는 것 같았다. 그러나 한 방송사 기자는 나의 설명을 이해하려 들지 않았다. 오히려 "어린애들이 감기 걸리지 않겠느냐"며 "같이 비를 맞기는커녕 내빈들은 우산을 쓰고, 말이 되느냐"며 강하게 질책했다. 대외적으로 좋은 취지의 행사를 한다는 것을 언론을 통해 알리려 제공한 자료가 비가 오는 바람에 깨지는 보도자료가 된 꼴이었다.

그날 저녁뉴스. 역시 두 방송사에서는 사실 그대로 어린이들의 마라

톤에 초점을 맞춰 보도했으나, 행사 중 질책한 SBS 방송사 기자는 '어린이들은 비를 맞고, 내빈들은 우산을 쓰고 장시간 줄줄이 축사를 하여 빈축을 샀다' 고 보도하였다. 비를 맞은 상당수의 어린이들이 감기에 걸릴 수 있다는 내용까지 덧붙였다. 망신살이 뻗쳤다.

사실 고사리들이 감기에 걸릴 수 있는 가을 날씨였다. 중요한 것은 당시 현장에 있었던 나도 엉거주춤 대처를 하지 못했다. 지금 같았으면 주관부서에 강력히 요청해 우선 아이들이 비를 피하도록 조치할 것을 권고하였을 것이다. 그런 다음 비가 멎으면 다시 하든지 아니면 일회용 우의를 준비하든지, 그것도 안 되면 연기할 것을 제의, 어느 정도 기자들에게 노력하는 흔적을 보여 그들로 하여금 우리 입장을 이해하게끔 하였을 것이다.

늘 다양한 시각으로 접근하는 기자들의 입장에서는 이날의 돌발사태를 '얼씨구나' 하고 뒤집는 기사로 방향을 튼 것이다. 밋밋하게 행사 내용만 소개하는 것보다 비판을 곁들이면 내용이 훨씬 알찬 기사로 포장될 수 있고 데스크에서도 반길 것이기 때문이다. 적어도 기자들은 평소에 비판의식을 갖고 뉴스를 접하는 것이 기본 마인드임을 알아야 한다. 당시 비판을 가한 기자는 원래 취재 나오기로 한 사람 대신 투입된 대타였다. 이후 그 기자는 관할 경찰서 출입기자로 오면서 알게 되었고 다시 서울시 출입기자로 왔다. 그 기자와는 지금까지 끈끈한 인간관계를 맺어 오고 있다.

홍보 담당자는 설령 비판을 받더라도 다시는 안 볼 것같이 대하면 안된다. 얻어맞는 비판기사일지라도 그 폭을 최소화하려는 노력을 기울이는 한편, 언제든 다시 만날 수 있다는 것을 명심해야 한다. 홍보맨은 늘 기자와 좋은 관계, 좋은 이미지로 기억되도록 처세해야 한다.

3) 취재 나온 기자의 칭찬에 동문서답

○○구에서의 일이다. 매년 연례적으로 있는 '세계 물의 날'을 앞두고 토요일 탄천에서 자연보호행사가 열렸다. 주말이라 하루 전날 오후에 각 신문사 사진부에 보도자료를 발송했다. 행사 당일 구 자체 사진 담당 후배를 데리고 현장에 나갔다. 새마을지도자협의회 회원 등 주민들이 나와 하천에서 각종 오물을 건져 내고 있었다. 사진기사가 되는 것이었다. 사실 사진기사가 글로 쓰는 기사보다 시각적 효과나 파급력 면에서 더 크다는 것은 주지의 사실이다.

이런 유형의 행사도 홍보 담당자 입장에서는 어느 지자체나 다 하는 평범한 행사라고 생각해 그냥 지나쳐 버릴 수도 있지만, 남보다 한발 앞서 먼저 행사를 한다든가 이벤트 내용이 가미되면 얼마든지 기사발이 먹힌다. 이날도 과연 사진부 기자들이 얼마나 올까 생각하며 행사장에 나갔다. 이미 4~5명이 나와 있었다. 기자들과 인사를 나누고 어떤 식으로 하면 그림이 될지를 물었다. 실제 현장 모습이지만 보다 효과적인 사진을 위해 약간의 연출이 필요하기 때문이다.

잠시 후 멀리서 기관장과 수행자들이 오고 있었다. 수행 간부 한 명이 앞서 달려와 어느어느 언론사 기자들이 나왔는지 묻고 돌아갔다. 도착한 구청장에게 사진부 기자 중 한 명이 호주머니에서 뭔가를 꺼냈다. 그는 공보팀에서 제공한 보도자료를 펼쳐 보이며 "○○구는 보도자료도 잘 만들고 항상 좋은 자료를 보내 준다"며 칭찬의 말을 건넸다. 그런데 거기서 구청장이 의례적인 답례로 '아, 그렇게 봐 주시니 고맙다. 앞으로도 잘 부탁한다'고 가볍게 인사를 하면 될 것을, 난데없이 "기자분들이 늘 ○○구를 비판하려고 하는 것 같다"는 말을 꺼내는 것이었다.

순간, 함께 간 동료 셋은 누가 먼저라 할 것 없이 동시에 휘둥그레진 눈을 마주쳤다. 참으로 황당한 일이었다. 영문도 모르는 기자들은 어떻게 생각했을까! 분명 돌발 상황이 발생한 것이었다.

사무실로 들어와 과장에게 보고했다. 알고 있어야 할 것 같아서였다. 기자 등 미디어 관계자들과 좋은 관계를 유지하기 위해 홍보팀은 부단히 노력한다. 그런데 도와주러 나온 기자들, 그것도 호의적으로 나오는 기자들에게 웬 동문서답을 한단 말인가. 이날의 기억은 지금까지 잊지 못하고 있다. 홍보팀만이 아니고 최고관리자도 대 언론 마인드를 갖고 있어야 한다는 사실을 절감한 사건(?)이었다.

최고관리자가 홍보팀을 향해 "이 내용을 조중동조선, 중앙, 동아일보에 내보라"고 지시한다면, 그것도 매번 그런다면 얼마나 피곤하고 스트레스를 받을 것인가. 홍보팀장이 조중동의 편집국장도 아니고. 적어도 유력 일간지에 기사로 채택되려면 뉴스 밸류가 커야 한다. 소위 감거리이 되어야 한다. 옛날에는 기자들에게 거마비를 주어 기사화하던 시절이 있었는지는 몰라도, 지금 시대에 말이나 되는 얘기인가.

기사는 기사 밸류가치가 생명이다. 물론 기관장의 입장에서는 자신의 바람을 얘기할 수는 있다. 하지만 언론사 윗선을 연결해 기사를 부탁하는 고공 플레이를 한다고 해서 먹히는 것을 못 봤다. 부탁을 하더라도 어느 정도 얘기가 되는 내용이어야 한다. 고공 플레이는 바람직하지 않다. 홍보는 담당자에게 맡겨야 한다. 그래서 홍보 담당자는 수시로 최고관리자와 언론의 속성 등 언론 마인드에 대한 대화를 나누어야 한다. 최고관리자가 언론에 대해 잘 알면 그만큼 이해의 폭이 넓어 일하기가 수월하다.

4) 인터뷰 도중 해프닝

오래 전 얘기다. 최고관리자가 케이블방송과 인터뷰를 하던 날이다. 보통 인터뷰가 잡히면 사전에 질문지를 받아 최고관리자에게 인터뷰의 성격과 질문 내용 등을 미리 보고한다. 그리고 보통 인터뷰 전날_{오후에 있}_{으면 오전에} 리허설을 한다. 사람마다 다르지만 인터뷰를 많이 해 본 사람은 핵심만 가지고 대화 형태로 풀어나가는가 하면, 곧이곧대로 정해진 원고에 의존해 인터뷰를 하는 사람이 있다.

가장 좋은 것은 방송의 경우 핵심_{요점}만 가지고 사전 리허설을 통해 충분히 소화한 뒤 임하면 무난하다. 말 잘하는 사람도 카메라만 들이대면 입이 굳어 버리기도 한다. 그만큼 방송 인터뷰가 힘들다는 것이다. 이 날도 인터뷰가 있기 전, 오전에 최고관리자에게 미리 질문에 대한 답이 나와 있는 자료를 건네주었다. 보통 한번 훑어보면 쉽게 하곤 했기 때문에 별 걱정을 하지 않았다.

그런데 이날 사건이 일어났다. 정해진 시간에 인터뷰 할 여기자와 카메라 기자가 도착해 조명을 설치하고 인터뷰에 들어갔는데 최고관리자가 약간 말이 꼬이기 시작했다. 잠시 멈췄다. 이유는 홍보팀에서 사전에 작성한 자료를 보며 하다 보니 막히고 더듬거렸다. 사전에 충분히 숙지하지 못한 상태에서 자료에 의존하다 보니 그런 것이다.

자료를 한 번 보고 다시 시작했다. 급기야 말이 꼬이면서 버럭 소리를 질렀다. "이래서 인터뷰를 안 한다고 했는데 말이야"라고 언성을 높였다. 기관장의 이마에는 땀이 흐르고 있었다. 무척 긴장했음을 한눈에 알 수 있었다.

순간 라이브^{생방송}였다면 방송사고가 난 것이라는 생각이 스쳤다. 당황스러웠다. 수없이 인터뷰 지원을 해 봤지만 이런 일은 처음이었다. 당황스럽기는 여기자도 마찬가지. 민망스러웠다. 결국 인터뷰를 중단, 조용히 철수해야 했다.

그날 인터뷰를 한 여기자에게 정말 미안했다. 그도 당황하는 기색이 역력했다. 그후 방송 인터뷰 스케줄은 가능한 한 잡지 않았다. 하기야 평양감사도 본인이 싫으면 못하는 법, 그러나 인터뷰를 꼭 최고관리자가 해야 하는 상황은 어쩌란 말인가.

그런데 문제는 이날 있었던 일이 타 지자체 홍보 관계자들에게 소문이 퍼져 있었던 것. 그날 인터뷰 왔던 카메라 기자와 취재기자 등 일행이 소문을 낸 것이다. 내가 모시고 있는 기관장의 이미지가 훼손된 것 같아 씁쓸했다.

자존심이 상했다. 여기서 중요한 것은 케이블방송, 마이너신문, 지역신문이라 해서 인터뷰 준비에 소홀함이 있어서는 언제든 해프닝 차원이 아니라 낭패를 볼 수 있다는 것이다.

5) 수방전선 이상무

해마다 장마철이 되면 종종 나오는 뉴스다. 집중호우가 내리면 으레 기자들은 수해로 인한 사전대비에 허점이 없었는지 체크해 뉴스화한다. 비가 집중적으로 내리는 때가 휴가철과 맞물려서 '물난리가 나 주택이 침수되고 이재민이 발생하는데 구청장들은 서울을 벗어나 한가하게 휴가를 떠났다'는 내용으로 비판보도를 한다. 그래서 장마철에 기관장 휴가 때는 핫라인을 가동하는 등 홍보 담당자는 미리 예상해야 한다. 이런 비판보도가 나가면 그동안 아무리 좋은 이미지를 심어 놓았어도 한방에 훼손되고 만다.

최고관리자는 최고의 상품인 동시에 비판 시 최악의 상품이 된다. 오래 전 일이다. 수해가 발생하면 단계적으로 비상조치 발령이 나고 공무원들은 각자 위치에서 비상근무를 한다. 이때 주민들과 언론에서는 수해를 인재냐 천재지변이냐 하며 갑론을박 한다. 언론의 타깃은 으레 '늑장 대처'라는 표현이 약방의 감초로 등장한다. 사전에 충분히 예방할 수 있었는데 공무원들이 직무를 소홀히 하여 발생한 인재라는 것으로 끌고 가기도 한다.

당시 상황은 안양천이 범람하고 수도권 지역에 국지성 집중호우가 내려 가옥 침수와 이재민이 발생하였다. 유력 공중파 기자한테 전화가 왔다. 잘 아는 기자였다. 노원구의 저지대 지역 주민들에게 자동음성정보시스템 발령 조치 여부를 물었다. 우선 "당연히 조치를 취했다"고 답변하고, "몇 시에 발령했으며 몇 명에게 했는지 확인해서 바로 알려주겠다"며 끊었다. 수화기를 내려놓고 즉시 해당 부서에 발령 상황 등을 체크했다. 발령을 했다는 것이다. 그런데 몇 시에 했느냐고 묻자 우물쭈물했다. 거꾸로 말을 맞췄다. 방송사 기자한테 문의전화가 올 것에 대비해서다. 그리고 기자에게 발령시간과 대상 인원 등을 분명히 알려주며 우리는 정확히 조치를 했다고.

그날 저녁뉴스. 낮에 취재한 내용이 전해졌다. '수해예방 늑장 대처'였다. 서울 8개 구청이 자막으로 거명되며 자동음성정보시스템 경보 발령을 하지 않았다고 깼다. 다행히 노원구는 빠졌다. 안도의 한숨을 쉬었다. 사실 방송사 기자가 나에게 전화를 한 것은 봐주려고 했던 것

이 아닌가 하는 생각이 들었다. 만일 해당 부서에 직접 전화해서 확인
하였더라면 노련한 기자의 질문에 당황해서 허점을 보여, 확인 취재를
나올 수도 있고 비판의 대상이 될 수도 있었다.

여기서 중요한 것은 기자들과의 네트워크다. 인맥관리의 중요성을
다시 한번 실감했다.

15

호랑이 학대 논란

언론은 다소 감성적인 부분, 갈등이 있는 부분을 비집고 들어오려는 경향이 있다.
한 마디로 이슈의 현장을 찾아 뉴스화한다.

2010년 호랑이 해를 맞아 ○○구에서 호랑이 전시회를 열었다. 구청사 내 갤러리에서 서예, 미술, 조각 등 연중 전시회가 열리는데 금년은 호랑이해라는 것에 착안, 호랑이와 각종 희귀 동물 박제는 물론 호랑이에 얽힌 동영상 3D입체 영화 상영 등의 전시회다.

문제는 여기에 실제 살아 있는 호랑이도 함께 전시한 것이 발단이 되었다. 이 같은 배경에는 해마다 공룡전시회를 열어 지역 주민은 물론 수도권 인근 지방에서 수십만 관람객이 다녀가 ○○구를 알리는 등 흥행에 성공을 거둔 예가 있다 보니 생각이 진일보한 것인데, 동물보호단체 등에서 '호랑이 학대'라는 거센 비판이 일며 일파만파 파장이 커졌다. 홍보맨의 입장에서는 지역을 알리고 행사 내용을 널리 알리는데 주저할 리 없다. 하지만 축제든 각종 행사가 이미지를 좋게 하려 한 것임에도 오히려 부작용이 커진다면 결과적으로 이미지를 그르치는 역효과로 이어져 안 하느니만 못하게 된다.

사태의 발단은 이러하다. 구 청사 로비 전시회장에 사방 2m 크기의 아크릴 우리에 새끼호랑이 두 마리를 넣어 호기심 많은 어린이들에게 전시를 한 것이다. 동물보호단체 등에서는 야행성 호랑이에게 스트레스를 주는 등 학대를 하고 있다며 발끈하고 나섰다. 급기야 '동물자유연대'라는 단체에서 구청에 찾아와 피켓을 들고 시위하며 새끼호랑이 전시 중단을 요구하기에 이르렀다. 동물단체의 항의가 있기 전, 당시 홍보팀에서는 전시회를 앞두고 대대적인 홍보를 하였다. 언론에 일단 먹혔다. 아이디어가 좋다는 반응이었다. 개관하는 날은 일간지에 사진 기사화 되었으며 이어 공중파에서도 다른 동물원의 백호 호랑이와 함께 묶어 현장 취재 보도하였다.

개관 후 전시회장을 찾는 주민들의 발걸음이 부쩍 늘어 전시회장은 늘 북적였다. 사실 보는 이의 시각에 따라 '불쌍하다' 아니면 '가까이서 보니 좋다' 등 '호랑이 학대다, 아니다'라고 편이 갈린다. 동물단체 항의에 대해 구청에서는 '무슨 학대냐'며 대수롭지 않게 여겼다. 무엇보다 주민들이 즐거워하고 평일은 물론 주말이면 수천 명의 관람객이 다녀가는 등 갈수록 인기를 더해가고 있었기 때문이다. 딱히 동물단체가 주장하는 학대라는 개념에 동의할 수 없는 이유를 구청은 '안전하게 먹이를 잘 주고, 전문 사육사가 관리하고 있는데 뭐가 동물 학대냐'며 반박했다. 무엇보다도 관련 법령에서 예시한 동물 학대의 범주에 해당되지 않는다는 게 구청의 주장이었다.

구청은 꿈쩍도 하지 않았다. 그렇게 수주가 지난 후 온라인 매체인 오마이뉴스의 한 시민기자가 우리에 갇혀 있는 불쌍한 호랑이와 대화하는 형태로 기사를 썼다. 동물단체가 소스를 흘렸거나 자료를 제공하지 않았나 싶은 생각이 들었다. 오마이뉴스에 기사가 나가자 구청 홈페이지 '구청에 바란다' 코너에는 구청을 비난하는 수많은 사람들의 댓글이 올라오기 시작했다. 급기야 공중파 2개사에서도 작심을 했는지 호되게 질타하는 비판기사를 내보냈다. 공중파 취재 당일 동물보호단체에서 사전 연락을 했는지 이들이 미리 준비한 퍼포먼스를 촬영하고 그들과 인터뷰를 하였다.

이날 다행히 아는 기자들이 나왔다. 처음 전시회를 열었을 때 긍정적으로 취재했던 방송사도 있었는데 뭔가 이상하다 싶어 물어보니 역시 데스크가 직접 오더를 줬다는 것이었다. '세게 얻어맞는구나' 하는 생각이 들었다. 그날 각 메인뉴스에 나왔다. 노이즈 마케팅으로 성공했다면 무리일까. 보도가 나간 이후 전시회를 찾는 사람들은 더 많아졌다. 주말엔 인산인해를 이뤘다.

이어 구청은 보도가 나온 직후 구의 입장을 밝히는 자료를 냈다. 호랑이를 학대한 사실이 없고 계획대로 정상적인 전시회를 갖겠다는 내용이 골자였다. 한 마디로 동물연대의 압력에 굴복하지 않겠다는 뜻이며, 동물을 학대한 사실이 없다는 의지 표명이었다. 결코 곱지 않은 시선으로 비쳐졌다. 이러한 내용을 일부 신문에서 취재하였고 여타 신문에서도 줄줄이 취재 문의가 오기 시작했다.

그러나 홍보팀에서는 해당 기자들에게 전시를 중단하는 것 외에는 이해와 설득을 구하는 데는 한계가 있었다. 며칠 뒤 빤히 아는 중앙 일간지 기자가 휴일 오후 전화로 취재를 했고 비판기사를 썼다. 자꾸 확산되는 조짐이 들었다. 느낌이 좋지 않았다. 이쯤해서 웬만큼 얻을 것은 얻었으니 빠지는 게 좋겠다고 생각했다. 타이밍이 중요했다. 득보다 실이 커진다면 더욱 그러했다. 지금이 빠질 타이밍이었다. 그래서 기관장에게 건의하였다. 홍보할 만큼 했으니 이젠 문제의 새끼호랑이를 돌려보내자고.

　그러나 최고관리자의 의지는 분명했고 언론의 압박에 아랑곳하지 않았다. 이후 몇 차례 더 건의를 했다. 대답은 관람인원이 뜸해지면 새끼호랑이를 보내겠다는 것이었다. 이런 가운데 며칠이 흘렀다. 구청의 강경태도에 오마이뉴스 기자는 새끼호랑이가 전시 이후에는 과연 사육시설로 제대로 가는지 여부를 추적하기 시작했다. 추격전 끝에 급기야 눈비가 오고 기상이 악화된 어느 날 저녁, 구청 지하 주차장 트럭 속에 새끼호랑이를 실은 채 밤을 지새우는 모습이 오마이뉴스 기자의 카메라에 잡혔다. 문제의 사진과 함께 오마이뉴스에 보도된 것. 인근 사육시설에 보낸다더니 냉동탑차 모양의 트럭에 가둬 지하 주차장에서 밤을 지새게 한다는 내용으로 다시금 학대 논란에 불을 지폈다.

　점입가경이었다. 이젠 구청이 거짓말까지 하는 것으로 도덕성에까지 문제가 되었다. 즉시 외부에 출타중인 기관장에게 유선 보고했다. '사태가 심각하다고. 그러니 빨리 새끼호랑이를 내려 보내고 전시를 중단해야 한다고.' 그러나 최고관리자는 굽히지 않았다. 아마 굴복하는 자세를 보여 주고 싶지 않은 눈치였다. 그동안 새끼호랑이 전시를 이쯤에서 중단할 필요가 있다고 건의해 온 나는 회의감이 들었다. 아무리 정의로운 일이라도 다수가 그렇다고 한다면 한 발 뺄 필요도 있는 것이기 때문이다.

　다시금 신문과 방송에서 새로운 사실에 대한 취재 문의가 왔다. 그러니 전시회를 내릴 것인지 계속 할지 여부를 늦어도 오후 4시까지 답을 달라고 했다. 그렇지 않으면 취재해서 기사화할 수밖에 없다는 눈치였다. 이날 나는 최고관리자에게 목소리를 높여 '이제 새끼호랑이를 철수시켜야 한다'고 최후 건의를 하였다. 그러자 '알았다. 이번 주까지만 하라'고 뒤로 물러섰다. 마침 동물원측에서도 논란의 압력과 여론에 더 이상 전시를 못하겠다며 철수의사를 밝혀 그날로 새끼호랑이는 떠났다.

그리하여 한 달여 끌어온 동물학대 논란 새끼호랑이 전시는 막을 내렸다. 전시 중단 사유는 한강유역환경청으로부터 새끼호랑이를 원래의 사육장소로 보내 달라는 협조 요청 공문을 받았기 때문이라는 명분이었다. 실제가 그러했고. 홍보팀은 바로 새끼호랑이 전시 중단 보도자료를 작성, 배포하였다. 언론의 관심을 반영하듯 일부 언론에서 살아 있는 호랑이 전시 중단 보도를 하였다. 새끼호랑이가 떠난 다음날 나는 홍보팀 직원들에게 전시회를 찾은 주민들의 아쉬워하는 모습 등 반응을 스케치해 보도자료를 작성, 배포토록 하였다. 이대로 물러서는 것 같아 반전 자료를 내고 싶었다. 역시 주민들은 아쉬워했다. 뭐가 학대냐며 반발했다.

하여튼 경인년 호랑이해를 맞아 ○○구가 기획한 '호랑이 전시회'는 처음엔 쉽게 생각하지 못한 이벤트로 사람들의 시선을 끌며 호응이 좋았으나, 동물단체의 문제 제기로 언론의 호된 뭇매를 맞은 대표적 사례다. 물론 성과도 있었다. 하지만 구 이미지 훼손이란 측면에서 보면 새끼호랑이 전시는 안 하느니만 못한 결과를 초래했다고 본다. 전시 목적이 ○○구를 알리고 구 이미지를 좋게 하려는 의도에서였다면 득보나 실이 더 많았다. 보는 사람의 시각과 사고의 차이에 따라 동물 학대 여부가 달라지긴 하지만, 일단 언론과 일부 동물애호가들, 그리고 동조 네티즌들의 끈질긴 공격에 백기를 든 격으로 빨리 수습했어야 할 성격이었다. 작은 것에 목숨 걸 이유가 없다는 이유에서다.

분명한 것은 홍보맨의 입장에서는 ○○구가 연 호랑이 전시회는 결과적으로 그동안 공들여 쌓아 온 좋은 이미지를 한방에 다 날려 버린 셈이다. 동물을 사랑하는 사람들에게 ○○구청은 동물을 학대하는 구청으로, 기관장은 동물학대 구청장으로 시비의 대상이 되었고, 이러한 이미지를 다수의 사람들에게 각인시킨 꼴이 되었다. 마침 정치의 계절이어서 상대로부터 공격의 호재로도 작용되었다. 안타까운 일이었다.

나는 이번 사건을 통해 치고 빠지는 위기관리 홍보가 얼마나 중요한가에 대한 교훈을 얻었다. 치고 나가는 공격적 홍보도 중요하지만 위기의식이 엄습해 오는 등 아니다 싶으면 재빠르게 빠지려는 타이밍을 읽을 줄 알고 수습해야 한다는 점이다. 노이즈 마케팅치고는 너무나 잃은 것이 많은 뼈아픈 사건이었다. 적절한 때 빠졌으면 별 문제가 되지 않았고 일파만파 불거질 이유가 없었다. 원인 해소를 하면 되니까 말이다.

괜한 고집을 피울 필요가 없었다고 본다. 아무리 사람들이 좋아해도 대의명분에서 밀리면 이유를 불문하고 빨리 접는 것이 홍보맨의 입장에서 데미지를 최소화하는 상책이다. 언론은 다소 감성적인 부분, 갈등이 있는 부분을 비집고 들어오려는 경향이 있다. 한 마디로 이슈의 현장을 찾아 뉴스화한다. 굳이 새끼호랑이 전시가 동물 학대냐 아니냐의 힘겨루기를 할 필요가 전혀 없는, 실익이 없는 사건이었다.

16

11년간 한 우물을 파다 홍보담당→팀장→과장

모든 공직자들은 한 번쯤 홍보 업무를 해 볼 것을 권한다.
민선시대, 특히 소통의 시대에 성공하는 단체장을 보필하기 위해서는
쌍방향 커뮤니케이션 홍보 마인드가 필수이기 때문이다.

민선시대 지방자치단체에서 홍보맨의 역할은 아무리 강조해도 지나치지 않는다. 그래서 앞에서도 누누이 강조했지만 막중한 비중을 차지하고 있는 홍보 업무를 수행하는 홍보맨에게 참고가 되었으면 하는 바람으로 그동안 나의 실전 경험, 만 11년의 여정을 소개한다.

1) 홍보맨의 몸값(?)

그러니까 1998년 11월 11일 처음 공보 업무를 맡아 한 부서에서 한 업무만 가지고 11년 만에 구청의 팀장을 거쳐 과장 자리까지 왔다. 과장은 팀장이 된 후 5년 3개월 만에 초고속 승진을 했다. 사실 전문직도 아니고 2~3년 만에 자리를 옮기는 행정공무원의 속성상 보기 드문 케이스다. 지금까지 12년째 홍보 업무를 하고 있다. 주변에서 질리지 않

느냐고들 한다. 하지만 한 우물을 파다 보니 행정공무원으로서 단점도 있지만 장점이 더 많았던 것 같다.

사람들은 공무원 하면 경직되고 관료주의적 사고를 가졌다는 시각을 갖고 있다. 하지만 홍보맨은 그렇지 않다. 나는 홍보 업무 덕분에 경직된 사고에서 탄력적 사고로 변화할 수 있었다. 관료주의적 사고로는 조직 내부환경과 변화무쌍한 외부환경과의 커넥팅 역할을 할 수 없기 때문이다. 홍보맨은 조직 내부와 외부환경과의 가교 역할을 잘 해야 하는 것이 주된 임무다. 즉 기관을 잘 대변하려면 한쪽 입장에서만 판단해서는 안 되고, 조직과 조직을 둘러싸고 있는 외부환경, 그리고 언론인들을 아우를 줄 알아야 한다. 그러려면 지칠 줄 모르는 열정과 정보수집, 상황판단 능력, 분석력, 종합력, 예측력, 순발력, 대처능력 등을 고루 갖추지 않으면 안 된다. 한 마디로 반기자가 되어야 하고 세일즈맨이어야 한다. 경직된 사고로는 홍보 업무를 감당하기 힘들다.

일반적으로 행정기관 공무원들은 법에 근거해서 규정에 따라 업무를 처리한다. 그래서 원칙을 준수해야 하고, 상사의 지시와 눈치를 보게 마련이다. 솔직히 소신 있게 자기 능력을 구사하기란 구조적으로 어려운 부분이 있다. 나는 평소 공무원 조직의 경직된 사고, 틀에 박힌 사고에 대해 부정적 견해를 갖고 있던 터에 갑작스레 공보 업무를 맡게 되었다.

모든 업무가 그렇듯 처음엔 생소했다. 하지만 '남들도 다 하는데 나라고 못 하겠느냐'며 적극적인 자세로 임했다. 먼저 홍보 관련 서적을 읽고 '홍보'에 대한 기본 마인드를 갖추려 애썼다. 당시엔 조언을 구할 사람도 없어 독학으로 더듬어 헤쳐 나갔다. 각 부서에서 공보팀에 들어오는 자료를 토대로 보도자료를 작성해 언론사 기자에게 제공하고, 기관장 동정을 쓰는 등 정신없이 두 달을 보냈다. 구청장 동정을 쓰는데 당일 오후 행사에서 구청장이 해야 할 말을 오전 9시경에 미리 작성하다 보니 겁이 났던 기억이 생생하다. 구청장이 하지도 않은 말을 잘못 써서 혼쭐이 나면 어쩌나 걱정이 되었던 것. 홍보 업무 초년 시절이니 그럴 만도 했다.

그렇게 두 달 가까이 일을 하다 보니 왠지 성에 차지 않았다. 주체적 홍보를 해야 한다는 생각이 들었다. 그해 전임자가 쓴 보도자료와 보도 실적을 분석하기로 했다. 대안을 찾으려면 그간의 문제점을 파악하는 것이 필요하다는 판단에서였다. 해가 바뀌자마자 한 달에 걸쳐 전년도 신문, 방송 보도자료를 유형별·분야별로 분석해서 기본자료를 축적해 나갔다. 이를 토대로 이틀간 연가를 내어 집에서 분석 작업을 했다. 누구도 눈치 채지 못하게.

그렇게 하고 나니 뭔가 윤곽이 잡혔다. 무엇이 뉴스가 되고, 앞으로 1년 농사를 어떻게 지을 것인지 판단이 섰다. 부족하지만 나름대로의 홍보 전략을 수립할 수 있게 된 것이다. 문제점과 향후 개선방안을 포함해 홍보 서적을 통해 습득한 홍보 마인드를 가미해 A4 21쪽 분량의 성과물이 나왔다. 이를 계기로 마음자세가 달라졌다. 남들이 1년 걸려해야 할 일을 3개월, 3주, 아니 3일 만에 터득한다는 생각을 갖고, 자치구에서 홍보의 1인자는 못 되어도 2인자가 되겠다는 결심을 했다.

반복되는 일이지만 재미가 있고 체질에 맞았다. 바로 그 다음날 자신이 작성한 보도자료가 일간지와 방송에 기사화되는 것이 무척 매력적이었다. 무엇보다도 조직 내부의 시각에 머물렀으나 사회의 식자인 기자를 대하고 사회현상을 체크하다 보니 시야가 넓어지는 것 같았다. 또 행정 업무와는 달리 예측이 안 되는 변화무쌍한 상황에 대처해 나가는 것이 신선했다. 1년쯤 되니 더욱 자신감이 붙었다. 기자들이나 타 자치구에서 잘한다는 소리가 들렸다. 갈수록 더욱 잘하고 싶다는 생각과 함께 의욕적으로 일했다. 이렇게 3년을 꼬박 ○○구에서 공보 업무를 했다. 당시 공보 업무 분야는 민선시대를 맞아 점점 비중이 커져 가고 있었다.

이즈음 전임 구청장이 국회의원에 출마했다. 보궐선거로 새로운 구청장이 들어왔다. 주요 보직에 대한 인사파동이 있었다. 하지만 나는 예외였다. 팀장은 바뀌어도 담당자인 나는 말뚝이었다. 워낙 탄탄하게 공보 업무를 했기 때문(?)이 아닌가 생각했다. 당시 새 기관장의 측근이 나를 불러 '전임 구청장 때만큼만 홍보를 하라'는 주문을 했다.

당연히 주어진 여건에서 일을 맡기면 하는 것이 공무원이므로 개의치 않았다. 일을 하다 보니 전임 구청장 때와는 많은 차이를 느끼게 되었다. 마인드 차이였다. 물론 수장이 바뀌면 홍보팀에서는 신임 기관장의 철학을 담아내기까지 많은 노력이 있어야 하며 다소 시간이 필요하다. 하지만 최고관리자가 조급한 나머지 채찍을 가하면 힘이 들 수밖에 없다. 특히 홍보 마인드가 부족한 관리자가 간섭하며 압박을 가한다면 더욱 그렇다.

이런 갈등을 겪으며 당초의 열정과는 달리 이 일을 그만두고 싶은 마음이 생겼다. 정서적으로도 맞지 않았다. 그러던 차에 3년간 주야로 열정을 다해 뛴 흔적인지 몸에 이상징후가 나타났다. 앞서 언급한 대로 목디스크, 십이지장궤양, 위염이 동시에 온 것. 안되겠다 싶어 주민자치센터 근무를 자원했다. 그런데 놓아주질 않았다. 당시 인사팀장은 '사표를 쓰지 않는 한 그 자리 못 떠난다'고까지 말했다. 나 대신 이 일을 해낼 사람이 없다고 생각했는지, 아니면 이듬해 구청장 선거를 의식해서 그러나 하는 추측이 들었다. 민선시대 홍보팀의 비중을 시사하는 대목이다.

하지만 배신감을 느꼈다. '몸이 망가져 치료를 받고 나서 다시 하겠다'는데도 막무가내여서 무척 서운했다. 아내는 그 일을 그만두지 않으면 이혼하겠다고까지 엄포를 놓았다. 그런 상황에서 과장은 최고관리자의 뜻이라며 나에게 팀장 직무대리를 제의했다. 사실 아직 연조가 되지 않은 때여서 뜻밖의 제의에 당혹스러웠다. 떠나겠다는 것을 달래려는 당근인가 하는 생각도 들었다. 어떤 욕심을 갖고 그것이 충족이 안되어 공보 업무를 그만두려는 것은 전혀 아닌데 말이다.

갈등이 생겼다. 공무원이 남보다 빨리 승진한다면 그보다 큰 보람이 없기 때문이다. 그러나 욕심을 접고 당당히 승진하겠다는 마음으로 '아직 그럴만한 능력이 못 된다'고 일단 사양했다. 몸이 좋지 않은 상태에서 일은 계속 되었다. 내심 팀장 직무대리를 시켜 주면 어쩔 수 없이 몸을 추스르고 새로운 마음으로 일할 각오를 가졌다.

그런데 이게 어찌된 일인가. 구청장 밑에 있는 측근들이 팀장 직무대리 지시를 뒤집어 버렸다. 어느 날 인사담당인 총무과장이 보자고 해서 갔다. 그 자리엔 여러 사람이 앉아 있었다. 그 과장은 주변을 의식해 필담으로 말했다. '구청장과 자기는 나를 팀장으로 하고 싶지만 인사 질서상, 그리고 아직 보직을 받지 못한 평주시[6급]기 많기 때문에 문제가 있다. 그러니 승진은 책임질 테니 아무개 팀장과 열심히 일하라'는 요지였다.

어이가 없었다. '누가 승진시켜 달라고 했나, 자기네들끼리 말을 꺼내 놓고…. 병 주고 약 주고 한다는 생각이 들어 서운하고 불쾌했다. 이래저래 마음은 떠나고 몸은 더욱 힘들어만 갔다. 그러던 차에 전에 함께 근무하던 공보과장의 상가에 문상을 갔다가 '요즘 힘들어 죽겠다' 고 하자, 난데없이 '집당시 노원구 상계동 근처 구청으로 가지 않겠느냐' 고 물었다. 자기가 전에 그쪽 구청장을 부구청장으로 모신 적이 있어 잘 안다면서 선을 넣어 주겠다는 것이었다. '15년을 이곳에 몸담고 있었는데 가긴 어 딜 가냐' 며 거절했다. 집에 돌아와 아내에게 말했더니 반색하며 그렇게 하라는 것이었다. 고민 끝에 변화를 주기로 하고 의사를 표명했다.

며칠 후 선을 넣겠다는 과장이 '양쪽 구청장이 전화통화를 하였으니 구청장이 부르면 의사를 확실히 밝히라' 고 연락이 왔다. 이후 일이 진 행되어 해당 구청에서 전출요구 공문을 보내왔다. 당시 구청장으로부 터 이 사실을 뒤늦게 알게 된 과장은 몹시 불쾌하다는 듯 '이곳에서 동 의를 해 주지 않으면 못 간다' 며 마음을 돌릴 것을 우회적으로 표현하 였다. 그러나 이미 마음을 굳힌 상태였고, 병원을 두 군데나 다니는 상 황에서 일이 전처럼 손에 잡히지 않는 것은 당연했다.

그런 어정쩡한 상태에서 2개월여가 흘렀다. 도무지 인사팀장은 보 내려 하지 않고 미적거렸다. 생각다 못해 ○○구청장이 불러서 가면 부 담도 되고 인사이동도 뜻대로 되지 않아 서울시를 찾아가 시로 가겠으 니 도와달라고 당초의 방향을 틀었다. 당시 시 간부의 긍정적 대답을 듣고 기다리던 중에 시 인사과 담당자로부터 나의 의사를 묻는 확인전 화가 왔다. 그때 내가 시로 가려 한다는 얘기가 전출 내신을 한 ○○구 청장에게 알려졌으며 급기야는 상호 교류가 아닌 일방 전출 공문으로 바뀌었고, 인사팀장이 나의 구청을 방문하기에 이르러 결국 9월 중순 경 전출 내신 얘기를 꺼낸 지 3개월이 지난 12월 18일이 되어서야 집 근처 구청으로 가게 되었다.

당초 쓰리쿠션3개 기관과 연결된 인사이동으로 교류가 이루어질 계획이었으나 내가 시로 간다는 얘기를 전해들은 ○○구청장이 일방적인 전출동의 공문으로 바꾸는 바람에 서울시로 가려던 계획을 접고 어쩔 수 없이 집 가까운 노원구로 옮겨 새 출발을 하여 만 9년을 보냈다.

돌이켜보면 자랑 같지만 아마 그때 상품으로 친다면 그만큼 가치가 있었기 때문에 한쪽에서는 전출을 보내려 하지 않았고, 다른 한쪽에서는 기를 쓰고 데려가려 하지 않았나 하는 생각을 해 본다. 당시 동료의 얘기를 옮긴다. '나를 보내야 하는 자치구에서는 3년간 잘 조련된 홍보맨을 돈 한 푼 못 받고 뺏기는 꼴이고, 데려가는 ○○구는 손 안 대고 코 풀었다' 며 '연봉 1억짜리를 보낸다' 고 비유했다. 열정적으로 일한 홍보맨으로서의 몸값을 지니고 있었다고 한다면 다소 무리일까?

2) 홍보전문가로 자리 잡다

그렇게 구청장의 콜을 받아 집 근처인 ○○구로 옮겨갔다. 그곳에 가서도 똑같이 홍보담당 자리에 앉아 일을 해야만 했다. 몸이 아파 기피하던 일을 또다시 하게 되어 부담은 되었지만, 자치구를 옮겨가며 같은 일을 하게 되어 능력을 인정받은 것 같아 내심 기분은 좋았다.

그런데 어찌된 영문인지 이전 자치구에서 그렇게 심하던 질환이 씻은 듯이 나은 것이다. 지금 생각하면 당시 스트레스와 정서적 불일치에 의한 정신적 갈등 등이 복합적으로 작용해 생긴 마음의 질환이었던 것이 아닌가 생각한다. 그러니 환경이 바뀌면서 자연스레 치유가 된 것.

주변에서는 구청장이 홍보전문가를 소위 스카우트해 왔다는 소문이 나 있었다. 3년 간 갈고 닦은 노하우를 그곳에서 맘껏 펼쳐 보자는 의욕도 생겼다. 앞서 얘기했지만 그런 차에 나를 아는 기자들이 그 좋은 자치구를 놔두고 '시청에서 저녁에 택시를 타고 가자 하면 들어가지 않는 동네로 갔느냐'며 농담조로 면박을 준 것이 계기가 되어 '강북의 대치동'이란 신조어를 만들어 내며 중계동 은행사거리를 일약 서울의 대표적 학원가 트라이앵글_{강남 대치동, 양천구 목동, 노원구 중계동}로 불리게 하는 성과를 거뒀다.

그리고 ○○구 소재 중고등학교의 특목고와 대학입시 결과를 매년 분석하여 '강북 8학군'이란 신조어를 만들어 내며 교육도시로 이미지를 바꾸는 데 성공했다. 일개 담당자의 열정으로 지역 이미지를 교육특구로 바꾼 것이다. 한 사람의 역량에 의해 지역 이미지를 바꾸려 시도한 노력이 결실을 거둔 것이다. 지금 생각하면 이 점은 대단한 성과라 자부한다.

이렇게 ○○구에 가서 6년여 간 홍보 업무를 하며 민선3기를 마무리하는 시점에서 나는 대내외적으로 홍보에 관한 한 인정을 받았다. 민선3기가 끝나며 구청장이 누가 당선되든 간에 보다 진취적이고 열정적으로 비전을 가진 관리자를 만나 일할 수 있는 곳을 찾아 떠나려 하였다. 잘 알다시피 공무원들은 민선시대에 구청장이 어느 지역 출신, 누가 들어오느냐에 따라 찬밥 신세가 될 수도 있는 등 보이지 않는 갈등을 겪기도 한다.

이렇게 마음먹고 변화를 주려 하였는데 새 구청장이 바로 내가 생각하는 그런 사람이었다. 젊고 비전이 있고 일 중심이며 열정과 추진력, 지역색을 따지지 않는…. 여기서 장황하게 단체장을 얘기하는 이유는 홍보맨과 최고관리자와의 관계, 최고관리자의 마인드에 따라 홍보의 가치가 빛을 발할 수 있으며 반대로 그렇지 않다는 것을 말하고자 함이다.

2006년 7월. 민선4기가 시작되면서 나는 그동안 쌓아 온 홍보 역량을 마음껏 구사하게 되는 전성기를 맞았다고 본다. 그럴 수 있었던 데는 앞서 말한 대로 구청장, 즉 최고관리자인 단체장의 마인드가 크게 작용하였다. 마침 당시 단체장의 행정목표가 '지역의 자산 브랜드 가치 향상'이었기 때문에 구청에서 하는 일들을 언론 등 각종 홍보매체를 통해 대내외적으로 널리 알려 이미지를 높이고 브랜드화하여 지역의 가치를 끌어올리는 일에 비중을 둘 수밖에 없었다.

그러다 보니 단체장의 절대적 관심과 열린 마인드에 의해 끊임없이 홍보에 대한 요구가 증대되었으며, 실제 수많은 정책 시행과 하는 일들이 활발한 홍보활동을 통해 알려지면서 주변 자치구와 타지역 주민들의 부러움을 사기도 했다.

기자들의 입맛에 맞는 자료를 생산함은 물론 던지는 자료마다 소위 안타를 쳤다. 늘 홍보 아이템을 찾고 단체장 칼럼을 쓰며, 뉴스를 생산해 내는 데 지칠 줄 모르고 몰입했다. 한 마디로 홍보에 미쳤다고 해도 지나친 말이 아닐 정도로 열정을 다했다. 화장실에서도, 거리를 걸으면서도 아이템을 찾고 어떻게 하면 알찬 자료를 생산할 것인가를 구상하며 끊임없이 노력했다.

토요일, 일요일도 없었다. 틈만 나면 홍보 아이디어를 짜냈다. 끌려가는 것이 아니라 항상 먼저 치고 나가면서 즐거운 마음으로 신이 나 일했다. 아마도 끌려가는 피동적 자세였다면 그 수많은 오더와 전개되는 상황들을 능동적으로 대처해 나가지 못했을 것이다. 그러니 홍보팀과 기관장 간에는 자연스레 핫라인이 형성되었으며, 단체장의 신임 속에 책임감을 갖고 홍보 업무에 소신껏 매진할 수 있었다. 만일 당시 단체장이 일할 수 있도록 명석을 펼쳐 주지 않았다면 아무리 홍보 역량이 뛰어나다 한들 맘껏 발휘할 수 없었으며, 그간의 경험과 노하우는 사장되어 버리고 말았을 것이다.

이렇게 민선4기 들어 3년을 홍보에 열을 올리다 보니 지역의 이미지, 브랜드 가치가 크게 향상되었음을 주민들과 외부 사람들, 언론을 통해 피부로 느낄 수 있었다. 또한 부동산 가격 상승 등 돈으로 환산할 수 없는 유무형의 부가가치를 엄청나게 창출하였음을 실감할 수 있었다. 아마 돈을 주고 지역 이미지 광고를 한다 한들 이러한 성과를 거둘 수 없다고 본다. 돈 안 드는 광고인 미디어를 통한 행정홍보가 지방자치 발전에 미치는 영향이 막대하다는 것을 단적으로 보여 주기에 부족함이 없었다. 홍보맨으로서 이보다 더 큰 보람과 자부심은 없다.

그럴 수 있었던 데는 오직 단체장의 마인드와 역량이 무엇보다도 중요하다. 나는 이런 단체장을 만나 인정받으며 맘껏 역량을 발휘할 수 있었으니 행복한 홍보맨이었다. 특히 홍보 능력을 인정받아 팀장 승진 후 불과 5년 3개월 만에 사무관으로 초고속 승진하는 영광을 차지했으니 공직생활에서 이보다 더 큰 보람이 어디 있겠는가. 홍보 업무 11년 동안 우직하게 열정을 다해 한 우물을 판 결과 서울의 타 자치구 홍보 관계자들의 부러움을 샀다. 또 각 지방자치단체와 다른 기관에서 살아 있는 홍보 강의 요청을 받고 있으니 홍보 전문가로 성장한 셈이다.

여기서 한 마디 덧붙이자면, 모든 공직자들은 한 번쯤 홍보 업무를 해볼 것을 권한다. 민선시대, 특히 소통의 시대에 성공하는 단체장을 보필하기 위해서는 쌍방향 커뮤니케이션 홍보 마인드가 필수이기 때문이다.

제5장

베테랑 언론인이 들려주는
홍보 체크 포인트

□ 유희준 SBS 정치부 차장

- 시사프로그램 〈뉴스추적〉 제작 및 진행

- 이달의 기자상 (다섯 차례 수상)

- 제29회 한국방송대상 보도기자상

- 제34회, 제36회 한국기자상

- 제21회 서울언론인클럽 '언론상'

- 건국대 언론홍보대학원 '탐사보도와 취재기법' 강의

1. 방송기자의 하루 일과를 말해 달라.

기자는 말 그대로 기록하는 게 일인 사람이다. 기록을 위한 기자의 하루 일과는 결코 만만치 않다. 이른 아침 출입처에 출근해 조간신문과 발생 예정사항, 당일용 기획서 등을 챙겨 회사에 보고한다. 첫 보고 시간은 보통 7시에서 8시 사이. 전화로 데스크와 당일 저녁 8시 뉴스에 나갈 아이템을 협의하거나 기획서를 전송하기도 한다. 데스크와 부장은 현장에서 보낸 기획서를 토대로 오전 8시 30분부터 편집회의를 시작한다. 오후 2시와 5시까지 하루 세 차례 진행되는 편집회의에서 보도국 간부들은 개별 아이템을 취사선택하고 배열 순서를 정한다.

오전 편집회의에서 당일용 뉴스 아이템이 채택되면 담당 기자는 제작에 착수한다. 영상취재 기자를 현장으로 불러 필요한 화면을 촬영하고 인터뷰한다. 물론 촬영 전에 취재원과 장소 섭외를 마쳐야 한다. 귀찮은 일이지만 방송 기사는 화면 없이 만들어질 수 없기 때문에 신경을 많이 써야 한다.

이밖에도 출입처 브리핑이나 기자회견 일정 등도 빠짐없이 챙겨야 한다. 이미 보도한 기사 외에 새로운 뉴스를 찾는 일도 기자의 주요 업무다. 당일 현장 취재를 마치고 귀사한 뒤 기사를 작성하고 오디오와 비디오를 편집하고 그래픽 제작을 의뢰하는 일도 빼놓을 수 없다.

방송 뉴스 제작 과정을 설명하면 이해가 쉬울 것 같다. 오전 편집회의가 끝난 10시쯤 취재 현장에서 카메라 기자와 합류한다. 회사에서 동행하는 경우도 있지만, 대부분은 출입처에 나와 있는 기자가 카메라 기자에게 연락해 현장에서 만나는 방식을 취한다. 현장에서 카메라 기자를 만나는 시간은 오전 10시쯤. 당일 취재할 내용을 설명하고 현장에 도착하면 대략 11시 전후가 된다. 1시간가량 취재를 하면 벌써 점심시간. 식사 후 보도에 꼭 필요한 현장 한두 곳을 더 다닌 후 회사로 복귀한다. 이때가 오후 3,4시쯤. 회사 복귀 후에는 촬영한 영상을 확인해야 한다. 생각보다 촬영이 잘 된 화면이 있을 수 있고, 꼭 필요한 인터뷰나 오디오가 녹취가 안 됐을 경우가 있을 수 있기 때문이다.

이렇게 당일 촬영한 화면을 보고 기사를 작성한 뒤 데스크 수정을 거쳐 편집에 들어가는 시간은 오후 6시에서 7시 사이. 저녁 메인뉴스 '데드라인'은 밤 8시. 이 시간대에 하루 중 제일 긴장도가 높아진다. 편집 화면에 문제는 없는지, 방송용 자막에 오탈자는 없는지, 사실 관계에 문제는 없는지, 음성변조나 모자이크는 제대로 처리됐는지 등을 거듭 확인하는 과정을 거친다.

방송이 나간 뒤에도 마음을 놓을 수 없다. 경쟁사 보도 내용에 특이한 것은 없는지, 다음날 일정 가운데 변동사항은 없는지 등을 다 챙긴 뒤에야 마음놓고 퇴근해 잠을 청할 수 있다. 이렇게 하루를 보내다보면 출입처와 취재원이 보내는 수십 통의 메일과 문자 메시지를 확인하는 건 아주 기본적인 사항에 속해 귀찮게 느껴질 때도 있다.

2. 방송기자와 신문기자의 다른 점은 무엇인가?

방송기자 초년병 시절 선배들은 방송기자가 신문기자보다 육체적으로 3~4배 더 힘들다고 했다. 신문기자는 대학시절에만 해 봤지만, 방송기자 일이 더 힘들다는 말이 맞는 것 같다. 신문기자는 전화로도 인터뷰와 취재가 가능하지만, 방송기자는 카메라 기자와 동행해 현장을 촬영하고 목격자를 찾아 인터뷰를 해야 한다. 인터뷰를 거절하는 경우도 많은데, 거절한다고 인터뷰를 안 할 수도 없는 노릇이다.

취재 현장은 현장마다 상황이 조금씩 다르다. 때로는 위험한 곳을 찾아 잠복해야 하는 경우도 있고, 몰래 카메라를 써서 녹취를 해야 하는 불가피한 상황도 생긴다. 게다가 방송기자는 현장에서 임장감臨場感을 높이는 스탠딩Standing도 촬영해야 한다. 스탠딩은 기자가 현장에 서서 말하는 부분이다. 전체 기사에서 중간에 들어가면 브릿지Bridge가 되고, 처음이면 오프닝Opening, 기사 뒷부분에 붙이면 클로징Closing이다. 적절한 스탠딩은 방송기사의 현장성과 신뢰도를 높이기 때문에 각별히 신경을 써야 한다.

취재가 끝난 뒤에는 회사로 돌아와 촬영한 화면을 확인하고 편집하는 일도 신문기자와는 다른 일이다. 예외적으로 청와대와 정부종합청사, 시청 등에 영상송출센터를 두고 촬영한 화면과 방송용 오디오를 송출하기도 하지만, 대부분의 방송기자는 취재 후 회사로 복귀해 촬영한 화면을 보고 기사를 작성한 뒤 편집, 제작하는 과정을 거친다. 가만히 앉아 있는 시간은 기사 쓸 때와 편집할 때 정도. 거의 대부분의 시간은 움직이며 일해야 하는 게 방송기자다.

방송의 힘을 한 마디로 정리하면 '백문불여일견百聞不如一見'이라는 말이 적절할 것 같다. 현장을 촬영한 영상 한 컷이나 인터뷰를 직접 전하는 게 메시지 전달에는 더 효과적이기 때문이다. 그런 이유로 보도하려는 것과 관련된 생생한 화면과 인터뷰를 찾는 게 방송기자의 주된 업무가 된다.

마지막으로 신문기자는 지면으로 독자를 만나지만, 방송기자는 화면을 통해 시청자들을 만나기 때문에 인지도가 높고 다른 매체와 비교해 영향력도 큰 편이다. 80년대까지 방송기자는 신문기자에 비해 주목받지 못한 것이 사실이다. 또 90년대 중반 이후에는 인터넷으로 인해 잠시 영향력이 주춤할 때도 있었다. 인터넷은 실시간 정보 전달이 빠르지만, 기본적인 사실 관계가 간혹 틀린 경우가 있고 그만큼 신뢰도도 상대적으로 낮아질 수밖에 없다. 뉴미디어 시대에 아무리 다양한 매체가 존재한다 하더라도 방송이 생생한 영상과 함께 더 정확하고 믿을만한 정보를 전달한다는 종합매체로 평가받는다면 그 경쟁에서 계속 생존할 수 있을 것이라고 본다.

3. 어떤 홍보맨을 선호하나?

먼저 '정보통'이다. 예를 들어 서울시는 본청과 자치구에 4만여 명의 공무원이 근무하고 있다. 그에 비해 출입기자는 언론사별로 신문기자 2~3명, 방송기자 3~4명이 전부다. 그 인원으로 4만여 명의 공무원이 일하는 조직의 '일거수일투족'을 다 취재하는 건 쉽지 않은 일이다. 출입처 기자제도의 문제점도 있겠지만, 적은 인원으로 많은 취재원과 정보원을 취재해야 할 때 쉬운 방법은 공보실을 통하는 방법이다.

출입처가 있는 기자들이 가장 먼저 들르는 곳이 바로 공보실이다. 공보실을 통해 취재와 관련한 사항을 안내받거나 도움을 받는다. 그러나 공보실 직원들도 천차만별이다. 감각적으로 대응하는 노련한 사람도 있고, 별 생각 없이 시간을 보내는 사람도 적지 않다. 기자 입장에서는 취재와 관련해 가장 빠르게 사실 관계를 확인해 주거나 내용을 전해 주는 사람에게 먼저 연락하게 마련이다.

공보실 직원들 가운데에는 소속 기관의 이면의 정보나 돌아가는 사정을 훤히 들여다보는 사람도 적지 않다. 개별 사안에 대해서는 잘 모르더라도 전체 흐름을 꿰고 있어 기자가 물었을 때 실마리나 단초를 제공할 수 있는 사람이 있다. 그런 홍보맨을 기자들은 선호한다. 다음으로는 신뢰할 수 있는 사람이다. 친구나 동료 등 수많은 사람 중에 나와 관계를 계속 유지하는 사람은 상호 신뢰감이 형성된 사람 아닌가? 홍보맨도 같은 맥락에서 봐야 한다. 믿을 수 있는 친구를 선호하는 것과 마찬가지다.

4. 홍보맨이 가져야 할 자세는 무엇인가?

공보公報나 홍보弘報는 비슷한 말인데, 둘 다 널리 알리는 것을 의미한다. 영어로 하면 대중과 관계public relations를 맺는 일을 뜻한다. 일반인들과 관계를 맺으며 어떤 특정 내용을 널리 알리는 것을 의미한다. 이를 위해 가장 효과적인 방법은 미디어를 동원하는 것이다. 소식지나 기관지도 일종의 미디어로 볼 수 있다. 하지만 신문, 방송과 비교하면 영향력과 전달력이 크게 떨어진다.

이런 이유로 홍보할 때 가장 중요한 일을 꼽는다면 매스 미디어인 신문과 방송을 어떻게 활용할지 선택하는 일일 것이다. 쉬운 방법은 신문과 방송기자를 만나 관련 내용을 적극적으로 알려 기사화되도록 하는 것이다. 까다롭고 비판적 성향이 많은 기자를 상대로 홍보맨이 원하는 기사가 대문짝만하게 나갈 수 있도록 하는 일은 결코 쉽지 않다. 하지만 수많은 대중에게 홍보맨이 직접 관련 내용을 알리는 일과 비교하면 상대적으로 쉬울 것이다.

기자는 기사를 쓰기 위해 일하는 사람들이다. 따라서 기자들에게 새롭고 중요한 의미를 충실하게 설명한다면 기사화는 시간문제일 수 있다. 덧붙여 기자들에게 정보를 제공하는 일뿐만 아니라 기자가 취재하는 내용이 정확하게 다뤄질 수 있도록 다양한 자료를 제공하는 일도 홍보맨의 역할이다. 비판기사나 고발뉴스라 하더라도 다뤄지는 내용의 사실관계가 왜곡되지 않도록 하는 것도 홍보맨의 일이다. 기사를 빼달라고 부탁하는 것보다 관련 내용이 정확하게 보도되도록 하는 게 중요하다는 말이다. 앞서 말한 대로 기자는 하루 일정이 바쁘기 때문에 취재와 관련해 섭외나 자료지원 등을 적극적으로 해 주는 홍보맨을 좋아한다.

5. 지금까지 기억에 남는 홍보맨이 있다면?

인간적인 사람이 가장 기억에 남는다. 홍보나 보도, 모두 사람이 하는 일이기 때문이다. 기자는 보통 1년이나 2년이면 출입처를 떠난다. 그런데도 지속적으로 관심을 갖고 이메일을 보내거나 전화로 연락하고, 가끔 만나 살아가는 이야기를 나눈다면 인간적으로 더 친해질 수 있다.

기자도 사람이다. 하지만 관리가 중요하다고 너무 노련함으로 포장하면 속이 보인다. 즉 홍보맨과 기자 사이에 '인간적인 관계'는 생략된 채 계산과 논리, 메마른 대화를 앞세우다 보면 지속적으로 관계를 유지하기 어려워진다.

좀 다른 이야기지만, 언론의 특징 가운데 하나로 취재원 보호를 꼽을 수 있다. 취재원 보호는 언론의 가장 큰 무기이자 장점에 속한다. 미국 대통령 닉슨을 낙마시킨 '워터게이트 사건'도 이른바 '딥 스로트Deep Throat'라는 취재원이 있었고, 마지막까지 딥 스로트를 보호했기 때문에 가능했다고 본다. '딥 스로트'는 포르노 영화 제목에서 따온 말로 익명의 취재원이 자신을 일컫는 말로 쓰였으며, 워터게이트 사건 이후부터 익명의 취재원을 의미하는 용어로 변했다. 홍보맨이 취재원 보호에 대한 언론의 특징과 속성을 잘 알고 있어야 기자와 매끄러운 관계를 유지할 수 있다.

6. 방송용과 신문용 자료가 있을 수 있다. 방송기사가 되려면?

지면으로 정보를 전달하는 신문과 달리 방송은 현장과 관련된 화면이 가장 중요하다. 생생한 화면이 잡힐 수 있는, 그림 거리가 있는, 화제성이 될 만한 현장이 있어야 한다. 관련 화면을 촬영할 수 없더라도 중요도에 따라 방송기사가 되는 경우도 있다. 하지만 비디오와 오디오를 기본으로 하는 방송 매체의 특성상 관련 화면이 확보되지 않는 소재는 방송으로 다뤄지기 어렵다.

7. 긍정적인 보도자료가 뒤집혀 비판기사화 되는 경우는?

정부 부처 등 공공기관에서 이런 경우가 많은데, 보도자료에서 객관적인 사실 관계를 적시하지 않고 의미를 과도하게 부여하거나 내용을 부풀리는 경우다. 홍보하고자 하는 내용이 부실할 경우에는 차라리 보도자료를 내지 않는 게 낫다고 본다. 물론 중요도가 떨어지는 내용을 보도자료로 만들어 배포하는 경우도 많다. 솔직히 말해 매일 수많은 보도자료를 접하는 기자들에게 그런 보도자료는 눈길을 끌기 힘들다.

기자들은 보도자료 앞장 첫줄만 보면 기사가 되는지 안 되는지 감이 온다. 기사를 많이 쓰기 때문에 이런 능력이 생기는 것은 아니다. 제3자 입장에서 객관적으로 사안을 보면 비슷한 판단을 내릴 수 있다. 한마디로 '역지사지易地思之' 하는 자세로 보도자료를 봐야 한다. 객관적으로 생각하면 뉴스가 안 되는 사안을 갖고 너무 부풀리다 보면 언론의 비판을 받기 쉽다.

가령, 청계천에 '갈겨니' 가 산다고 보도자료를 낸 서울시의 경우를 생각해 보자. 서울시에서는 청계천이 생태하천으로 변모하고 있는 점을 홍보하고 싶은 욕심이 있었을 것이다. 엄밀하게 보면 청계천은 생태하천이 아니다. 그런데도 서울시가 청계천을 과대 포장해 생태하천으로 복원됐다고 홍보하려다 불상사가 생긴 것 아닐까? '갈겨니' 가 살 수 있을 정도로 물이 깨끗해졌다는 정도에 그쳐야 하는데, 한발 더 나아가 생태하천으로 복원됐다는 표현까지 쓰다 보니 전문가와 언론의 비판을 받은 것이다. 섬진강 수계에서만 자생하는 것으로 알려진 '갈겨니' 가

청계천에 나타났다는 서울시의 발표 이후, 일부 환경운동가들은 청계천에 고래와 참치가 나타났다는 퍼포먼스를 펼쳐 서울시를 조롱하기도 했다.

이런 경우에 대비해 보도자료를 작성하는 단계에서 사전에 관련 분야 전문가 의견을 수렴하고 충분한 내부 논의를 거치는 것이 좋다. 보도자료는 객관적인 사실 관계를 토대로 '6하원칙'에 의거해 만들어야 한다. 그런데도 보도자료 가운데 상당수는 수준 미달이다. 기자들이 반나절만 고민하고 취재하면 나올 수 있는 비판기사용 보도자료 말이다. 그런 보도자료는 차라리 배포하지 않는 게 낫다.

8. 비판기사 시 홍보맨이나 조직 구성원의 초동대처 방법은?

기자는 전문가가 아니기 때문에 반나절 만에 관련된 취재를 완벽하게 끝내기 어렵다. 기획취재의 경우 며칠씩 시간을 낼 수 있지만, 당일용 보도의 경우에는 취재 시간이 제한돼 있다. 시간에 쫓겨 급하게 사실 관계를 취재하다 보면 취재 방향을 틀거나 바꿀 수도 있다. 이때 홍보맨은 기자가 어느 방향으로 취재하는지 파악하는 게 중요하다. 정해진 취재 방향과 관련해 사실 관계가 다르거나 기자가 정확한 사실 관계를 잘 모르는 경우도 있다. 이럴 때는 취재기자에게 관련된 정보에 대해 가급적 사실 관계를 정확하게 설명해 주는 것이 유리하다. 이는 오보를 예방하고 보다 정확하게 취재원의 입장을 반영할 수 있는 기회가 될 수 있기 때문이다.

비판적인 보도라고 관련 정보에 대해서는 일절 언급하지 않고 막무가내로 봐 달라고만 해서는 안 된다. 취재나 보도를 원천봉쇄하는 건 사실상 불가능하다. 막을 수 없다면 차라리 어디까지 취재하는지 알아보고 정확한 사실 관계를 알려 주는 게 더 효과적인 대응방식이라고 생각한다. 취재 요청을 거부하거나 '묵묵부답' 할 경우, 사실 관계도 제대로 확인되지 않은 왜곡된 뉴스가 대문짝만하게 보도될 수 있다. 사람들은 부정적인 정보일수록 관심을 더 갖게 되며, 부정적인 메시지가 긍정적인 메시지보다 기억에 오래 남는다. 오보가 난 뒤 정정보도나 반론보도를 한다 하더라도 시청자나 독자들에게 전달된 왜곡된 메시지를 수정하기란 쉽지 않다.

9. 인터뷰 요청 시 어떻게 대처해야 하나?

방송 인터뷰는 그 분야를 대표하는, 그 일을 가장 잘 알고 있는 사람이 하는 게 바람직하다. 고위 간부가 얼굴을 내보이기 위해 인터뷰에 나서기도 하는데, 인터뷰를 하다 보면 관련 내용을 잘 모르는 경우도 있다. 이런 경우 아예 인터뷰를 안 하는 게 낫다. 방송을 통해 말하는 사람이 정확하게 내용을 알고 말해야지, 얼굴 알리려고 방송을 이용하면 티가 나게 마련이다.

또 인터뷰를 한 뒤에는 인터뷰 내용이 보도에 어떻게 쓰이는지 확인할 필요가 있다. 해외 언론사들은 윤리강령을 통해 인터뷰에 응한 사람은 자신이 말한 내용이 어떻게 보도되는지 확인을 요청할 수 있도록 하고 있다. 어떻게 보면 당연한 권리에 속한다. 정확한 보도를 위해 필요한 과정이라고 본다. 윤리강령이 법적 구속력은 없지만 언론의 신뢰도를 제고하는 데 큰 기여를 하고 있다. 작은 신뢰 관계가 쌓여 믿을 만한 언론으로 커나가는 것이다. 우리나라의 경우 아직 이런 풍토가 조성되지 않았지만, 취재기자에게 이런 내용을 고지하고 자신이 말한 취지대로 인터뷰가 나가도록 노력할 필요가 있다.

인터뷰 요청을 무조건 거절하는 경우도 있는데, 공공기관 종사자나 공무원은 공공의 이익에 봉사하는 일을 하는 만큼 알권리 차원에서 언론 취재에 적극적으로 대응하는 게 바람직하다. 비판기사라 하더라도 무조건 인터뷰를 거절하기보다는 사실 관계를 정확히 알리는 차원에서 적극적 자세로 인터뷰에 응해야 한다.

10. 별 비중 없던 것이 메인뉴스 등에 들어간 케이스가 있다면?

허접한 보도자료가 대박을 친 경우는 거의 없다. 다만 평범함 자료인데 취재하는 과정에서 빅뉴스를 찾아내는 경우가 왕왕 있다. 보도자료는 단 두 줄짜리 단신 뉴스용이었는데 취재해 보니 중요한 내용이 숨어 있는 경우도 있다. 평범한 보도자료라도 성의를 들여서 만들고, 관련된 사례를 많이 인용해 주면 기사화될 확률이 높다. 사례 가운데 하나가 주요 기사로 다뤄지는 경우도 있다.

'하늘 아래 새로운 기사는 없다'는 말처럼 1년 전 자료라고 뉴스가 안 된다고 속단해서는 안 된다. 어느 정도 시간이 지나면 사람들 기억

에서 사라지게 마련이다. 그동안 달라진 건 없는지, 변화로 얻은 성과
는 무엇인지 등을 정리해 보면 훌륭한 보도자료로 거듭날 수 있다.

11. 방송용 보도자료에 꼭 담아내야 할 내용은?

뉴미디어 시대다. 보도자료에도 사진이나 관련된 영상물이 들어가면
더 좋을 것 같다. 또 보도자료도 6하원칙에 따라 객관적 사실을 정리해
주면 기자들이 좋아할 것이다. 보도자료를 만들 때 공무원식 어투 대신
가급적 우리말 어법에 맞게 쉬운말로 작성하는 게 낫다. 그런 자료를
보면 기자도 놀란다. 어떤 보도자료는 자료 그대로 기사화되는 경우도
있다.

12. 야마(주제, 핵심)는 어떻게 잡아야 하는지?

어떤 사안이 핵심을 잡는 것은 정말 어려운 일이다. 똑같은 보도자
료를 배포했는데도 신문을 보면 기사 제목이 다른 경우를 흔히 볼 수
있다. 이는 기사를 쓰거나 편집하는 사람의 시각이 다르기 때문이다.
특정 사안의 핵심을 잡아내는 일은 긴 글의 제목을 정하는 일과 비슷
하다. 제목만 보더라도 해당 글의 전체 취지와 내용을 짐작할 수 있기
때문이다. 언론의 속성상 어떤 사안의 핵심을 잡을 때 시의성도 중요한

기준이 된다. 연말연시에는 미담기사, 더운 여름에는 무더위와 관련된 기사, 각종 기념일이나 행사도 기사의 핵심을 잡는 데 중요한 부분이 될 수 있다.

13. 고공 플레이는 죽음인가?

네트워크 사회다. 미국 영화배우 케빈 베이커의 '인간관계 6단계 법칙'이란 말이 있다. 전 세계 사람이 여섯 단계 관계를 거치면 내가 아는 사람과 연결된다는 가설이다. 학연, 지연 등을 따지면 세상 모든 사람들이 하나로 연결된다는 말이다. 그런 가설에 따르면 언론사 고위 간부와 연결될 가능성을 배제할 수 없다. 그러나 인적 네트워크를 이용해 기사 출고를 막거나 취재를 중단시키는 건 언론의 자유를 침해하는 일이다. 과거에는 인적 네트워크를 이용한 고공 플레이로 기사를 빼거나 취재를 막는 행위를 하기도 했지만, 지금은 예전과 많이 달라졌다. 고공 플레이로 기사를 빼는 게 쉽지 않을 것이다.

14. 기획보도는 어떻게 하나?

기획보도는 기획의도가 중요하다. 당일 발생 뉴스로 처리하기 어려운 복잡한 내용이나 다양한 주제를 포괄적으로 다루는 게 기획취재라고 볼 수 있다. 시사다큐멘터리나 시사프로그램에서 볼 수 있는 내용이 기획보도의 한 형태라 보면 된다. 기획보도의 핵심은 아이디어에 있다. 방향은 대부분 거시적인데, 기획 방향을 잡고 사안별로 중요한 내용을 분류하고 취재하다 보면 기획보도 아이템이 만들어진다.

15. 기자회견으로 전달할 내용이라면 비중이 있어야 하지 않나?

홍보맨도 부지런해야 한다. 가령 구청에서 보도자료를 낸다고 하면 구청장의 공약집 등을 살펴보고 공약 이행과 관련된 내용일 경우 구청장이 직접 기자회견을 하도록 준비하는 게 좋다. 기자회견 개최 여부는 보도자료의 중요성에 따라 결정하면 된다. 특별한 내용도 없는데 기관장이 직접 나서 기자회견을 하는 건 모양새가 좋지 않다. 기사로써 가치가 없는 사안을 억지로 꾸며 기자회견을 열면 취재진도 모이지 않는다.

또 한 가지 염두에 둬야 할 것은 홍보와 사업추진 가운데 우선순위를 정해야 한다는 것이다. 사업추진이 우선인데 홍보에 신경을 너무 쓰면 사업추진 초기단계부터 언론의 비판을 받기 쉽다. 널리 알리는 게 중요한 일이라면 홍보부터 시작하는 게 맞지만, 그렇지 않을 경우 사업 추진에 전념한 뒤 구체적 성과를 토대로 홍보하는 게 더 바람직하다.

16. 홍보 관계자가 방송 타이밍을 맞춰야만 뉴스화가 될 텐데?

방송기사의 경우 촬영과 인터뷰를 해야 방송이 가능하다. 이 때문에 최소한 하루나 반나절 정도의 제작 시간이 필요하다. 가령 오늘 방송에 내보내고 싶은 기사가 있다면, 적어도 하루 전에는 취재기자에게 관련된 내용을 알려 줘야 한다. 참고로 기사 가치가 높은 보도자료를 배포했는데도, 신문과 방송에 한 줄도 나가지 않은 경우가 있을 것이다. 이럴 경우에 대비해 요령을 발휘할 필요가 있다. 가령 대형 사건 사고가 있을 경우에는 당일 발생한 보도에 밀려 상당수 보도자료가 기자에게 외면당한 채 휴지통에 버려진다. 방송뉴스는 시간이 제한돼 있고, 신문도 지면이 한정돼 있기 때문이다. 대형 발생 뉴스가 있는 날에는 보도자료 배포 시점을 하루나 이틀 가량 미루는 게 유리하다.

17. 홍보맨이 금기시해야 할 사항은 무엇인가?

기자들이 제일 쓰기 싫어하는 기사가 바로 홍보성 기사다. 홍보 외에 정보를 줄 수 있는 자료를 제공해야 기사화되기 쉽다. 홍보 일색의 자료만 주거나 기사를 써달라고 요청하면 반감을 사기 쉽다.

□ **최용규** 서울신문 사회부장

- 사회부 차장

- 공공정책부 차장

- 산업부 차장

- 제2사회부 차장

- 2010 한국신문상

- 이달의 기자상(제230회)

1. 신문사의 하루를 소개해 달라.

　부장들이 참석하는 편집국 오전 회의가 10시 30분쯤 시작된다. 회의 참석 전에 국내외 뉴스를 전체적으로 스크린 하는 것이 매우 중요하다. 이를 바탕으로 현장에 있는 부원들이 발제한 기사 아이템을 체크, 분석한다. 사회부는 어느 특정분야에 국한되는 부서가 아니기 때문에 뉴스영역이 넓다. 때문에 회의 준비 시간도 많아야 한다. 적어도 회의 전 3시간은 필요하다. 오전 9시가 되면 본격적으로 바빠진다. 현장에서 발제가 올라오면 기사 밸류를 정하고 부장의 아이디어를 더해 발제서를 만든다.

　회의는 각 부장이 그날 어떤 기사를 쓸 것인지를 편집국장에게 보고하는 자리다. 국장은 주요 기사를 정리하고 기사의 방향과 지면 배치, 지면 양 등을 최종 결정한다. 총괄지휘자인 셈이다. 부장은 현장에서 기사가 올라오면 배면 계획표에 나와 있는 기사를 중심으로 편집부에 넘긴다. 물론 현장에서 올라오는 기사를 손질하는 것은 부장의 몫이다. 기사 마감 후 편집부에서 기사를 배치하고 제목이 나오면 이상 유무를 확인한다. 의견을 제시할 수 있고 수정 과정을 거쳐 초판이 나온다.

　초판이 나왔다고 하루 일과가 끝나는 것은 아니다. 사건 등 사회 흐름이 초판 상황에서 멈추는 것이 아니기 때문이다. 자정이 돼야 최종판이 마감된다. 그 시간까지는 긴장의 연속이다. 야근자가 있지만 상황 종료가 아닌 셈이다. 큰 사건이나 뉴스가 있으면 부장은 계속 지켜봐야 하고 뉴스를 업데이트해야 한다.

　기사도 경쟁이다. 초판에 들어가도 경쟁에서 밀리면 빠진다. 마감시

간 직전에 새로운 기사가 들어올 때는 긴장되고 그 몇 시간 동안 엄청
난 스트레스를 받는다. 이게 기자의 일상이다.

2. 신문기자란?

수습기자 시절 한 선배의 말씀이 지금까지 유효한 것 같다. 기자는
어느 누구를 만나도 공평해야 한다는 얘기였다. 서울역 짐꾼이든 장·
차관이든 대하는 것이 같아야 한다는 얘기다. 사람 만나는 것이 직업인
기자의 본분을 말하는 것 같은데, 사실 그렇게 하기란 쉽지 않다. 하지
만 그때나 지금도 마음에 담고 있는 것은 사실이다.

그날그날의 기사는 바로 역사의 기록일 수 있다. 신문은 많은 시간이
흐른 뒤 역사를 분석하는 1차 사료로 활용될 것이다. 그런 만큼 기자는
책임감이 무거운 직업이다.

3. 어떤 홍보맨을 좋아하나?

개인적으로 솔직하고 편한 홍보맨이 좋다. 여기에 뉴스를 잘 주는 홍
보맨이라면 금상첨화다. 이런 자료가 있다는 등, 이야기가 될 것 같은
데 어떻게 생각하느냐는 등 적극적으로 나오는 홍보맨이다. 기자는 본
능적으로 기사를 찾는 직업이기 때문이다.

4. 홍보맨이 갖춰야 할 에티켓은?

앞서 얘기한 것처럼 기자와의 관계가 원만한 홍보맨은 무엇을 어떻게 해야 할 것인지를 이미 알고 고민하는 사람이다. 그런 사람은 출입 기자가 더 잘 안다. 기본적인 소양을 갖고 노력하는 진솔한 자세로 임한다면 어디서든 인정받는 사람이다. 기자는 출입처를 옮겨 다닌다. 출입처가 바뀌면 기자들 간에 누가 먼저라 할 것 없이 그쪽에는 누가 있고, 괜찮은 사람이 누군지 말해 준다. 인수인계식으로 그 사람에 대해 정보를 서로 공유하는 셈이다. 홍보맨은 진솔한 자세를 가져야 한다.

5. 기억에 남는 홍보맨이 있다면?

일단 좋은 홍보맨은 무엇이 기사가 되는지를 아는 사람이다. 한 10년 전부터 알고 있는 홍보맨이 있다. 서울시청 출입할 때 처음 만났다. 자치구에서 홍보를 담당했는데 기사가 무엇인지를 잘 알고 있었고, 나름 대로 가공도 잘했다. 적극성도 있었다.

6. 신문기사로 채택되려면?

지면의 한계가 있기 때문에 그날그날의 이슈를 파악하는 것이 중요하다. 큰 대형사건의 경우 하루 이틀에 끝나는 것이 아니고 몇 개월이 걸리는 것도 있다. 사건 전체를 어떻게 봐야 하는지가 중요하다. 그것이 정해져야 그날 어떻게 지면을 꾸릴 것인지가 결정되며, 기획을 할 수 있다.

7. 홍보 관계자가 자료를 내놓았을 때 비판기사화되는 경우는?

기자는 현장을 중시하는 사람이고 종합적으로 보는 눈이 있다. 특정 출입처를 간다고 해서 그곳만 보는 게 아니다. 제대로 파악하지 못하고, 현장과 동떨어진 보도자료는 비판을 받기 쉽다. 홍보맨도 기자와 마찬가지로 현장을 중시해야 한다. 자치구라면 현장은 바로 주민들의 삶 자체다. 현장의 요구사항을 알아야 정책 방향을 제대로 잡을 수 있고 자료를 제대로 만들 수 있다. 이는 조직의 신뢰성과도 연결된다.

8. 비판기사 취재 시 대처 요령은?

비판기사라고 해서 무조건 그것이 아니라고만 부인해서는 안 된다. 논리적으로 설명하고, 설득할 일이 있으면 적극적으로 이해시키려는 자세를 가져야 한다. 기사에 대해 인정할 것은 인정하고 잘못된 것이 있으면 바로잡는다는 자세가 중요하다. 요즘 들어 비판기사가 나오면 종종 언론중재위원회에 가는 상황이 발생하는데, 서로에게 유익한 일은 아닌 것 같다.

9. 인터뷰 요청 시 응대 요령은?

인터뷰 방향을 정하고 그 상황에 대해 정확한 것을 모른다면 해당 부서 실무자가 답변하는 것이 더 설득력이 있다.

10. 기자와 홍보맨의 관계를 불가근불가원이라는데…

불가근불가원이라 하면 뭔가 계산이 깔려 있는 것이다. 기자는 눈치가 빠르다. 그런 마음을 가지고 있으면 다 알게 마련이다. 사무적으로 대하는 것보다 친근한 게 좋다.

11. 허접한 자료가 키워지는 경우가 있나?

본래 허접한 사안은 없다고 본다. 어떻게 볼 것인가에 따라 기사의 크기는 달라질 수 있다. 약간 다른 이야기지만 노원구의 경우 교육여건이 좋은 중계동 은행사거리도 있고, 병원이나 대형마트가 많아 생활여건이 좋다. 웬만한 사람은 다 아는 사실이다. 이것만으로는 비중 있는 뉴스가 되기 힘들다. 이제는 다른 쪽으로 방향을 틀어야 한다. 예를 들어 노원구는 불암산이나 당현천 등 환경 뉴스거리가 많다.

12. 기자를 사로잡는 보도자료 작성 비법은?

시의성이 중요하다. 제목부터 눈길을 끌어야 한다. 이메일이든 뭐든 기자에게 들어오는 보도자료의 양이 엄청나다. 내용을 다 읽어보기 어렵다. 우선 제목에 눈길이 가면 내용을 보게 되고 기사가 된다고 생각하면 자료가 좀 부실해도 취재에 들어간다.

13. 보도자료 배포 시 주의할 점은?

기사에도 때가 있다. 타이밍을 놓쳐서는 안 된다. 기관장을 무조건 홍보하는 자료도 금물이다. 기관장에게 포커스를 맞추고 싶다면 주민이 원하는 곳에 가서 주민이 필요로 하는 말을 해야 한다. 물론 책임질 수 있는 말이어야 한다. 중국 쓰촨성 지진 현장을 찾은 원자바오 총리가 점퍼를 입고 맨손으로 돌을 치우는 장면은 인상적이었다.

14. 야마(핵심, 주제)를 잘 잡으려면?

보도자료를 내는 이유와 목적이 분명해야 한다. 내용을 정확히 파악한 뒤 자료를 써야 한다.

15. 고공 플레이에 대해 어떻게 생각하나?

플레이를 하는 쪽에서는 필요악일 수 있지만, 출입기자 입장에서는 화나는 일이다. 안 하는 게 좋다.

16. 기자회견감은?

파급력이 있어야 한다. 얼마 전 쟁점이 된 재건축 연한 문제도 마찬가지다. 노원구에서 기자회견을 했지만 비단 노원구 주민만의 문제가 아니다. 강남이나 다른 지역도 해당되는 문제이기 때문에 그런 갈등 해결을 위한 것이라면 기자회견을 할 수 있다.

17. 신문기사로 채택되려면?

뉴스 가치가 있어야 한다. 기자가 읽어 보고 준비할 수 있도록 시간을 맞춰 줄 필요가 있다.

18. 꼴불견 홍보맨은?

자기중심적인 홍보맨이다. 더욱이 매체든 사람이든 계산하는 홍보맨은 화를 부른다.

19. 끝으로 홍보 관계자에게 할 말이 있다면?

홍보 관계자는 고생하는 자리다. 간, 쓸개 다 빼놓고 하기도 한다. 그런 만큼 보상도 뒤따라야 한다. 홍보맨의 역할이 갈수록 중시되는 만큼 걸맞는 대우를 해 주었으면 한다.

□ **김덕만** 국민권익위원회 홍보담당관

- 헤럴드경제신문 기자, 차장, 팀장

- 부패방지위원회 공보담당관

- 국가청렴위원회 공보담당관

- 국민권익위원회 홍보담당관

- 국민권익위원회 대변인

- '대한민국 최고기록공무원' 기고최다인증(행정안전부)

1. 일선 기자에서 홍보담당자로 입장이 바뀌어 적응이 쉽지 않았을 것 같다.

　기자 출신으로서 언론을 제대로 활용해 보려 의욕적으로 일했지만 처음 2년 정도는 홍보가 안 돼 애먹었다. 처음부터 다시 시작한다는 생각으로 모든 것을 다 바꾸기로 했다. 오랫동안 몸에 밴 소위 기자의 '때'를 빼는 것은 물론 기존 공무원들의 홍보 패턴도 바꿔 나갔다. 새로 시작하며 나름대로 '홍보의 블루오션'을 만들자는 자세로 출발했다.

　처음 실천한 것은 일단 물질적이든 정신적이든 다 바꾸자는 데서 출발했다. 기관 홍보가 잘 되려면 언론의 빛을 받아야 한다. 아무리 정책을 잘 해도 보도가 안 되고 외부로 알려지지 않으면 아무 소용이 없다. 조직을 위한 홍보지만 결국 사회나 국가 차원의 홍보이기 때문이다.

　실무적으로는 홍보담당으로서 좋은 평가를 받아야 한다고도 생각했다. 그래서 처음에는 책상부터 시작해, 직원도 늘리고 인력을 정예화하는 한편 장비도 최신 것으로 교체하는 등 홍보부서를 전문화하였다. 윗선에서도 이런 뜻을 잘 이해해 주는 등 큰 힘을 실어 줬다. 또 홍보부서기 부기괸장 직속이리는 것도 큰 역할을 했다. 결게단계가 줄어 일하기가 용이했고, 내가 의지를 가지고 하면 되겠다 싶었다. 변화란 익숙한 것에서 벗어나야 비로소 시작된다는 생각을 가졌다.

2. 새로운 환경에서 나름대로 대처한 홍보 노하우는?

먼저 사람들은 사회생활에서 인맥이 제일 중요하다고 여긴다. 아마 최고의 인맥은 고등학교 인맥이라 생각한다. 이러한 끈끈한 인맥을 쌓기 위해서는 우선 신속한 정보 제공과 적절한 취재 지원이 중요하다. 다시 말해 기자와의 관계에서는 술이나 밥보다는 좋은 정보를 제공하고 원활한 취재 지원을 함으로써 유대가 형성된다는 것이다.

대 언론관계는 결국 타이밍이다. 나는 그런 노력을 많이 했다. 내가 과장이지만 가능한 모든 출입기자나 외부 기자로부터 전화가 오면 내게로 창구를 단일화해 처리하고 있다. 또 칼럼이라든가 중요한 보도자료는 내가 작성한 후 역으로 직원들에게 돌려보게 하는 형식을 취한다. 아무래도 직원들보다는 내가 나이가 더 많으니 경험이나 어휘력에서 더 낫다고 생각할지 모르지만, 혹시 아집이나 잘못된 표현들이 있을 수 있어 직원들에게 고치게 하는 등 다른 생각을 덧붙인다. 일종의 1차적 피드백을 거치는 작업이다.

3. 처음에 어떻게 홍보 방향을 세웠으며 실행했는가?

처음 홍보 방향을 세우기 시작한 것은 먼저 기관에 대한 오해를 바로 잡는 데 초점을 맞췄다. 그 일환으로 칼럼을 선택했다. 신문의 사설이나 칼럼 등 여러 매체가 문제점으로 지적한 사안에 대해 이를 해명하고 바로잡고자 칼럼만큼 좋은 것은 없었다. 내 개인적인 생각이 아니고 조직의 입장이었고 내용도 획기적인 외부기관과 연관이 있어 당시 큰 반향을 불러일으켰다. 하지만 조직의 입장이다 보니 기관장이 바람을 잘 막아 주었고 결과적으로 홍보실에도 큰 힘이 실렸다.

덧붙이고 싶은 말은 '홍보는 입체' 라 할 수 있다. 대다수의 홍보담당자는 보도자료를 내놓고 끝내는데 꺼진 불씨를 다시 살린다는 자세가 필요하다. 보도자료가 제대로 먹히지 않았을 때는 2차적으로 이를 각색해 칼럼으로 낸다. 단편적으로 끝내면 안 된다. 또 보도자료를 단순히 텍스트로만 내서는 안 된다. 사진이나 도표, 그것도 안 되면 그래프라도 꼭 첨부한다. 그래프의 경우 실적이면 막대, 점유율이면 원으로 표시한다.

보도자료도 그렇고 언론 대응도 그것으로 끝나지 않는다. 보도가 나오고 나서도 공부를 한다. 내가 준 자료를 기자들은 어떻게 표현했는지를 살핀다. 전달 방법도 입체적이어야 한다. 요즘은 이메일, 문자, 팩스, 전화, 적어도 네 가지를 전달방법으로 이용한다. 팩스를 왜 쓰냐 하면, 언론사 사진부나 사회부 등에서는 유용하다. 특히 언론사 부장들은 워낙 자료가 많이 들어오는 관계로 빠뜨리고 넘어가거나 잘 안 보는 경우가 많은데, 팩스를 보내면 정리하다 부장자리에 가져다 놓을 수도 있다. 아니면 지나가다 슬쩍이라도 볼 수 있는 가능성이 있어 괜찮은 자료라면 발제될 수 있기 때문이다.

4. 기자에서 홍보맨으로 변신했다. 홍보맨의 역할은?

개인적으로 언론 업무는 보편화시키기 어렵고 답이 없다고 생각한다. 내가 어떤 원칙을 갖고 일을 해도 기자는 답이 아니라고 할 때가 있다. "왜 모든 언론사에 풀 자료로 제공하느냐, 단독으로 주지" 등등 말을 한다. 답이 없다. 일관성을 가지고 하면 문제는 없을 것이다. 기자는 기관장의 의중을 들어서 판단한다. 술과 밥보다는 신속함이 더 중요하다고 생각한다. 기자 입맛에 맞게 잘 대처해야 한다.

나는 홍보담당자를 '홍보맨'이라 생각하지 않고 '칩'이라 생각한다. 더 큰 명배우로 만드는 것이다. 명배우를 키워 내는 것이 홍보담당자의 역할이다. 조직, 즉 단체장을 위해 시나리오를 쓰고 연출하는 식으로 어떤 기자가 오면 단체장은 어떻게 대응해야 하는지 등등. 또 간부회의에서 애기하는 것 중에서 핵심을 뽑아서 자료로 제공하는 순발력도 필요하다. 홍보맨과 단체장은 명PD와 명배우 관계다. 아무리 예쁜 미인이 있어도 화장을 잘해 무대에 올려놓아야 평가를 받는 것이다. 나는 기관장의 볼륨과 사회적 지위에 맞게 무대에 올리려 부단히 노력했다.

5. 홍보맨의 자세를 말한다면?

기자가 기사를 쓸 때 균형감각을 갖도록 해 줘야 한다. 비판기사를 쓸 때 특히 더 그렇다. 어떤 자료를 주더라도 정확한 것으로 신속하게 제일 먼저 준다. 기자가 기사를 잘 쓰게끔 하는 것 또한 홍보맨의 역할이다. 그러기 위해선 모니터링도 중요하다. 아침에 집에서 모니터링을 하고 출근한다. 늑장대응하면 '홍보팀은 뭐하고 있나!' 하는 이야기가 나오기 때문이다.

기사도 종이신문에는 다 못 나와도 인터넷에라도 꼭 나오게 한다. 그리고 언론 대응을 잘 하려면 식견이 넓어야 한다. 참고로 일 년을 있든 몇 년을 있든지 간에 웹 활용능력이 뛰어나야 한다. 또 매스컴의 제반 이론을 공부해 두는 것도 필요하다. 어느 부서를 가든 특히 온라인이 절반 이상을 차지한다. 즉 멀티플레이어가 되어야 한다.

6. 기자 대하기, 어떻게 해야 하나 ?

소위 기자와의 관계를 '불가근불가원' 이라 하는데 기관 대 기관이라 생각하면 제일 좋다. 작은 말 한 마디라도 기관을 대표한다는 생각으로 기자를 대해야 한다는 뜻이다. 또 기자는 공인이다. 기사화하지 말 것을 요구해도 기사화하는 것이 기자의 속성이다. 그래서 더욱 기자와의 관계에서 홍보담당은 항상 공인이라는 생각을 잊지 말아야 한다.

홍보맨이 알아야 할 용어 해설

⊙ 야마

흔히 홍보맨이 기자들과 보도자료를 갖고 통화하다 보면 '야마가 뭐냐'고 묻는다. 야마란 일본말로 기사의 핵심이나 주제를 말한다. 하나의 보도자료나 기사 내용의 방향과 전달하려는 메시지를 함축하고 있다. 따라서 보도자료의 성패는 야마에 달려 있다 해도 과언이 아니다.

⊙ 엠바고(Embargo)

보도자료 제공시 또는 간담회 등에서 밝힌 내용에 대해 일정한 시점까지 보도제한을 전제로 하는 것을 말한다. 대개 엠바고는 지켜지지 않는 경우가 많다. 국민의 알권리 충족 차원에서 엠바고를 깨고 보도한다.

⊙ 노코멘트(No Comment)

답변하기 힘든 질문이나 입장이 난처한 경우 흔히 노코멘트라고 말한다. 말하지 않겠다는 것으로 기자에게 노코멘트라고 말하면 무언가 숨기려는 의도가 있어 추측성 보도나 뒤를 캐도록 만든다. 정확히 사실에 근거해 답변하는 것이 바람직하다.

⊙ 오프더레코드(Off the Record)

기사화하지 않을 것을 전제로 소스를 제공하는 것을 말한다. 세상엔 비밀이 없다. 따라서 홍보관계자가 오프더레코드를 전제로 하는 말은 그 즉시 세상에 알려진다고 보면 된다. 취재원 보호도 인간적 유대 등 사안에 따라 다를 수 있다.

⊙ 데드라인(Dead Line)

기자들이 취재한 기사의 원고를 편집부에 넘겨야 할 마감시간을 말한다. 흔히 기자들은 마감시간에 쫓기게 된다. 대개 기사 마감시간이 되어 취재하는 경우 보강취재가 아니라면 매우 조심해야 한다. 서둘러 취재하다 보면 사실과 다르게 쓸 수 있기 때문이다.

⊙ 킬(Kill)

기사로 채택되지 못하는 것을 말한다. 기자들이 취재를 해도 시의성, 취재의 빈약, 대형 사건 사고, 언론사의 방향과 달라 기사로서의 생명을 잃는 경우를 일컫는다.

⊙ 꼭지

하나의 완성된 기사를 말한다. 기자들은 자신이 하루에 소화한 기사 건수를 말할 때 서너 꼭지 썼다고 한다.

⊙ 나와바리

출입처 기자의 취재 영역을 말한다. 기자는 자신의 취재영역(나와바리)에서 일어나는 일을 누구보다 먼저 알려고 한다. 따라서 출입기자와의 소통이 중요하다.

⊙ 사스마리

일본말로 돌아다니며 취재를 한다는 뜻이다. 대개 경찰서 출입 사건사고를 다루는 기자를 말한다. 신입기자들이 수습과정 중에 여러 경찰서를 거치며 기자로서 성장하기 위한 기초훈련을 밟는다. 보통 사스마리를 거친 연후에야 각 부서로 배치된다.

⊙ 톱

해당 지면의 머릿기사를 말한다. 보통 박스기사가 지면의 톱으로 자리를 차지하는 경향이 높다.

⊙ 단

신문지면에서의 기사 크기를 부를 때 말한다. 가로쓰기 형태의 기사라면 세로 여백으로 단을 구분한다. 보통 1단, 2단, 3단기사로 부른다.

⊙ 물먹다

흔히 기자들이 뉴스거리를 놓친 경우 '물먹었다' 라는 표현을 쓴다. 기자가 물먹은 경우는 본인의 잘못일 수 있지만 출입처 홍보맨의 실수로 인한 경우도 있다.

⊙ 데스크(Desk)

신문사 편집국의 부장(차장)을 일컫는다. 일선 현장 취재기자들을 지휘하고 송고된 원고를 검토, 보강취재 지시 및 기사의 취사선택을 하는 위치에 있다. 그날 쓸 기사를 데스크에게 발제한다.

⊙ 가십(gossip)

가십이라 함은 험담이나 루머 등 확인되지 아니한 뉴스를 말하지만, 통상 언론에서는 스트레이트 기사로 처리하기 힘든 흥밋거리, 뒷이야기, 험담, 낙수, 스케치 등을 함축성 있게 처리한 기사를 일컫는다.

⊙ 낙종(落種)

뉴스 가치가 매우 큰 정보를 타 매체에서 입수, 보도함으로써 뉴스 가치가 상대적으로 떨어진 기사를 말한다. 상대어로 특종(特種)이 있다.

⊙ 피처(feature)

신문 잡지의 기획기사를 말한다. 단순 사건 내용을 보도하는 스트레이트 기사가 아닌, 사건의 내막을 해설한 읽을거리 또는 전망기사를 일컫는다.

⊙ 콘티(continuity)

방송용의 비드라마 대본 또는 준비된 방송자료를 가리킨다. 촬영 대본, 연출 대본 등이 이에 해당된다.

참고문헌

기사되는 보도자료 만들기, 이경희, 루비박스(2006년도)

홍보, 머리로 뛰어라. 시노자키료이치, 장상인 옮김, 월간조선사(2004년도)

회사를 살리는 · 회사를 망치는 홍보, 양진형 지음, 고려문화사(2002년도)

국정홍보길라잡이, 국정홍보처(1999년도)

기자학 입문, 박진용, 나남출판(1998년도)

쉬운 문장 좋은 글, 이성복, 한국농촌경제연구소(1998년도)

정책홍보와 오보대응, 공보처(1997년도)

실전 좋은 문장과 나쁜 문장, 최재완, 범조사(1997년도)

홍보시대와 PR 문장, 송 명, 백문사(1994년도)

공보 업무의 이론과 실제(유능한 공보관이 되려면), 공보처(1994년도)

유능한 홍보맨
휴지통에서 진주를 건지다

펴낸날 초판 1쇄 · 2010년 10월 20일
지은이 함대진
펴낸이 서용순
펴낸곳 **이지출판**

출판등록 1997년 9월 10일 제300-2005-156호
주소 110-350 서울시 종로구 운니동 65-1 월드오피스텔 903호
대표 전화 02-743-7661 **팩스** 02-743-7621
이메일 easybook@paran.com

ⓒ 2010 함대진

값 12,000원

ISBN 978-89-92822-59-6 03070

● 잘못 만들어진 책은 바꿔 드립니다.
● 지은이와 협의에 의해 인지를 붙이지 않습니다.

이 도서의 국립중앙도서관 출판시도서목록(CIP)은
e-CIP 홈페이지(http://www.nl.go.kr/cip.php)에서 이용하실 수 있습니다.
(CIP 제어번호: CIP 2010003574)